ABITUR-WISSEN
WIRTSCHAFT · RECHT

Hinz · Vonderau · Zwack

Rechtslehre

ISBN 978-3-89449-180-2

© 2003 by Stark Verlagsgesellschaft mbH & Co. KG
D-85318 Freising · Postfach 1852 · Tel. (0 81 61) 1790
überarbeitete Auflage 2007
Nachdruck verboten!

Inhalt

Vorwort

Recht und Rechtsordnung 1
1 Funktionen des Rechts in der Gesellschaft 2
2 Rechtsquellen 3
   2.1 Naturrecht, Rechtspositivismus und Gewohnheitsrecht 3
   2.2 Hierarchie der Rechtsquellen 5
3 Grundzüge der Rechtsordnung 6
4 Gliederung des Rechts 8
   4.1 Privatrecht 9
   4.2 Öffentliches Recht 10
   4.3 Arbeitsrecht 12
5 Gesetzgebung und Gerichtsbarkeit in Deutschland 12
   5.1 Das Gesetzgebungsverfahren 13
   5.2 Aufbau der Gerichtsbarkeit 15
6 Fortentwicklung des Rechts 17
   6.1 Das Datenschutzrecht 17
   6.2 Das Umweltrecht 18
   6.3 Das Ausländerrecht 19
   6.4 Nationales Recht und europäisches Recht 20

Rechtstechnische Grundlagen 21
1 Das Bürgerliche Gesetzbuch 22
   1.1 Systematik und Aufbau des BGB 22
   1.2 Die Rechtsnormen: Struktur, Ziel und inhaltliche Aussage 23
2 Subsumtion als Technik der Rechtsanwendung 26
3 Normen, Zitiertechnik, Zeichenerklärung, Normenanalyse und Normenverknüpfung 27
4 Das Abstraktionsprinzip 29

Rechtssubjekte, Rechtsgeschäfte und Rechtsobjekte ... 33

1 Rechtssubjekte ... 34
   1.1 Rechtsfähigkeit ... 35
   1.2 Geschäftsfähigkeit ... 36
   1.3 Deliktsfähigkeit ... 37

2 Willenserklärungen ... 38
   2.1 Formen der Willenserklärungen ... 39
   2.2 Auslegungsgrundsätze von Willenserklärungen ... 41
   2.3 Grade der Rechtswirksamkeit von Willenserklärungen ... 42
      2.3.1 Die rechtsunwirksame Willenserklärung ... 43
      2.3.2 Die schwebend unwirksame Willenserklärung ... 43
      2.3.3 Die anfechtbare Willenserklärung ... 44
      2.3.4 Die wirksame Willenserklärung ... 45
      2.3.5 Sonderfall E-Commerce ... 45

3 Rechtsgeschäfte ... 50

4 Rechtsobjekte ... 53

5 Vertragsfreiheit und ihre Grenzen ... 54

Sachenrecht: Besitz und Eigentum ... 55

1 Besitz und Eigentum ... 56
   1.1 Erwerb und Beendigung des Besitzes ... 57
   1.2 Anspruch wegen Besitzstörung, -entziehung und -sicherung ... 59

2 Eigentum als Verfügungsgewalt über Rechtsobjekte ... 60
   2.1 Verfügungsgewalt über das Eigentum ... 60
   2.2 Eigentumserwerb durch Realakt ... 62
   2.3 Eigentumserwerb durch Rechtsgeschäft an Mobilien ... 64
   2.4 Eigentumserwerb durch Rechtsgeschäft an Immobilien ... 66
   2.5 Eigentumserwerb durch Erbschaft ... 68

3 Eigentumsvorbehalt ... 68

4 Gutgläubiger Erwerb von Mobilien und Immobilien ... 69

Schuldrecht: Schuldverhältnisse und Pflichtverletzungen 71
1 Inhalt und Systematik des Schuldrechts 72
2 Vertragliche Schuldverhältnisse 75
    2.1   Veräußerungsverträge 76
    2.1.1 Kauf (§§ 433–479 BGB) 76
    2.1.2 Tausch (§ 480 BGB) 77
    2.1.3 Schenkung (§§ 516–534 BGB) 77
    2.2   Gebrauchsüberlassungen 78
    2.2.1 Miete (§§ 535–580 a BGB) 79
    2.2.2 Leihe (§§ 598–606 BGB) 80
    2.2.3 Sachdarlehen (§§ 607–609 BGB) 81
    2.2.4 (Geld-)Darlehen (§§ 488–498 BGB) 82
    2.3   Dienstleistungen 83
    2.3.1 Dienstvertrag (§§ 611–630 BGB) 84
    2.3.2 Werkvertrag (§§ 631–651 BGB) 85
    2.3.3 Auftrag (§§ 662–674 BGB) 86
3 Pflichtverletzungen bei vertraglichen Schuldverhältnissen 87
    3.1   Pflicht und Pflichtverletzung 87
    3.2   Allgemeine Voraussetzungen und Rechtsfolgen
           bei Pflichtverletzungen 89
    3.2.1 Fristsetzung zur Leistung oder Nacherfüllung 90
    3.2.2 Vertretenmüssen (§§ 276, 278 BGB) 92
    3.2.3 Schadensersatz (§§ 280–286, 311 a II BGB) 93
    3.2.4 Rücktritt (§§ 323–326 BGB) 97
    3.3   Verspätete Leistung 98
    3.3.1 Rücktritt vom Vertrag bei verspäteter Leistung 99
    3.3.2 Schadensersatz statt der Leistung bei verspäteter Leistung 100
    3.3.3 Schadensersatz neben der Leistung:
           Ersatz des Verzögerungsschadens 102
    3.3.4 Besondere Rechtsfolgen bei Verzug 105
    3.3.5 Sonderfall verspätete Teilleistung 105
    3.3.6 Annahmeverzug 105
    3.4   Unmöglichkeit (§ 275 BGB)* 106
    3.4.1 Rücktritt vom Vertrag bei Unmöglichkeit* 108
    3.4.2 Schadensersatz bei Unmöglichkeit* 108
    3.4.3 Sonderfall Teilunmöglichkeit* 110
    3.4.4 Besondere Rechtsfolgen bei Unmöglichkeit* 111

3.5	Mangelhafte Leistung: Sach- und Rechtsmängel (§§ 434 ff. BGB)	112
3.5.1	Ansprüche bei behebbarem Sachmangel	115
3.5.2	Ansprüche bei nicht behebbarem Sachmangel*	120
3.6	Schutzpflichtverletzungen (§ 241 II BGB)*	122

4 Verbraucherschutz 124
    4.1 Verbrauchsgüterkauf (§§ 474–479 BGB) 124
    4.2 Integration von Verbraucherschutzgesetzen in das BGB 125
    4.3 Allgemeine Geschäftsbedingungen (§§ 305–310 BGB) 126

5 Gesetzliche Schuldverhältnisse 127
    5.1 Ungerechtfertigte Bereicherung (§§ 812–822 BGB) 127
    5.2 Unerlaubte Handlung (§§ 823–830 BGB) 129
    5.3 Gefährdungshaftung* 131

6 Produkthaftungsgesetz* 132

7 Verjährung 134

Der Zivilprozess – die Durchsetzung von Ansprüchen 137

1 Das zivile Gerichtswesen in Deutschland – Instanzenzug 138
2 Anspruchsgrundlagen, Einwendungen und Einreden 141
3 Die Durchsetzung von Ansprüchen 141
    3.1 Das vorgerichtliche Verfahren – Mediation 142
    3.2 Die außergerichtliche Schlichtung – Güteverhandlung 142
    3.3 Das gerichtliche Mahnverfahren 144
    3.4 Das Verfahren einer Klage – die mündliche Verhandlung 145
    3.4.1 Allgemeine Vorschriften 145
    3.4.2 Klage 147
    3.4.3 Beweisaufnahme zur Rechtsfindung 148
    3.4.4 Urteil – Im Namen des Volkes 149
    3.5 Rechtsmittel gegen Urteile: Berufung, Beschwerde, Revision 150
    3.6 Die Vollstreckung des Urteils – Zwangsvollstreckung 152
    3.7 Kosten und Gebühren für Rechtsanwalt und Gerichte 153

---

* Diese Inhalte sind nur im Leistungskurs verpflichtend.

Das Strafrecht und der Strafprozess **155**
1 Das Strafrecht 156
   1.1   Funktionen des Strafrechts und Straftheorien 157
   1.2   Strukturprinzipien des deutschen Strafrechts 159
   1.3   Die Einteilung des Strafgesetzbuches 160
2 Aufbau einer Straftat und Tatbestandsfunktion 161
   2.1   Tatbestandsmäßigkeit 161
   2.2   Rechtswidrigkeit 162
   2.3   Schuld 163
3 Rechtsfolgen nach rechtskräftigen Urteilen 164
4 Jugendstrafrecht 166
5 Der Strafprozess 168
   5.1   Ablauf eines Strafverfahrens 169
   5.2   Kosten des Verfahrens 171

Literatur und Internetadressen **175**

Bildnachweis **176**

Stichwortverzeichnis **177**

Autoren:
Klaus Hinz:	Sachenrecht: Besitz und Eigentum; Der Zivilprozess
Kerstin Vonderau:	Schuldrecht: Schuldverhältnisse und Pflichtverletzungen
Georg Zwack:	Recht und Rechtsordnung; Rechtstechnische Grundlagen; Rechtssubjekte, Rechtsgeschäfte und Rechtsobjekte
K. Hinz, G. Zwack:	Das Strafrecht und der Strafprozess

Vorwort

Jeder Mensch ist ab einem bestimmten Alter tagtäglich in eine Vielzahl von wirtschaftlichen und rechtlichen Aktivitäten eingebunden, sei es als Konsument, als Arbeitnehmer oder auch als Unternehmer. Die rechtliche Tragweite unserer Handlungen wird uns oft erst bewusst, wenn ein Geschäft einmal nicht reibungslos abläuft und wir die Rechtsordnung zur Klärung der Rechtslage heranziehen müssen.

Die **deutsche Rechtsordnung** hat ihre historischen Wurzeln im germanischen, römischen und kanonischen (kirchlichen) Recht und wird zunehmend auch vom Europäischen Recht geprägt. Sie regelt sowohl die Rechtsbeziehungen der Bürger untereinander (Privatrecht) als auch das Verhältnis zwischen Bürger und Staat (Öffentliches Recht).

Dieser Band führt in die Grundlagen der deutschen Rechtsordnung und des deutschen Zivil- und Strafrechts ein. Entsprechend der Schwerpunkte im Abitur nehmen die Bereiche Vertragslehre und Störungen im Vertragsrecht besonders breiten Raum ein. Die **Regelungen der Schuldrechtsreform** (1. 1. 2002) und des **Schadensersatzmodernisierungsgesetzes** (1. 8. 2002) sind in dieses Buch eingearbeitet.

Ein weiteres wichtiges Ziel der Rechtslehre ist der Erwerb von rechtstechnischem „**Handwerkszeug**", um rechtliche Aufgabenstellungen terminologisch und methodisch bewältigen zu können.

Grafiken und Übersichten verdeutlichen die zum Teil komplexen Zusammenhänge und zahlreiche **Fallbeispiele mit Lösungen** ermöglichen ein vertieftes Verständnis der rechtlichen Materie.

Das Einsatzspektrum des Bandes **Rechtslehre** aus der **Reihe Abitur-Wissen** reicht von der Unterrichtsnachbearbeitung über die Klausurvorbereitung bis zum Grundlagenwissen für das Abitur.

Viel Spaß und Erfolg beim Erarbeiten der Inhalte dieses Buches.

Klaus Hinz   Kerstin Vonderau   Georg Zwack

Recht und Rechtsordnung

Jede Gemeinschaft benötigt eine Rechtsordnung. Im Mittelalter setzte sich die Darstellung der Justitia als Symbol des Rechtswesens und der Verwaltung mit einem Schwert und einer Waage durch.

1 Funktionen des Rechts in der Gesellschaft

Aus dem Zusammenleben der Menschen in der Familie und Dorfgemeinschaft bis hin zu einem Staatsvolk ergeben sich viele Konfliktfelder und Streitfälle. Die Abbildung stellt **mögliche Konfliktfälle** in einem Gesellschaftsgefüge dar:

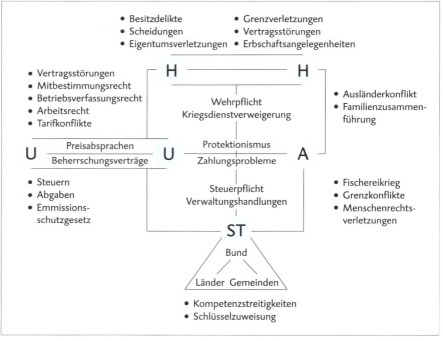

H = privater Haushalt   U = Unternehmung   ST = Staat   A = Ausland

Aus den oben dargestellten möglichen Konfliktsituationen, zu denen es im Zusammenleben der Menschen kommen kann, ergeben sich verschiedene Aufgaben für das Recht. Es ist zuständig für die Gewährleistung eines friedvollen, geordneten, gesicherten und freien Zusammenlebens aller Bürger. Das heißt, Hauptaufgabe des Rechts ist es, durch Regelungen Konfliktfälle zu verhüten und zu lösen und deren Verursacher zu bestrafen bzw. zu erziehen. Die verschiedenen **Funktionen des Rechts** werden in folgende Bereiche aufgeteilt:
- **Ordnungsfunktion:** Die Rechtsvorschriften sind unerlässlich, damit ein geordnetes und insbesondere friedliches Zusammenleben der Menschen in der Gesellschaft ermöglicht wird. Ein Fehlen von Rechtsvorschriften hat zwangsläufig Unordnung und Chaos zur Folge.

- **Sicherheitsfunktion** (Schutzfunktion): Bei Verstoß gegen Rechtsvorschriften (z. B. Verkehrsunfall, Diebstahl usw.) muss gewährleistet sein, dass die entsprechenden Rechtsgüter (z. B. Eigentum, Körper usw.) geschützt sind. Der Bürger bzw. das Individuum muss sicher sein können, dass bei bestehenden Rechtsvorschriften die dann aufgezeigten Rechtsgüter nicht ohne Berechtigung angegriffen und verletzt werden können.
- **Friedensfunktion** (Ausgleichsfunktion/Konfliktlösungsfunktion): Verstöße gegen die Ordnungsfunktion oder die Sicherheitsfunktion führen meist zu Benachteiligungen des einen und zu ungerechtfertigen Vorteilen des anderen. Dieses rechtliche Missverhältnis gilt es auszugleichen. Zunächst verweisen die Rechtsvorschriften darauf, dass es Einrichtungen gibt, z. B. Polizei und Gerichte, deren Aufgabe es ist, zu ermitteln, wer welche Art des Verstoßes begangen hat. Nach eingehender Bewertung der Sachlage erfolgt ein Ausgleich in der Weise, dass der gegen das Gesetz Verstoßende zur Wiedergutmachung herangezogen, der Geschädigte, soweit möglich, entschädigt wird.
- **Erziehungsfunktion:** Beispielsweise die Abstufung der Geschäftsfähigkeit soll die Jugendlichen zu mündigen Bürgern in der Gesellschaft erziehen.
- **Abschreckungs- und Straffunktion:** Fehlverhalten soll per Gesetz bestraft werden und andere vor dem Begehen dieser Taten abschrecken.

2 Rechtsquellen

2.1 Naturrecht, Rechtspositivismus und Gewohnheitsrecht

Unter **Naturrecht** (überpositives Recht) versteht man Normen und Regeln, die aus der Natur des Menschen heraus begründet sind, im Gegensatz zu den vom Menschen selbst aufgestellten Normen und Gesetzen (Rechtspositivismus). Es wird je nach Weltanschauung durch philosophische, christliche oder rationale Grundsätze begründet. Das Naturrecht ist geprägt von der Überzeugung, dass die menschliche Vernunft bzw. der Verstand die unantastbaren Rechte jeder Person, wie Recht auf Leben, Freiheit und Würde, die unabhängig sind von Ort, Zeit und Rechtsordnung, anerkennt. Die meist sehr allgemein gehaltenen Bestimmungen des Naturrechts lassen jedoch viele Interpretationen zu, weshalb dieses Recht allein nicht als Rechtsnorm ausreicht.

Naturrechtliche Vorstellungen sind heute oft in Gesetzeswerken zu finden, wie in der Formulierung der Menschenrechte, im Völkerrecht oder im Grundgesetz der Bundesrepublik Deutschland (Artikel 1–6, 9, 12 und 14 GG). So kann Artikel 1 GG, nach dem die Würde des Menschen unantastbar ist, nur verstanden werden, wenn man auf naturrechtliche Vorstellungen zurückgreift. Jeder Bürger und jede Bürgerin Deutschlands kann, wenn er oder sie sich in diesen Rechten in irgendeiner Form eingeschränkt fühlt, das oberste Gericht, das Bundesverfassungsgericht, anrufen.

Das Naturrecht fungiert als Gegenstück zum positiven Recht, dem **Rechtspositivismus**. Danach gilt allein das von staatlichen Instanzen gesetzte Recht (lat. *ponere* setzen). Eine bewertende und vernunftgesteuerte Beurteilung wird nur nach dem positiven Recht vorgenommen und ist nicht an ethische/religiöse Rechtsprinzipien gebunden. Die rein systematische Betrachtungsweise, bei der der Wertbegriff Gerechtigkeit unberücksichtigt bleibt, führt dazu, dass die staatliche Macht ihre jeweiligen rechtlichen Vorstellungen durchsetzt. In einer streng positivistisch bestimmten Rechtsordnung kann das Unrecht daher Bestandteil der Rechtsetzung werden. Der Nationalsozialismus, dessen Rechtsauffassung rein positivistisch war, ist Beweis für die Gefahr solchen Denkens.

Der Begriff „Recht" meint zweierlei: Als **objektives Recht** umfasst er alle Vorschriften, die in einer Rechtsgemeinschaft das Zusammenleben verbindlich regeln, wie das Bürgerliche Gesetzbuch, das Strafgesetzbuch oder das Grundgesetz. Der Rechtsbegriff ist in diesem Sinne mit der geschriebenen und ungeschriebenen Rechtsordnung identisch. Das **subjektive Recht** hingegen umfasst das, was die geschriebene Rechtsordnung dem Bürger als seine Befugnisse und Ansprüche in konkreten Situationen zuordnet. Es ist also die einer Person verliehene Macht, ihre individuellen Befugnisse gegen andere Personen oder gegen Sachen geltend zu machen, z. B. Schadensersatzanspruch oder Wahlrecht. Zu beachten ist, dass objektives und subjektives Recht in einem inneren Zusammenhang stehen: Das subjektive Recht wurzelt im objektiven Recht. Es gibt kein subjektives Recht ohne entsprechende Norm des objektiven Rechts.

Rechtsquellen sind die verschiedenen Erscheinungsformen des Rechts. **Ungeschriebenes Recht** bezeichnet das **Gewohnheitsrecht**, das alle Rechtsregeln umfasst, die Gesetzescharakter erlangt haben, aber nicht aufgeschrieben sind. Sie entstehen aus dem historisch gewachsenen Rechtsbewusstsein und werden durch ständige Anwendung auch tatsächlich praktiziert. Es entwickelt sich durch langjährige Ausübung, bei gleichzeitiger Anerkennung durch die Gesellschaft, ohne dass ein Widerspruch zu Rechtsnormen besteht. Wegen der fehlenden schriftlichen Fixierung muss der jeweilige Fall untersucht werden. Dies ist überwiegend Aufgabe der Gerichte. Gewohnheitsrecht resultiert heute meist aus Richterrecht, also durch die laufende Rechtsprechung (siehe unten).

2.2 Hierarchie der Rechtsquellen

Das **geschriebene Recht** (positives Recht) umfasst das Grundgesetz und die Länderverfassungen sowie alle Gesetze, Verordnungen und autonomen (unabhängigen) Satzungen von Körperschaften des Öffentlichen Rechts (z. B. Gemeinden, Universitäten) im Rahmen der ihnen verliehenen Autonomie. Die ranghöchsten geschriebenen Rechtsquellen in der Bundesrepublik Deutschland sind das **Grundgesetz** und die **Länderverfassungen**. Sie enthalten vor allem Grundregeln über den organisatorischen Aufbau des Staates und garantieren dem Bürger Grundrechte gegenüber dem Staat. Diese Normen reichen jedoch in den meisten Fällen nicht aus, um das Zusammenleben der Bürger zu regeln und um konkrete Streitfälle zu lösen.

Eine weitere Rechtsquelle sind die **Rechtsverordnungen**. Bei diesen handelt es sich um allgemein verbindliche Anordnungen für eine unbestimmte Zahl von Personen, wobei diese nicht in förmlichen Gesetzgebungsverfahren ergehen, sondern von Organen der vollziehenden Gewalt (Exekutive) gesetzt werden, also von der Bundes- oder von Landesregierungen, staatlichen Verwaltungsbehörden und Selbstverwaltungskörperschaften. Rechtsverordnungen dürfen nur zur Durchführung und Ergänzung des formellen Gesetzes ergehen (vgl. Artikel 80 GG). Sie regeln Einzelfragen, die im Gesetz bewusst nicht behandelt sind, da sie nur örtlich oder zeitlich begrenzte Themen betreffen (z. B. Artikel 7 I GG: Das gesamte Schulwesen steht unter der Aufsicht des Staates.).

Darüber hinaus können auch Körperschaften des Öffentlichen Rechts, z. B. Gemeinden, Universitäten oder Handwerkskammern im Rahmen der ihnen zukommenden Selbstverwaltung Rechtsnormen setzen. Die Befugnis zur Rechtsetzung (sogenannte Autonomie oder Satzungsgewalt) muss ihnen durch Gesetz zugestanden sein. Beispiele für Satzungen der Gemeinden sind die über die Benutzung öffentlicher Einrichtungen, zu denen u. a. Krankenhäuser, Gas- und Elektrizitätswerke sowie Badeanstalten zählen.

Eine weitere Erscheinungsform des Rechts ist das **Richterrecht**, bei dem Konfliktlösungen durch Richterspruch herbeigeführt werden (Rechtsprechung). Höchstinstanzliche Lösungen sind sogenannte Präzedenzfälle und haben Rechtsgültigkeit für alle gleichen Tatbestände. So wird das Recht ständig weiterentwickelt und gesellschaftlichen, wirtschaftlichen und politischen Veränderungen angepasst. Das Richterrecht ist in Deutschland, anders als in den USA und Großbritannien („case law") als Rechtsquelle umstritten.

3 Grundzüge der Rechtsordnung

Die Entwicklung des Rechts verlief parallel zur gesellschaftlichen Entwicklung. Gewohnheitsrecht, Tradition, Sitte, Brauch und Moral spielten von jeher eine wichtige Rolle in der Konfliktverhütung und -lösung. Für kleine Gruppen ist die Rechtsproblematik relativ leicht zu lösen, da dort Einzelfallregelungen für das Zusammenleben bestimmend sind. Schwieriger hingegen ist es, bei größeren Gemeinschaften mit verschiedenen Interessen und damit auch größerem Konfliktpotenzial, allgemeingültige und von allen anerkannte Regeln zu finden. Das Kernproblem aller Rechtsregeln liegt darin begründet, einen möglichst gerechten **Interessenausgleich** für alle Beteiligten zu finden.

Im Recht dient die **Gerechtigkeit als Ziel und Maßstab**. Die Forderung, dass das Recht immer gerecht sein muss, kann aber nur in einem absoluten Wertefeld gesehen werden. Im realen gesellschaftlichen Leben prägen die jeweiligen weltanschaulichen Standpunkte die Vorstellung von Gerechtigkeit, weshalb es immer nur eine **relative Gerechtigkeit** geben kann. Die Geschichte zeigt, dass es schon immer Unterschiede zwischen Armen und Reichen, Besserverdienenden und Sozialhilfeempfängern gegeben hat. Um Konflikte zu minimieren ist die Zielvorgabe vieler westlicher Wirtschafts- und Sozialpolitiker die Herstellung einer sozialen Symmetrie, also die Ermöglichung **sozialer Gerechtigkeit** innerhalb der verschiedenen gesellschaftlichen Gruppen.

Deshalb sind die Aspekte der Gleichheit und Billigkeit wichtige Inhalte der Gerechtigkeit. Die **Rechtsgleichheit** im Sinne der Gleichbehandlung aller Bürgerinnen und Bürger stellt einen entscheidenden Ansatzpunkt für das Recht dar. Artikel 3 GG stellt diesen Grundsatz eindeutig heraus. Er besagt, dass alle Menschen vor dem Gesetz gleich (I) und Männer und Frauen gleichberechtigt (II) sind. Außerdem darf niemand aufgrund von Geschlecht, Abstammung, Rasse, Sprache, Herkunft, Glauben oder religiöser oder politischer Anschauung benachteiligt oder bevorzugt werden (III).

Der Begriff der **Billigkeit** ist ein sogenannter unbestimmter Rechtsbegriff, d. h. der Auslegungsrahmen eines Tatbestands kann sehr weit gestreckt sein. Billigkeit hat im Sinne der Redewendung „recht und billig" mit dem Begriff der „Angemessenheit" zu tun. Der Grundsatz der Billigkeit verlangt also, dass eine rechtliche Entscheidung mit Hinsicht auf die individuellen Unterschiede der Menschen getroffen wird, d. h., dass gleiche Tatbestände oft unterschiedlich betrachtet werden müssen.

Des Weiteren sollte in einer Rechtsordnung ein hoher Grad an **Rechtssicherheit** gewährleistet sein. Das Bestimmtheits- und Erkennbarkeitsgebot verlangt, dass der Gesetzgeber Rechtssätze möglichst klar formuliert und zugänglich macht, damit der Betroffene sein Verhalten danach richten kann. D. h. damit Recht als sicher empfunden wird, muss es überschaubar und vorhersehbar sein, da Unkenntnis nicht vor Rechtsfolgen schützt. Formulierungen mit einem sehr hohen Abstraktionsgrad führen deshalb zu Rechtsunsicherheit, in Deutschland z. B. im Bereich der Einkommensteuergesetzgebung, da hier eine Flut von Gesetzen und Verordnungen viele Steuerzahler zwingt, einen Fachmann zur Erkennbarkeit des Rechts heranzuziehen.

Gesetze mit niedrigem Abstraktionsgrad dagegen haben einen hohen Grad an Rechtssicherheit (z. B. Artikel 103 GG). Auch sollte die Durchsetzbarkeit der Rechte jedes Einzelnen innerhalb des Rechtssystems garantiert sein. Die Grenzen der allgemeinen Rechtssicherheit sind in der unendlich großen Vielfalt von rechtserheblichen Tatsachen und dem Handlungsreichtum des Menschen zu sehen. Das Erfassen aller Vorgänge bedürfte eines riesigen Rechtsapparates.

Das Grundgesetz enthält einen unveränderlichen Verfassungskern, der durch Artikel 79 III GG, der jede Änderung des Grundgesetzes in seinen wesentlichen Aussagen verbietet, geschützt wird: Weder Artikel 1 GG (Unantastbarkeit der Würde des Menschen, Bekenntnis des deutschen Volkes zu den Menschenrechten) noch Artikel 20 GG (Festlegung Deutschlands als demokratischer und sozialer Rechtsstaat) können durch die Gesetzgebung verändert werden. Diese Festlegung kann zum Teil auf das Naturrecht zurückgeführt werden, da dort immer wieder der Drang besteht, im menschlichen Zusammenleben eine menschenwürdige Ordnung anzustreben. Da der Missbrauch staatlicher Macht ohne geeignete Schutzregelungen nie ausgeschlossen werden kann, ist es wichtig, dem staatlichen Gemeinwesen ein übergesetzliches Recht überzuordnen. So kann verhindert werden, dass im geltenden Recht durch die staatliche Gesetzgebung Unrecht als Recht erklärt wird (Rechtspositivismus).

Im Grundgesetz der Bundesrepublik Deutschland sind wichtige Leitprinzipien verankert. Diese sind der Grundsatz der demokratischen, der republikanischen, der sozialen (Sozialstaat) und der föderalistischen (Bundesstaat) Staatsform (Artikel 20 III GG und Artikel 28 I GG).

Wichtige Prinzipien des Grundgesetzes der Bundesrepublik Deutschland.

Neben diesen Prinzipien steht auch das Prinzip des Rechtsstaats, das durch drei Elemente gekennzeichnet ist.
- Die Staatsgewalt ist an Recht und Gesetz gebunden, was durch die **Gewaltenteilung** in Legislative, Exekutive und Judikative garantiert wird. Durch Artikel 20 III GG ist die Legislative an die Verfassung gebunden, die Exekutive und die Judikative sind Gesetz und Recht verpflichtet.
- Staatliche Maßnahmen müssen durch **unabhängige Gerichte** überprüft werden können (Artikel 92 ff., 97 I GG).
- Die Rechtsstellung des Einzelnen muss durch garantierte Rechte (**Grundrechte** Artikel 1–19 GG) gesichert sein.

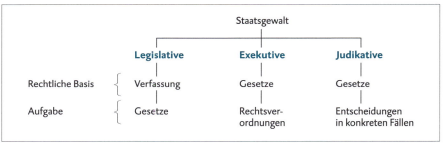

Das Prinzip der Gewaltenteilung.

4 Gliederung des Rechts

Das Recht in der Bundesrepublik ist in Öffentliches Recht, Privatrecht und Arbeitsrecht gegliedert. Das Arbeitsrecht enthält Elemente aus Öffentlichem Recht und Privatrecht.

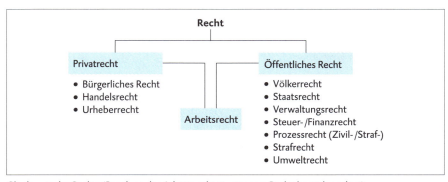

Gliederung des Rechts (Regelung des Arbeitsrechts in eigenem Rechtsbereich geplant).

4.1 Privatrecht

Das Privatrecht umfasst Regelungen von Rechtsverhältnissen zwischen Bürgern bzw. juristischen Personen auf der Ebene **der Gleichordnung** (Koordination), d. h. beide Parteien werden durch das Gesetz auf eine Ebene gestellt (Käufer und Verkäufer haben z. B. gleiche rechtliche Möglichkeiten, ihr Verhältnis zu gestalten). Das Privatrecht hat **überwiegend dispositiven Charakter**, d. h. der Gesetzgeber setzt den Rahmen, innerhalb dessen die Parteien individuell eine Einigung erzielen können. Das Privatrecht ist aufgeteilt in die Bereiche Bürgerliches Recht, Handelsrecht und Urheberrecht.

Die Regelungen des **Bürgerlichen Rechts** sind im **Bürgerlichen Gesetzbuch (BGB)** zu finden. Dort sind alle privaten Lebensbereiche in der Beziehung Bürger – Bürger und Bürger – Sache erfasst (vgl. S. 22 f.).

Die Regelungen des **Handelsrechts** findet man im **Handelsgesetzbuch (HGB)**: Es regelt die Rechtsbeziehungen von Kaufleuten untereinander, besonders Handelsstand, Handelsverkehr und Handelsgesellschaften. Das HGB ist auf die Erfordernisse des Handels ausgelegt. Ansonsten gilt auch das BGB für den Kaufmann. Es findet Anwendung in folgenden Bereichen:
- Handelsregister, Firma, Handelsbücher, Hilfspersonen des Kaufmanns, Prokura, Handlungsvollmacht, Handlungsgehilfe, Auszubildender, Handelsvertreter, Handelsmakler, Kommissionär, Lagerhalter, Spediteur, Frachtführer, Wirtschaftsstrafrecht.
- Gesellschaftsrecht der Handelsgesellschaften: Offene Handelsgesellschaft (OHG, geregelt im HGB), Kommanditgesellschaft (KG, geregelt im HGB), Stille Gesellschaft (HGB), Aktiengesellschaft (AG, geregelt im AktG), Gesellschaft mit beschränkter Haftung (GmbH, geregelt im GmbHG), Genossenschaften (eG, geregelt im Gesetz betreffend die Erwerbs- und Wirtschaftsgenossenschaften).

Das Urheberrecht ist ein Immaterialgüterrecht oder Recht des geistigen Eigentums, da auch Gebrauchsmuster, Warenzeichen, gewerbliche Muster und Patente geschützt sind. Der **Urheberrechtsschutz** schützt Werke der Literatur, eine Choreografie, eine Pantomime, ein Ton- und Filmwerk, Werke der bildenden Kunst, Fotografien usw. Der Urheber hat das alleinige Einwirkungs- und Verwertungsrecht an seinem Werk. Vervielfältigung, Bearbeitung und Verbreitung bedürfen seiner besonderen Genehmigung. Bei Verletzung des Urheberrechts besteht Schadensersatzpflicht. Der Urheberrechtsschutz endet 70 Jahre nach dem Tod des Urhebers. Das Urheberrecht kann übertragen, veräußert, belastet und vererbt werden.

4.2 Öffentliches Recht

Das Öffentliche Recht umfasst Regelungen von Rechtsverhältnissen zwischen Bürgern und Staat bzw. staatlichen Institutionen, in der Regel auf der Ebene der **Unterordnung** (Subordination). D. h. der Bürger hat die erlassene Norm zu akzeptieren. Öffentliches Recht stellt also **zwingendes Recht** dar, bei dem der Bürger keine Möglichkeit der Ausgestaltung des Rechtsverhältnisses hat. Es gliedert sich in verschiedene Bereiche.

Das **Völkerrecht** regelt die Rechtsbeziehungen zwischen den Staaten durch Staatsverträge und Gewohnheitsrecht. Hierfür zuständige Rechtsorgane sind der Internationale Gerichtshof in Den Haag und die Vereinten Nationen.

Das **Verfassungs-** bzw. **Staatsrecht** bildet die Grundordnung des Staates, in der Bundesrepublik Deutschland das Grundgesetz und die Verfassungen der Bundesländer. Es regelt Form, Aufbau und Wirkungsmöglichkeiten des Staates, Umfang und Grenzen der Staatsgewalt, der Staatsorgane sowie die Rechte und Pflichten der Bundesbürger. Seine Rechtsorgane in Deutschland sind das Bundesverfassungsgericht in Karlsruhe und die Verfassungsgerichte der Länder.

Das **Verwaltungsrecht** beinhaltet alle Gesetze, Verordnungen und Anordnungen für die Verwaltung des Staates und der Gemeinden. Es regelt u. a. das Gewerbe-, Polizei-, Schul-, Bau-, Gesundheits- und Lebensmittelrecht. Zuständige Rechtsorgane sind die Verwaltungsgerichte. Unter das Verwaltungsrecht fällt auch das **Sozialrecht**, das eine umfassende gesetzliche Absicherung des Bürgers vor allen Unbilden des Lebens darstellt, insbesondere bei Krankheit, Arbeitslosigkeit, im Alter und bei Unfall. Zwar werden viele Leistungen des Sozialrechts durch Systeme bereitgestellt, die als Versicherung organisiert sind und auf Beiträgen und Risikogemeinschaften beruhen. Diese Versicherungen sind aber keine Privatversicherungen, sondern Sozialversicherungen. Sie werden daher nicht vom Privatversicherungsrecht erfasst, sondern von staatlichen Behörden oder Körperschaften bzw. Anstalten des Öffentlichen Rechts ausgeführt. Über Rechte wie Leistungsansprüche und Beiträge entscheidet ein Verwaltungsverfahren.

Früher wurden die Teilgebiete des Sozialrechts den drei Säulen Versicherung (Sozialversicherung), Versorgung (soziale Entschädigung) und Fürsorge (Sozialhilfe) zugeordnet. Neuere Systematisierungsversuche gliedern das Sozialrecht in vier Gebiete (siehe folgende Tabelle), die sich nach Leistungsgrund, Institutionen, Bestimmung des Leistungsinhalts und Träger unterscheiden: Die Zweige sozialer Vorsorge, sozialer Entschädigung, sozialer Förderung und sozialer Hilfe. Diese neue Systematik erlaubt eine umfassende Zusammenschau aller in Deutschland gegenwärtig bestehender Sozialleistungszweige.

Rechtsbereich	Träger	Aufgaben
Ausbildungsförderung	Amt für Ausbildungsförderung bei Stadt- und Kreisverwaltung, Universitäten	Individuelle Förderung von Schul- und Hochschulausbildung
Arbeitsförderung und Arbeitslosenversicherung	Bundesagentur für Arbeit	Arbeits- und Berufsberatung, Arbeitsvermittlung, Förderung der beruflichen Aus- und Fortbildung, berufliche Rehabilitation, Arbeitslosengeld I und II, Kurzarbeiter- und Konkursausfallgeld
Gesetzliche Krankenversicherung	Krankenkassen	Krankenbehandlung, Arznei-, Heil- und Hilfsmittel, Krankengeld, Rehabilitationsmaßnahmen
Gesetzliche Pflegeversicherung	Krankenkassen (Pflegekassen)	Häusliche und stationäre Pflegeleistungen bei Pflegebedürftigkeit in drei Stufen
Gesetzliche Rentenversicherung	BfA, LVA, Seekasse, Bundesknappschaft	Medizinische und berufliche Rehabilitation, Renten wegen Alters, verminderter Erwerbsfähigkeit und Tod
Gesetzliche Unfallversicherung	Berufsgenossenschaften, Ausführungsbehörden	Heilbehandlungen, Verletztengeld, Berufshilfe, Verletztenrenten, Hinterbliebenenrenten
Sozialversicherung der Landwirte	Landwirtschaftliche Krankenkasse, Berufsgenossenschaft, Alterskasse	Leistungen der Kranken- und Unfallversicherung, Rehabilitation, Altersgeld für Landwirte und mitarbeitende Familienangehörige, Hinterbliebenenrenten
Kinder- und Jugendhilfe	Jugendamt bei Gemeinde-, Stadt-, Kreisverwaltung	Förderung der Erziehung, Hilfe zur Erziehung, Inobhutnahme von Kindern und Jugendlichen, Beratung
Schwerbehindertenrecht	Versorgungsamt	Feststellung von Behinderungen und Nachteilsausgleichen, Kündigungsschutz, unentgeltliche Beförderung und Vergünstigungen für sehr schwer Behinderte
Soziale Entschädigung	Versorgungsamt	Beschädigtenrenten und Berufsschadensausgleich für Gesundheitsschäden von Kriegsopfern, Soldaten, Zivildienstleistenden, für Opfer von Impfschäden und Gewalttaten, Hinterbliebenenversorgung
Wohngeld	Stadt- oder Kreisverwaltung	Gewährung von Wohngeld
Sozialhilfe	Sozialamt bei Gemeinde-, Stadt-, Kreisverwaltung	Hilfe zum Lebensunterhalt, Kranken-, Mutterschafts-, Alten-, Pflege- und Eingliederungshilfe
Kindergeld	Bundesagentur für Arbeit (Kindergeldkasse)	Gewährung von Kindergeld
Erziehungsgeld, Erziehungsurlaub, Elterngeld	nach Ländern verschiedene Stellen	Gewährung von Erziehungsgeld und -urlaub

Wichtige Sozialrechtsbereiche, ihre Träger und Aufgaben.

Das **Steuer- und Finanzrecht** setzt sich aus vielen Einzelgesetzen (z. B. Einkommensteuergesetz, Körperschaftsteuergesetz) zusammen. Zum **Prozessrecht** gehören die Zivilprozessordnung und die Strafprozessordnung. Das **Strafrecht** (vgl. S. 155 ff.) umfasst alle rechtlichen Regelungen zum Schutz des Einzelnen und des Staates vor Taten gegen Leben, Gesundheit, Eigentum, Ehre, Freiheit und Sicherheit. Strafrechtsfälle sind z. B. Mord oder Diebstahl. Im Strafgesetzbuch (StGB) sind alle Merkmale einer verbrecherischen Handlung beschrieben und mit der entsprechenden Strafe belegt. Das **Umweltrecht** entwickelt sich zunehmend zum eigenen Rechtsgebiet und beinhaltet sowohl Bestimmungen des Privat- als auch des Öffentlichen Rechts (vgl. S. 18 f.).

4.3 Arbeitsrecht

Das **Arbeitsrecht** nimmt eine Zwitterstellung zwischen Öffentlichem Recht und Privatrecht ein. Es ist in zahlreiche Gesetze aufgesplittert und soll bald in einem „Deutschen Arbeitsgesetzbuch" einheitlich geregelt werden. Beziehungen zwischen Staat und Arbeitgeber fallen unter Bestimmungen des Öffentlichen Rechts, Beziehungen zwischen Arbeitgeber und Arbeitnehmer in den Bereich des Privatrechts. Zum Öffentlichen Recht gehören z. B. die Personalvertretung im Öffentlichen Dienst sowie alle Arbeitsschutznormen, die von Verwaltungsbehörden durchgesetzt werden. Streitigkeiten aus diesem Bereich (z. B. Verfügung der Gewerbeaufsicht, Zustimmung zur Kündigung eines Schwerbehinderten) werden bei den Verwaltungsgerichten verhandelt. Die Arbeits- und die Kollektivverträge (Regelungen, die zwischen Gewerkschaften und Arbeitgebern ausgehandelt werden) sind nicht durch administrativen Zwang begründet. Sie sind durch privatrechtliche Bestimmungen geregelt. Die Arbeitsgerichtsbarkeit ist ein besonderer Zweig der Zivilgerichtsbarkeit und wird durch das Arbeitsgerichtsgesetz ergänzt.

5 Gesetzgebung und Gerichtsbarkeit in Deutschland

Die Gesetzgebung ist die staatliche Rechtsetzung durch die gesetzgebende Gewalt (Legislative). Der Gesetzgebungsprozess ist der Weg eines Gesetzes von seinem Entstehen bis zum Inkrafttreten. Ein Gesetz im formellen Sinn ist jeder Beschluss der für die Gesetzgebung zuständigen Organe, der im verfassungsmäßig vorgesehenen förmlichen Gesetzgebungsverfahren ergangen ist und ordnungsgemäß ausgefertigt und verkündet wurde.

5.1 Das Gesetzgebungsverfahren

Für die Gesetzgebung in Deutschland ist ein bestimmtes formelles Verfahren festgelegt (Artikel 77 GG, vgl. auch Abbildung S. 14). Bei Bundesgesetzen kann die **Gesetzesinitiative** von der **Bundesregierung**, vom **Bundesrat** und von **Bundestagsmitgliedern** ausgehen (Artikel 76 GG). Die einzelnen im Bundesrat vertretenen Länder allein können keinen Gesetzentwurf einbringen, dies kann nur der Bundesrat im Ganzen. D. h. der Gesetzentwurf eines Landes wird nur zum Gesetzentwurf des Bundesrats, wenn sich alle Länder anschließen. Ein Gesetzentwurf des Bundesrats wird der Bundesregierung zur Stellungnahme überwiesen, die diesen dann dem Bundestag zuleitet. Ein Gesetzentwurf aus der Mitte des Bundestags wird direkt im Bundestag eingebracht.

Die Gesetzesvorlagen der Bundesregierung werden über den federführenden Minister dem Bundeskabinett unterbreitet und dann dem Bundesrat zur Stellungnahme vorgelegt. Die **erste Beratung** im **Plenum des Deutschen Bundestags** dient vor allem der Darstellung der unterschiedlichen politischen Positionen und somit auch der Information der Öffentlichkeit durch Presse und Medien. Die **erste Lesung** endet meist mit der Überweisung des Gesetzentwurfs an einen Bundestagsausschuss. Die **zweite Lesung** dient dazu, über eventuelle, im Ausschuss beschlossene Änderungsvorschläge abzustimmen. Hier kann ein Gesetzentwurf schon endgültig abgelehnt werden, sofern direkt zur Schlussabstimmung übergegangen wird und er dort nicht die erforderliche Mehrheit findet. Die dritte Lesung findet direkt im Anschluss an die zweite statt, sofern keine Änderungsvorschläge angenommen wurden. Sie dient dazu, die beabsichtigte Stimmabgabe der Parteien vor der Schlussabstimmung zu begründen und somit die Aufmerksamkeit der Wähler zu erlangen und die Öffentlichkeit zu informieren. Bei Annahme des Gesetzentwurfs wird er direkt durch den Bundestagspräsidenten an den Bundesrat weitergeleitet. Wird das Gesetzesvorhaben abgelehnt, ist es gescheitert.

Handelt es sich bei dem beschlossenen Gesetz um ein **Einspruchsgesetz** (nicht zustimmungsbedürftige Gesetze Artikel 71, 73, 75 GG), kann eine ablehnende Haltung des Bundesrats vom Bundestag überstimmt werden. So genannte **Zustimmungsgesetze** (Artikel 72, 74 GG) jedoch können nur mit Zustimmung des Bundesrats endgültig verabschiedet werden. Zustimmungsbedürftige Gesetze sind Gesetze, die die Verfassung oder die Länder im Einzelnen betreffen. Bei Billigung bzw. Zustimmung reicht der Bundesrat die Vorlage an die Bundesregierung weiter und das Gesetz wird beschlossen. Hat der Bundesrat jedoch mögliche Einwände oder Änderungsvorschläge, wird der Vermittlungsausschuss angerufen.

14 Recht und Rechtsordnung

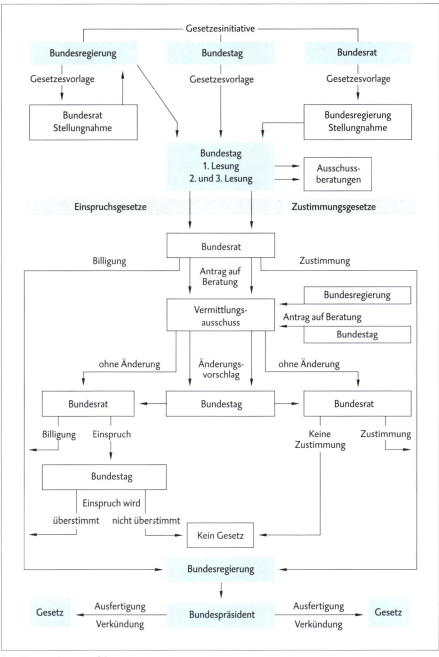

Das Gesetzgebungsverfahren.

Der **Vermittlungsausschuss** ist ein aus Bundestag und Bundesrat gemischt zusammengesetztes Gremium, das entsprechend dem Stärkeverhältnis der Bundestagsfraktionen gebildet wird. Die dort eventuell ausgearbeiteten Änderungsvorschläge werden zusammen mit der Beschlussempfehlung wieder dem Bundesrat vorgelegt, der nun darüber zu entscheiden hat.

Lehnt der Bundesrat daraufhin ein Einspruchsgesetz ab, kann dieser Einspruch vom Bundestag mit qualifizierter Mehrheit überstimmt werden. Wenn die vom Vermittlungsausschuss gemachten Änderungsvorschläge vom Bundesrat akzeptiert werden, geht das Gesetz zurück in den Bundestag, der über diese Änderungen abstimmt. Schließt sich der Bundestag den Änderungen an, ist das Gesetz verabschiedet. Im anderen Fall kann der Bundesrat Einspruch einlegen, der aber wie oben vom Bundestag überstimmt werden kann, sodass dann das Gesetz ohne die Änderungen des Vermittlungsausschusses verabschiedet wird. Handelt es sich jedoch um ein Zustimmungsgesetz und die Vorschläge des Vermittlungsausschusses werden vom Bundesrat abgelehnt, führt dies zum sofortigen Scheitern des Gesetzes.

Wurde ein Gesetz verabschiedet, wird es dem Bundespräsidenten zugeleitet. Dieser prüft das verfassungsmäßige Zustandekommen des Gesetzes und die Vereinbarkeit mit dem Grundgesetz, unterzeichnet es und verkündet es im Bundesgesetzblatt. Falls kein anderer Termin festgehalten wurde, wird das Gesetz 14 Tage nach seiner Verkündung rechtskräftig.

5.2 Aufbau der Gerichtsbarkeit

Für die Bereiche Gesetzgebung, Justizverwaltung und Gerichtsbarkeit besteht ein **ausschließliches Staatsmonopol**, d. h. sie sind allein Aufgabe des Staates. So hat der Staat das alleinige Machtmonopol, in Konfliktsituationen zwischen Bürgern einzugreifen. Er bedient sich hierzu der Polizei und der Gerichte.

Träger der Gerichtsbarkeit sind in der Bundesrepublik Deutschland der Bund und die Länder. Die Recht sprechende Gewalt des Bundes wird durch den Bundesgerichtshof, das Bundesverfassungsgericht, das Bundessozialgericht, das Bundesarbeitsgericht und das Bundesverwaltungsgericht sowie den Bundesfinanzhof ausgeübt (Artikel 92 GG).

Die Gerichtsbarkeit der Länder wird durch die Staats- oder Verwaltungsgerichtshöfe, die Amts-, Land- und Oberlandesgerichte (in Bayern auch das Bayerische Oberste Landesgericht), die Landesarbeitsgerichte, die Landessozialgerichte, die Verwaltungsgerichte und Oberverwaltungsgerichte oder Verwaltungsgerichtshöfe und die Finanzgerichte ausgeübt.

Aufbau der Gerichtsbarkeit in Deutschland

ordentliche Gerichtsbarkeit

- **Zivilgerichtsbarkeit**
  Freiwillige Gerichtsbarkeit
  Zuständigkeit:
  - Registergericht
  - Grundbuchamt
  - Nachlass-/Vormundschaftssachen
  - Vollstreckungs-, Konkurssachen
  - Versteigerungssachen

  Streitige Gerichtsbarkeit
  Zuständigkeit: alle bürgerlichen Rechtsstreitigkeiten, die nicht arbeitsrechtlicher Natur sind oder zu den Angelegenheiten der freiwilligen Gerichtsbarkeit zählen. Z. B. Miet-, Kindschafts- und Unterhaltssachen

- **Strafgerichtsbarkeit**
  Zuständigkeit:
  - Verbrechen (rechtswidrige Taten, die mit mindestens 1 Jahr Freiheitsstrafe bedroht sind)
  - Vergehen (rechtswidrige Taten, die mit einer Mindestfreiheitsstrafe unter 1 Jahr/mit Geldstrafe bedroht sind)

besondere Gerichtsbarkeit

- **Allg. Verwaltungsgerichtsbarkeit**
  Zuständigkeit: Öffentliche Streitigkeiten vor allem zwischen Bürger und Behörde (z. B. Verwaltungsakt oder öffentlich-rechtlicher Vertrag)

- **Arbeitsgerichtsbarkeit**
  Zuständigkeit: Streitigkeiten aus Arbeitsverhältnissen

- **Sozialgerichtsbarkeit**
  Zuständigkeit: Streitigkeiten mit Organen der Sozialen Sicherung

- **Finanzgerichtsbarkeit**
  Zuständigkeit: Streitigkeiten mit der Finanzverwaltung (z. B. Landes- und Bundessteuern)

Verfassungsgerichtsbarkeit

Zuständigkeit:
Verstöße gegen das Grundgesetz/Länderverfassungen

Aufbau der Gerichtsbarkeit in Deutschland.

Auf Bundesebene gibt es die ordentliche (zuständige) Gerichtsbarkeit, die sich in Zivil- und Strafgerichtsbarkeit aufteilt sowie die besondere Gerichtsbarkeit, zu der die allgemeine Verwaltungsgerichtsbarkeit, die Arbeits- und Sozialgerichtsbarkeit und die Finanzgerichtsbarkeit zählen. Außerdem gibt es die Verfassungsgerichtsbarkeit, die zuständig ist für verfassungsrechtliche Streitigkeiten (z. B. Verfassungsbeschwerden). Ausgeübt wird sie durch das Bundesverfassungsgericht bzw. die Verfassungsgerichte der Länder.

Ein Teil der Aufgaben, die den Gerichten übertragen sind, wird „freiwillige Gerichtsbarkeit" genannt. Dabei handelt es sich gewöhnlich – aber nicht ausschließlich – um Bereiche, in denen sich nicht mehrere Parteien mit gegensätzlichen Interessen gegenüberstehen (wie z. B. bei der streitigen Gerichtsbarkeit im Zivilprozess). Vielmehr wenden sich oft die Beteiligten einverständlich an das Gericht, um etwa die Erteilung eines Erbscheins zu beantragen, die Einrichtung einer Betreuung anzuregen oder Eintragungen in das Grundbuch vornehmen zu lassen. Man spricht auch von „vorsorgender Rechtspflege" oder von „Rechtsfürsorge im öffentlichen Interesse".

6 Fortentwicklung des Rechts

Der politische, technische und sozioökonomische Wandel in der Gesellschaft und der damit verbundene Wertewandel schaffen die Notwendigkeit, Lösungen für neue Konfliktfelder (z. B. Internet) zu finden. Für die Entwicklung von Gesetzen bildet häufig der aktuelle Stand der Technik die Rechtsgrundlage. Gesetzgeber und Recht sprechende Gewalt sind aus diesem Grund gefordert, die Lücken z. B. im BGB vor allem durch Gesetzesänderungen und ergänzende Gesetze zu schließen. Aber auch bereits bestehende Normen und Regelungen müssen an veränderte Bedingungen angepasst werden.

6.1 Das Datenschutzrecht

Das Datenschutzrecht ist in Deutschland in den allgemeinen Datenschutzgesetzen und in besonderen Gesetzen des Bundes und der Länder geregelt. Grundlage des Datenschutzrechtes ist das Grundrecht auf Datenschutz, das Recht des Einzelnen, über die Preisgabe und Verwendung seiner persönlichen Daten zu bestimmen (informationelles Selbstbestimmungsrecht).

Informationelle Selbstbestimmung bedeutet, dass jeder das Recht hat zu wissen, wer was wann über ihn weiß. Das Bundesverfassungsgericht verwendete im Volkszählungsurteil von 1983 den Begriff „Recht auf informationelle Selbstbestimmung" erstmals im Sinne eines Grundrechts. Dies garantiert, dass der Einzelne selbst über die Preisgabe und Verwendung seiner persönlichen Daten bestimmen kann und Einschränkungen dieses Rechts nur im überwiegenden Allgemeininteresse zulässig sind. Dieser Schutz der persönlichen Daten wird durch das allgemeine Persönlichkeitsrecht (Artikel 2 I GG) gewährleistet. Dieses bildet, in Zusammenhang mit der Menschenwürde (Artikel 1 I GG) die verfassungsrechtliche Grundlage für das Recht auf informationelle Selbstbestimmung.

Das Datenschutzrecht ist zunehmend in Spezialgesetzen geregelt, die von den Behörden bei ihrer Tätigkeit in erster Linie zu berücksichtigen sind **(besonderes Datenschutzrecht)**. Die allgemeinen Datenschutzgesetze treten dahinter zurück. Derartige Spezialgesetze gelten für eine Vielzahl von Behörden, z. B. Meldebehörden, Polizei- und Ordnungsbehörden, Verfassungsschutz, Gesundheits-, Sozial-, Grundbuch- und Umweltämter, Friedhofsverwaltungen, Schulen, Ärztekammern, Landesarchive, Theater oder Bibliotheken (soweit in öffentlicher Trägerschaft). Das besondere Datenschutzrecht findet sich zum Teil in Bundes-, aber auch in Landesgesetzen.

Das **Bundesdatenschutzgesetz** (BDSG) regelt die Zulässigkeit der Verarbeitung von Bürgerdaten einerseits durch Behörden des Bundes und andererseits durch private Unternehmen in der gesamten Bundesrepublik. Die Kontrolle des Datenschutzes bei den Bundesbehörden wird vom Bundesbeauftragten für den Datenschutz ausgeübt. Die privaten Datenverarbeiter werden dagegen von den Aufsichtsbehörden der Länder kontrolliert, in Bayern z. B. durch den Bayerischen Datenschutzbeauftragten. Das BDSG räumt dem Bürger gegenüber den Bundesbehörden im Wesentlichen die gleichen Rechte auf Auskunft, Berichtigung, Löschung und Sperrung ein wie Landesgesetze. Die Befugnisse zur Datenverarbeitung nach dem BDSG gehen allerdings teilweise über die der Landesdatenschutzgesetze hinaus. Auch im Bereich der Bundesverwaltung ist die Verarbeitung personenbezogener Daten aber zunehmend spezialgesetzlich geregelt. So gelten z. B. für die der Bundesagentur für Arbeit unterstehenden Agenturen für Arbeit besondere Regelungen.

Seit dem 24. Oktober 1995 gibt es eine **Europäische Richtlinie zum Datenschutz**. Damals stimmte der Europäische Rat der Richtlinie des Europäischen Parlaments und des Rates zum Schutz „natürlicher Personen" bei der Verarbeitung personenbezogener Daten und zum freien Datenverkehr zu.

6.2 Das Umweltrecht

Das Recht des Umweltschutzes wird inzwischen überwiegend als ein eigenes Rechtsgebiet angesehen. Es lässt sich nicht vollständig dem Öffentlichen Recht zuordnen, weil sowohl das Bürgerliche Recht als auch das Strafrecht wichtige umweltrelevante Regelungen enthalten. Auch bei der Fortentwicklung des Umweltrechts müssen stets neue technische Entwicklungen beobachtet und integriert werden. So wird seit einiger Zeit die Strahlung bei Mobilfunktelefonen im Strahlenschutzrecht diskutiert.

Im Umweltrecht wird vom **anthropozentrischen Ansatz** ausgegangen. D. h. das Umweltschutzrecht ist zugleich ein Menschenschutzrecht. Die Naturgüter müssen um des Menschen willen geschützt werden. Zum **Umweltrecht im rechtsübergreifenden Sinn**, z. B. Verwaltungs- und Umweltrecht, gehören u. a. Umweltprivat-, Umweltstraf-, Umweltfinanz-, Umweltprozess- sowie Umweltvölkerrecht.

Zum **Umweltrecht im engeren Sinne** gehören Naturschutz- und Landschaftspflegerecht, Gewässerschutz-, Strahlenschutz-, Immissionsschutz-, Abfall-, Gefahrstoff-, Bodenschutz- und Klimaschutzrecht. Die geltenden Umweltgesetze in Deutschland sind primär entweder auf bestimmte Umweltgüter

oder auf bestimmte Gefahrenquellen ausgerichtet. Hierbei werden drei Regelungsmodelle unterschieden:
- Das Umweltgesetz schützt ein Umweltgut (z. B. das Wasser) sektoral gegenüber allen Gefahrenquellen.
- Ein Umweltgesetz schützt prinzipiell alle Umweltgüter, aber nur gegenüber bestimmten Gefahrenquellen (z. B. Abfallentsorgung, Umweltchemikalien).
- Ein Umweltgesetz schützt einzelne Umweltgüter vor einzelnen Gefahrenquellen (z. B. Wasser nur vor Wasch- und Reinigungsmitteln).

Das Nebeneinander von medienbezogenen und gefahrenquellenbezogenen Regelungen führt zwangsläufig zu Überschneidungen. So lässt sich etwa das Wasch- und Reinigungsmittelgesetz einerseits dem Gefahrstoffrecht, andererseits dem Gewässerschutzrecht zuordnen.

Das deutsche Umweltrecht war bisher in viele Einzelgesetze zersplittert, was mit Schwierigkeiten in der Abstimmung der verschiedenen Gesetze und ihrer praktischen Anwendung verbunden war. In den letzten Jahren erkannte man aber, dass die Umwelt als Ganzes erfasst werden muss, weshalb versucht wird, das Recht in einem einheitlichen Umweltgesetzbuch zu kodifizieren.

Die Entwicklung des Umweltrechts in Europa wird maßgeblich vom europäischen Umweltrecht geprägt. Dies ist an der Vielzahl von Richtlinien und Verordnungen der EU zum Umweltrecht zu erkennen. Das Umweltrecht gehört zum EG-Vertrag und der Gemeinschaft sind in diesem Bereich weitgehende Rechtskompetenzen übertragen worden. Ziel ist es, in der Europäischen Union möglichst einheitliche umweltrechtliche Standards zu schaffen, um u. a. eine Wettbewerbsverzerrung zu unterbinden.

6.3 Das Ausländerrecht

Im Allgemeinen kann man nicht von **dem** Ausländerrecht sprechen, da es sich dabei nicht um eine homogene Rechtsmaterie handelt, sondern um eine Reihe verschiedener Gesetzestexte. Das Ausländergesetz (AuslG) regelt im Allgemeinen die Einreise, den Aufenthalt und die Beendigung des Aufenthalts von Ausländern. Es gilt aber nur dann, wenn kein anderes der folgenden **Spezialgesetze** angewendet werden kann. Das Aufenthaltsgesetz (AufenthG/EWG) regelt den Aufenthalt von Staatsangehörigen aus Mitgliedsstaaten der Europäischen Union und dem Europäischen Wirtschaftsraum. Das Asylverfahrensgesetz (AsylVfG) regelt den Aufenthalt während des Asylverfahrens. Es bestimmt u. a. die Zuweisung Asylsuchender in ein Bundesland, Mitwirkungspflichten der Asylsuchenden, das gerichtliche Verfahren und auch die Aufenthaltsgenehmigung nach erfolgreichem Abschluss des Asylverfahrens. Das Gesetz über die Rechtsstellung heimatloser Ausländer (HAG) regelt den Aufenthalt heimat- oder staatenloser Ausländer im Bundesgebiet. Das Gesetz über Maßnahmen für im Rahmen humanitärer Hilfsaktionen aufgenommene Flüchtlinge (HumHAG) regelt den Aufenthalt von Kontingentflüchtlingen. Das Staatsangehörigkeitsgesetz (StAG) enthält u. a. Regelungen über den Erwerb der deutschen Staatsangehörigkeit durch Einbürgerung. Diese Gesetze werden zudem durch Rechtsverordnungen, Richtlinien und Weisungen ergänzt. Diese Vorschriften regeln also, welche Ausländer sich zu welchem Zweck in welchem Zeitraum im Bundesgebiet oder Teilen des Bundesgebiets aufhalten dürfen.

6.4 Nationales Recht und europäisches Recht

Das Ziel einer Vereinheitlichung des Privatrechts in der Europäischen Union ist nur auf lange Sicht zu verwirklichen, da die Unterschiede der einzelnen Rechtsordnungen derzeit noch viel zu groß sind. Eine Rechtsangleichung kann deshalb nur in kleinen Schritten erfolgen. Dabei spielen in geringerem Maße Verordnungen, sondern vielmehr Richtlinien der EU eine Rolle.

Während **Verordnungen** in allen Teilen verbindlich und in allen Mitgliedsstaaten als unmittelbares Recht gültig sind, bedürfen die **Richtlinien** der Umsetzung in nationales Recht. D. h. eine Richtlinie ist nur hinsichtlich des Ziels verbindlich, die Rechtsorgane der Mitgliedsstaaten (in Deutschland der Bundestag) haben daraufhin ein Gesetz zu erarbeiten, dessen Bestimmungen geeignet sind, das durch die Rechtlinie vorgegebene Ziel zu erreichen. Die Richtlinie ist also gleichsam eine Vorlage, rechtsverbindlich sind die auf dieser Grundlage entwickelten nationalen Gesetze, die in Einzelheiten voneinander abweichen können. Im Bereich des Bürgerlichen Rechts sind eine Reihe von Richtlinien ergangen, die in das Vertrags- und Haftungsrecht eingreifen und die letztendlich dem Schutz des Verbrauchers dienen. Einige Neuregelungen beruhen auf derartigen Richtlinien (Zahlungsverzug §§ 286 ff. BGB, Sachmängelhaftung beim Kauf §§ 434 ff., 474–479 BGB, Haustürgeschäfte §§ 312, 312 a BGB, elektronischer Geschäftsverkehr §§ 312 b – 312 f BGB).

Die Integration und Eingliederung des europäischen Verbraucherschutzes in das deutsche Privatrecht ist ein schwieriger Anpassungsprozess. Der deutsche Gesetzgeber beschränkt sich nicht alleine auf eine isolierte Umsetzung der Richtlinien. Um dem Ziel eines gemeinschaftskongruenten Privatrechts näherzukommen, ist es sicherlich notwendig, das deutsche Recht zu überdenken und gegebenenfalls neu zu bestimmen bzw. entsprechend fortzuentwickeln.

Rechtstechnische Grundlagen

Grundlagen einer Rechtsordnung sind verschiedene Gesetzeswerke. Das grundlegende Gesetzeswerk des bundesdeutschen Privatrechts ist das Bürgerliche Gesetzbuch (BGB).

1 Das Bürgerliche Gesetzbuch

Das Bürgerliche Gesetzbuch (BGB) trat am 1. Januar 1900 in Kraft. Wenige Jahre nach der Reichsgründung 1871 hatte eine Kommission mit den Arbeiten zum ersten Entwurf begonnen. Das BGB hat sich bis heute zum bedeutendsten Werk des deutschen Privatrechts entwickelt.

Die Anwendung des BGBs im Alltagsleben bedarf einiger grundlegender Kenntnisse, da die Sprache des Gesetzbuchs für den Leser oft nur schwer zu verstehen ist. Die Verfasser verwendeten eine hoch entwickelte Kunst- bzw. Fachsprache, die Begriffssprache, die die Kenntnis der Begriffsinhalte voraussetzt. So haben manche Normen ein hohes Maß an Verständlichkeit, d. h. einen niedrigen Abstraktionsgrad, andere dagegen sind schwerer zu verstehen und haben einen hohen Abstraktionsgrad, der für den Laien nur anhand von Beispielen und Fällen verständlich gemacht werden kann. Beispiel für eine abstrakte Norm ist §157 BGB (Auslegung von Verträgen): „Verträge sind so auszulegen, wie Treu und Glauben mit Rücksicht auf die Verkehrssitte es erfordern." Die Interpretation dieser Allgemeinregel ist vom jeweiligen juristischen und gesellschaftlichen Verständnis geprägt und kann deshalb sehr unterschiedlich ausfallen. Eine konkrete Einzelfallregelung ist §911 BGB (Überfall): „Früchte die von einem Baume oder einem Strauche auf ein Nachbargrundstück hinüber fallen, gelten als Früchte dieses Grundstücks. [...]." Diese Regelung bedarf keinerlei Interpretation, und jeder Betroffene kann sich an diese Norm halten. Würden für alle rechtserheblichen Vorgänge Einzelfallregelungen geschaffen, wäre eine unübersichtliche Gesetzesflut die Folge (Reduktion vgl. S. 23 f.).

1.1 Systematik und Aufbau des BGB

Das BGB ist in fünf Bücher eingeteilt. Das 1. Buch umfasst den allgemeinen Teil wie Rechtsgrundsätze und Definitionen der Begriffe, die für das gesamte BGB gelten. Im 2. Buch ist das Schuldrecht niedergeschrieben, d. h. Schuldverhältnisse, die aus einem Vertrag, Vereinbarungen oder auf sonstige Weise entstehen können. Das Sachenrecht (3. Buch) beinhaltet Regelungen der Rechtsbeziehungen zwischen Person und Sache (z. B. Eigentum und Besitz). Im 4. Buch ist das Familienrecht enthalten (Regelungen der Rechtsbeziehungen zwischen Ehegatten, deren Gütergemeinschaft, bei Scheidung, mit Verwandten und bei Vormundschaft). Regelungen zum Erbrecht (Erbfolge, Testament) schließlich stehen im 5. Buch. Hier sind Rechtsverhältnisse bei der Rechtsnachfolge um das Vermögen eines Menschen nach seinem Tode festgelegt.

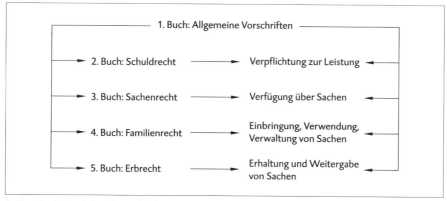

Aufbau des Bürgerlichen Gesetzbuchs.

Zur Systematisierung wurde im BGB die Technik des sog. „**Vor-die-Klammer-ziehens**" angewendet. Allgemeine Tatbestände und Rechtsfolgen, die für mehrere Bereiche zutreffen, werden herausgenommen und vorangestellt. Im BGB z. B. umfasst das 1. Buch alle rechtlich relevanten Normen und Definitionen, die für die Verwendung der vier folgenden Bücher gelten. Des Weiteren gilt die Regel „**lex specialis derogat legi generali**", „das speziellere Gesetz geht den allgemeineren Gesetzen vor". D. h. fällt ein Tatbestand unter zwei Regelungen, findet nur die Rechtsfolge der spezielleren Regelung Anwendung.

Beim Lesen einzelner Normen des BGB und seiner Inhaltsangabe stößt man auf die Schwierigkeit, dass das Gesetz lebensmäßig Zusammengehöriges (z. B. Kaufhandlung: Vertrag und Erfüllung) auseinanderreißt und das Getrennte nach einem zwar wohl durchdachten, aber für Laien schwer durchschaubaren Plan wieder zusammenfügt. Dies ist aber nicht anders möglich, da im Leben meist jedes mit jedem zusammenhängt, das Gesetz aber nur nach einer bestimmten Reihenfolge vorgehen kann.

1.2 Die Rechtsnormen: Struktur, Ziel und inhaltliche Aussage

Die Anzahl von unterschiedlichen rechtserheblichen Vorgängen des Lebens ist unbegrenzt. Komprimiert ist aber die Zahl der rechtlichen Regelungen in Form von Gesetzen. Die **Gesetzesstrukturen** reichen von der konkreten Einzelfallbeschreibung, (z. B. §§ 516 ff. BGB, Schenkung) bis hin zu abstrakten Formulierungen allgemeingültiger Normen (z. B. § 242 BGB, Auslegung von Verträgen; Artikel 1–20 GG). Da konkrete Einzelfallregelungen für alle rechtserheblichen Vorgänge ein Gesetzeswerk aufblähen, muss die Zahl der Normen reduziert werden (siehe Abbildung unten). Dieses **Ziel** wird erreicht, indem Tatbestandsmerkmale einer Rechtsnorm möglichst abstrakt, d. h. allgemeingültig formuliert werden, um die Norm auf eine große Zahl konkreter Sachverhalte anwenden zu können.

Eine Rechtsnorm besteht i. d. R. aus zwei Teilen, dem Tatbestand mit seinen Tatbestandsmerkmalen und der Rechtsfolge. Ein **Tatbestandsmerkmal** ist jede Voraussetzung, die ein Paragraf für sein Ergebnis, die **Rechtsfolge**, verlangt (Wenn-dann-Beziehung). Durch die Abstrahierung wird zum einen der Umfang von Gesetzeswerken reduziert, zum anderen trägt sie zur Konstanz der Rechtsnormen trotz des sozioökonomischen Wandels bei. Die **inhaltliche Aussage** einer Rechtsnorm und damit verbunden die Höhe des Abstraktionsgrades ist jeweils vom Umfang der rechtlichen Lebensvorgänge abhängig.

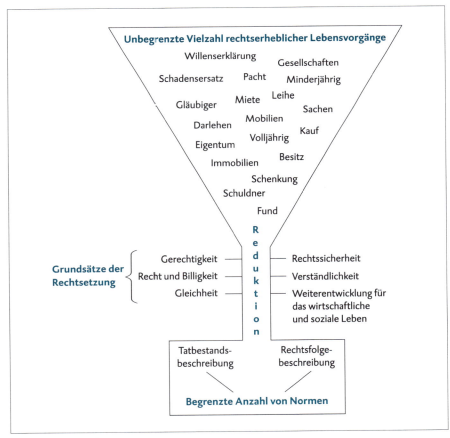

Das Reduktionsproblem.

Anhand eines Beispiels zu einem häufigen Rechtsgeschäft – dem Kauf – soll die Reduktion verdeutlicht werden. §433 BGB legt die Grundpflichten des Käufers und Verkäufers fest. §433 I BGB besagt, dass der Verkäufer einer Sache durch den Kaufvertrag verpflichtet wird, dem Käufer die Sache zu übergeben und das Eigentum daran zu verschaffen. Der Verkäufer ist nach §433 I Satz 2 BGB außerdem verpflichtet, dem Käufer die Sache frei von Rechts- und Sachmängeln zu verschaffen (Willenserklärung WE 1).

§433 II BGB verpflichtet den Käufer, dem Verkäufer den vereinbarten Kaufpreis zu zahlen und die gekaufte Sache abzunehmen (Willenserklärung WE 2). Diese Regelung reduziert also die vielen möglichen Situationen, die einen Kauf betreffen können auf diese wichtigen Grundvoraussetzungen. So lässt sich der Vorgang eines Kaufs wie in unten stehender Grafik abbilden.

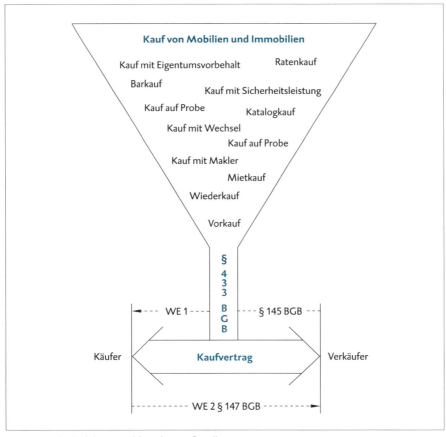

Die Lösung des Reduktionsproblems bei Kaufhandlungen.

Der in der allgemeinen Abbildung zum Reduktionsproblem (vgl. S. 24) dargestellte Zusammenhang zwischen Tatbestandsbeschreibung, Norm und Rechtsfolgebeschreibung kann auch wie in folgender Grafik (Beispiel Kaufgeschäft) verdeutlicht werden. Der umfassende Tatbestand „Kaufvertrag" wird durch die Regelungen in §433 BGB auf folgende Rechtsfolgen reduziert.

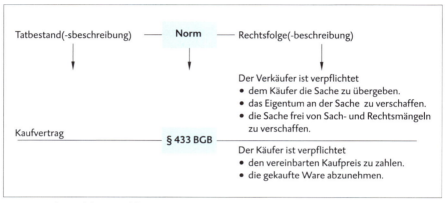

Die Lösung des Reduktionsproblems am Beispiel einer Kaufhandlung.

2 Subsumtion als Technik der Rechtsanwendung

Subsumieren steht allgemein für ein- bzw. unterordnen. Bei der Subsumtion wird ein Sachverhalt rechtlich gewürdigt, d. h. es wird überprüft, ob er die Tatbestandsmerkmale einer bestimmten, meist sehr abstrakt gehaltenen Rechtsnorm erfüllt. Nur wenn alle Tatbestandsmerkmale durch den vorgegebenen Sachverhalt erfüllt sind, tritt die Rechtsfolge ein. Dies soll in einem Beispiel näher erklärt werden, indem ein alltäglicher Vorgang bezüglich seines rechtlichen Hintergrunds untersucht wird.

Fallbeispiel:
K will für sein Kind ein Geschenk kaufen. Er geht in einen Spielwarenladen und es entwickelt sich folgendes Gespräch mit der Inhaberin: „Was darf's denn bitte sein?" „Ich hätte gerne das ferngesteuerte Auto aus Ihrem Zeitungsangebot." „Sie haben Glück, hier ist das letzte Exemplar zu 49,50 €." „Packen Sie es mir bitte als Geschenk ein." K zahlt, nimmt das Geschenk und verlässt den Laden. Es ist nun zu subsumieren, ob ein gültiger Kaufvertrag zustande kam, d. h. ob die Voraussetzungen für einen Vertrag in dem Beispiel gegeben sind.

Lösung: Die ersten drei Aussagen dienen der Vertragsvorbereitung; sie sind Anfragen, Informationen und Bestätigung. Erst die Aussage „Packen Sie es mir bitte als Geschenk ein", ein Antrag nach § 145 BGB, und die Handlung des Einpackens, die als stillschweigende Annahme des Antrags (§ 147 BGB) gesehen werden kann, sind Willenserklärungen, die zu einem Vertrag, hier Kaufvertrag nach § 433 BGB führen. Da die Voraussetzungen für einen gültigen Vertrag, das Vorliegen zweier gültiger, sich inhaltlich deckender Willenserklärungen, gegeben ist, kam in dem Geschäft auch ein gültiger Kaufvertrag zustande.

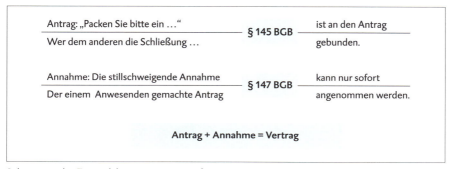

Subsumtion des Zustandekommens eines Kaufvertrags.

3 Normen, Zitiertechnik, Zeichenerklärung, Normenanalyse und Normenverknüpfung

Bei jeder Subsumtion sind Normen aufzusuchen und zu prüfen. Bei der schriftlichen Fixierung sind grundsätzlich alle Lösungsschritte nachvollziehbar und korrekt zu zitieren. Es gibt zwar keine gesetzlichen Zitiervorschriften, es empfiehlt sich aber, die im Gesetz verwendete Schreibweise inhaltlich zu übernehmen. Bei der Verwendung mehrerer Gesetzesbücher ist auch grundsätzlich das Buch zu bezeichnen. Das Eigentum z. B. wird in mehreren Gesetzesbüchern behandelt (Artikel 14 GG, Artikel 103 Bayerische Verfassung, § 903 BGB).

Vielfach genügt es nicht, nur einen Paragraphen oder Artikel zu nennen, sondern einzelne Absätze und sogar Sätze müssen bezeichnet werden (z. B. Artikel 14 I Satz 1 GG). Im Rahmen einer präzisen Subsumtion können unter Umständen auch Formulierungen des entsprechenden Gesetzbuches herangezogen werden. Verweist man auf einen gesamten Abschnitt eines Gesetzeswerks, zitiert man z. B. §§ 903–928 BGB oder §§ 903 ff. BGB. Bei der Falllösung kann mit einer Lösungsschablone und mit bestimmten Zeichen gearbeitet werden. Rein verbale oder Mischformen sind ebenfalls möglich.

Rechtstechnische Grundlagen

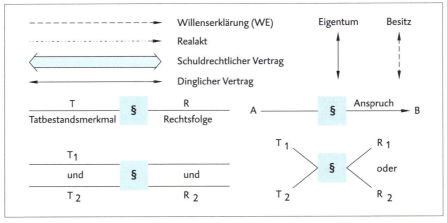

Zeichenerklärung.

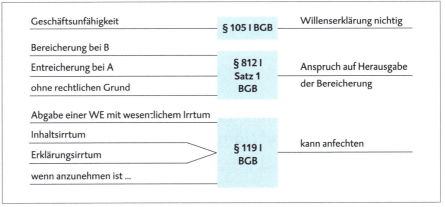

Normenanalysen, die Darstellung von Tatbestandsmerkmalen und ihren Rechtsfolgen.

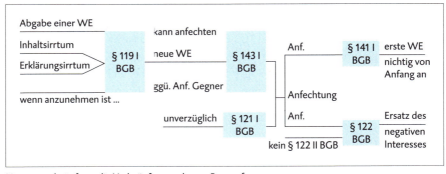

Normenverknüpfung, die Verknüpfung mehrerer Paragrafen.

4 Das Abstraktionsprinzip

Das **Abstraktionsprinzip**, eine Besonderheit des deutschen Rechts, bezeichnet die im Bürgerlichen Recht bestehende Unabhängigkeit zwischen schuldrechtlichem Grundgeschäft und sachenrechtlichem Erfüllungsgeschäft. Mithilfe des Abstraktionsprinzips werden faktische Lebenseinheiten juristisch in zwei oder mehr selbstständige Rechtsgeschäfte aufgeteilt. Das **Verpflichtungsgeschäft** ist das Rechtsgeschäft, durch das sich eine Person einer anderen gegenüber verpflichtet eine Leistung zu erbringen (schuldrechtliches Band von Person zu Person). Das **Erfüllungs-** bzw. **Verfügungsgeschäft** ist ein Rechtsgeschäft, durch das ein Recht unmittelbar übertragen, belastet, geändert oder aufgehoben wird (sachenrechtliches Band von Person zur Sache).

Das dingliche Erfüllungsgeschäft (in der Regel die Übereignung einer Sache zu Eigentum) ist also losgelöst vom Grundgeschäft und kommt insoweit selbst dann rechtswirksam zustande, wenn kein oder ein fehlerhaftes schuldrechtliches Grundgeschäft zugrunde liegt. Die Rechtsgeschäfte führen ein juristisches Eigenleben (sind voneinander unabhängig bzw. abstrakt) und können auch zeitlich weit versetzt voneinander ablaufen.

Ziel des Abstraktionsprinzips ist es zum einen, die Eigentumsverhältnisse zu publizieren, womit es den Bedürfnissen einer arbeitsteiligen Wirtschaft entgegenkommt. So kann eine Sache verkauft werden, die noch im Eigentum eines Dritten steht oder die noch gar nicht hergestellt ist. Das Abstraktionsprinzip ermöglicht auch den Verkauf unter Eigentumsvorbehalt (vgl. S. 68).

Zum anderen steigt durch diese vorgenommene künstliche Trennung die Sicherheit und Verlässlichkeit im Rechtsverkehr, da die Wirksamkeit der Verfügung Vorrang vor möglichen Mängeln des Verpflichtungsgeschäfts hat. Das Prinzip wird auch deutlich im BGB an der Trennung von Schuldrecht (2. Buch), der Verpflichtung, und Sachenrecht (3. Buch), der Verfügung.

Ein häufiges Rechtsgeschäft im täglichen Leben ist der Kauf. Eine Kaufhandlung besteht aus drei selbstständigen Rechtsgeschäften. Dem Abschluss des Kaufvertrags (Verpflichtungsgeschäft), der Übereignung der Sache (erstes Erfüllungsgeschäft) und des Geldes (zweites Erfüllungsgeschäft).

Am Beispiel einer solchen Kaufhandlung soll nun das Abstraktionsprinzip grafisch verdeutlicht werden. Hierfür dient die bereits früher erwähnte Situation: K kauft für sein Kind in einem Spielwarenladen ein ferngesteuertes Auto. Er legt das Geld passend auf den Tisch, nimmt das Geschenk und verlässt den Laden. Die Reihenfolge der Darstellung erfolgt nach dem Handelsgrundsatz: Erst die Ware, dann das Geld (könnte in der Realität aber auch umgekehrt ablaufen). Dieser geschilderte Kaufvertrag besteht aus sechs Willenserklärungen, einem schuldrechtlichen Vertrag, zwei sachenrechtlichen Verträgen, zwei Eigentumsübertragungen und zwei Realakten.

K schließt mit V einen Kaufvertrag (§ 433 BGB). Aus diesem Vertrag ergeben sich für beide Seiten Verpflichtungen: V muss das Spielzeug frei von Mängeln übergeben und dem K das Eigentum verschaffen. Gleichzeitig hat K das Auto abzunehmen und zu bezahlen. Der Kaufvertrag ist ein Verpflichtungsgeschäft, das durch Antrag (§ 145 BGB) und Annahme (§ 147 ff. BGB) zustande kommt.

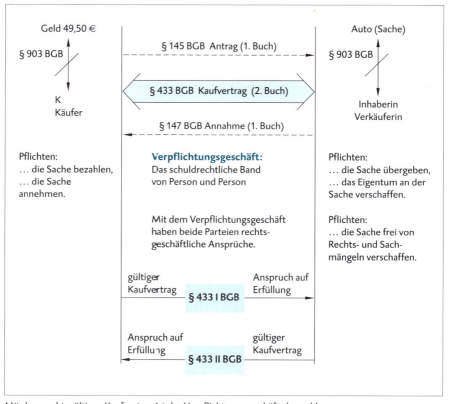

Mit dem rechtsgültigen Kaufvertrag ist das Verpflichtungsgeschäft abgeschlossen.

Die Übereignung des mangelfreien Fahrzeugs ist das erste Verfügungsgeschäft, K wird Eigentümer des Autos. Durch die Geldübereignung (2. Verfügungsgeschäft) ist der Vertrag vollständig rechtlich erfüllt. Beide Vertragspartner haben ihre Pflichten gemäß §§ 157, 433 BGB erfüllt und es bestehen keine Ansprüche mehr (siehe folgende Abbildungen).

Rechtstechnische Grundlagen

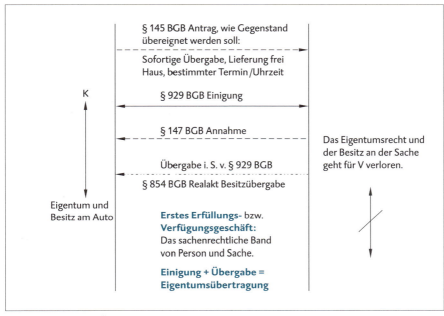

Mit der rechtsgültigen Übereignung ist das erste Erfüllungsgeschäft abgeschlossen.

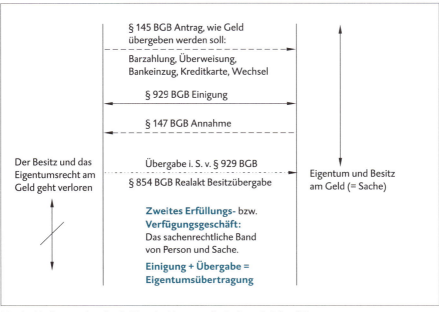

Mit der Verfügung über das Geld ist der Vertrag vollständig rechtlich erfüllt.

Im Folgenden wird eine mögliche Zeitverschiebung im Vertragsablauf grafisch verdeutlicht.

K bestellt aus einem Versandkatalog CDs zum Preis von insgesamt 102,- €. Die Bestellung erfolgt am 10.4.2002. Am 15.4.2002 erhält er per Post die Auftragsbestätigung mit dem Hinweis, dass die Lieferung in etwa 14 Tagen erfolgen wird. Am 29.4.2002 wird die Ware per Postversand an K ausgeliefert. Die Rechnung liegt bei, K überweist den Betrag am 2. Mai 2002. Der Betrag wird am gleichen Tag gutgeschrieben.

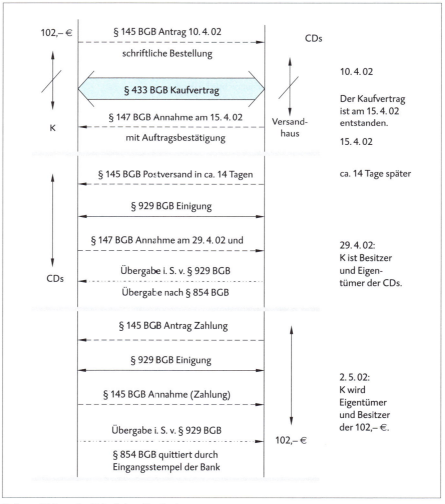

Zeitverschiebung im Ablauf eines Kaufvertrags.

Rechtssubjekte, Rechtsgeschäfte und Rechtsobjekte

Rechtssubjekte sind unterteilt in natürliche und juristische Personen. Bei der Gruppe der juristischen Personen wiederum wird mehrfach unterschieden, z. B. zwischen Personen des Öffentlichen Rechts wie Universitäten oder Rundfunkanstalten und Personen des Privatrechts wie Sportvereinen oder Aktiengesellschaften.

1 Rechtssubjekte

Träger von Rechten und Pflichten und damit Rechtssubjekt kann nur eine **rechtsfähige Person** sein. Dabei kann es sich um natürliche oder juristische Personen handeln (§§ 1, 21 BGB). **Natürliche Personen** sind alle Menschen. Rechtliche Attribute der „natürlichen Personen" (je nach Alter) sind u. a. Rechtsfähigkeit, Ehemündigkeit, Geschäftsfähigkeit, Wehrpflicht, Deliktsfähigkeit, Wahlrecht, Schuldfähigkeit, Wohnsitz, Eidesfähigkeit, Staatsangehörigkeit, Testierfähigkeit und Name (z. B. Familienname).

Als **juristische Person** bezeichnet man eine Organisation (Personenvereinigung oder Zweckvermögen), der die Rechtsordnung eigene Rechtsfähigkeit zuerkennt. Zu den rechtlichen Attributen der „juristischen Personen" zählen u. a. Rechtsfähigkeit, Name bzw. Firma (Handelsname, z. B. AG, GmbH) und Sitz. Zu unterscheiden sind juristische Personen des Privatrechts und des Öffentlichen Rechts.

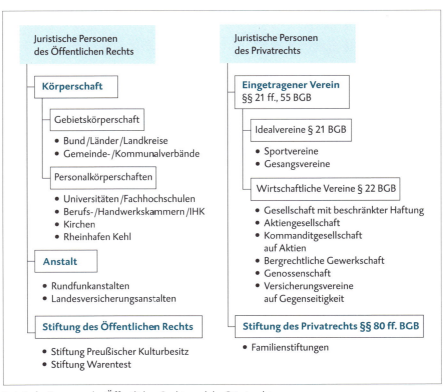

Juristische Personen des Öffentlichen Rechts und des Privatrechts.

1.1 Rechtsfähigkeit

Rechtsfähigkeit ist die Fähigkeit, Träger von Rechten und Pflichten zu sein. Sie bedeutet zugleich Parteifähigkeit im Zivilprozess. Die Rechtsfähigkeit des Menschen (natürliche Person) beginnt mit Vollendung der Geburt (§ 1 BGB) und endet mit dem Tod. Aber: Regelungen zum Schutz des ungeborenen Lebens.

Die Rechtsfähigkeit der juristischen Person beginnt mit der Eintragung und endet mit der Auflösung. Diese Vorgänge müssen dokumentiert werden, z. B. durch Eintragung bzw. Löschung im Handelsregister. Der Umfang der Rechtsfähigkeit der juristischen Person ist insofern beschränkt, als ihr die den natürlichen Personen vorbehaltenen Rechtsgebiete (Familienrecht, Staatsangehörigkeit) verschlossen sind. Inwieweit sich juristische Personen auf Grundrechte berufen können, richtet sich nach dem Wesen des Grundrechts und nach der Art der juristischen Person. Die juristische Person nimmt durch ihre Organe, die sich aus natürlichen Personen zusammensetzen (z. B. Vereinsvorstand), am Rechtsleben teil und haftet für die von diesen oder von anderen verfassungsmäßig berufenen Vertretern begangenen schadensersatzpflichtigen Handlungen (§§ 31, 89 BGB). Aufgaben, Organisation und Zuständigkeitsverteilung der juristischen Person regelt z. B. eine Satzung oder ein Gesellschaftsvertrag.

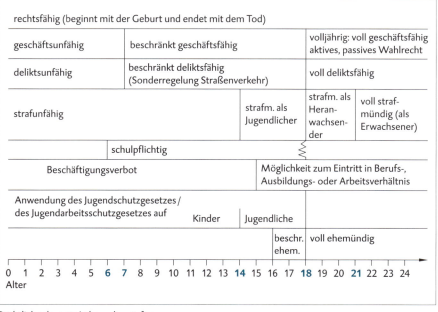

Rechtlich relevante Lebensalterstufen.

1.2 Geschäftsfähigkeit

Die Geschäftsfähigkeit ist ein Teil der Handlungsfähigkeit, also der Fähigkeit, Rechtsgeschäfte durch eigenes Handeln wirksam vorzunehmen. Sie ist grundsätzlich abhängig vom Lebensalter, da jeder Mensch erst dann voll geschäftsfähig werden soll, wenn er die Konsequenzen seines Handelns erkennen und sie verantworten kann.

Sie entwickelt sich in drei Etappen von der Geschäftsunfähigkeit (§ 104 BGB) über die beschränkte Geschäftsfähigkeit (§§ 106–115 BGB) hin zur vollen Geschäftsfähigkeit (§ 2 BGB). Dies wird in folgender Grafik dargestellt:

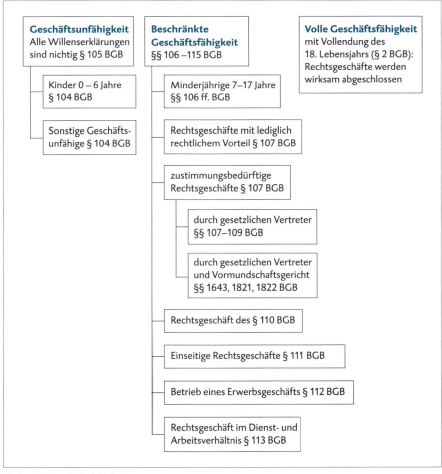

Stufen der Geschäftsfähigkeit.

Die Regelungen zur beschränkten Geschäftsfähigkeit dienen dem Schutz des **Minderjährigen** und der Erziehungsfunktion des Rechts. Kinder unter sieben Jahren und Gleichgestellte als Geschäftsunfähige genießen den absoluten Schutz des Rechts. Die Willenserklärung eines Geschäftsunfähigen ist gemäß § 105 BGB nichtig. Bei beschränkt Geschäftsfähigen legt man den Abschluss bestimmter zweiseitiger Rechtsgeschäfte, die einen rechtlichen Nachteil beinhalten, in die Verantwortlichkeit der Erziehungsberechtigten. Die gesetzlichen Vertreter können die Gewöhnung an Rechtsgeschäfte in den eigenverantwortlichen Erziehungsprozess einfließen lassen, indem sie das Taschengeld gemäß § 110 BGB zur freien Verfügung stellen oder es für einen bestimmten Zweck überlassen. Die §§ 104–113 BGB haben also eine Schutz-, Ordnungs- und Kontrollfunktion zu erfüllen und dienen damit der allgemeinen Rechtssicherheit zwischen den Vertragspartnern (§ 108 I BGB) (vgl. auch S. 43, 54).

1.3 Deliktsfähigkeit

Deliktsfähigkeit ist die Fähigkeit, für eine unerlaubte Handlung verantwortlich zu sein und sich dadurch schadensersatzpflichtig zu machen (§§ 827–829 BGB). Während die Geschäftsfähigkeit Voraussetzung für wirksames rechtsgeschäftliches Handeln ist, ist die Deliktsfähigkeit grundsätzlich die Voraussetzung für die Haftung aus unerlaubter Handlung (§§ 823 ff. BGB).

Die Deliktsfähigkeit ist in gleicher Weise nach Altersgruppen abgestuft wie die Geschäftsfähigkeit. Auch hier unterliegen Minderjährige besonderen Bestimmungen (§ 828 BGB), da der Gesetzgeber annimmt, dass diese die Konsequenzen ihres Handelns noch nicht voll absehen können. Daher werden sie auch vor den Folgen ihres Handelns geschützt. Durch die altersbedingte Abstufung sollen die Minderjährigen also in ihrer Verantwortlichkeit an die Rechtsstellung volljähriger Personen herangeführt werden. Die sieben bis 18-Jährigen sind beschränkt deliktsfähig (Ausnahme: Im Straßenverkehr gilt seit 1. August 2002 die beschränkte Deliktsfähigkeit erst ab zehn Jahren, § 828 II BGB) und damit für ihr Tun verantwortlich, wenn die Einsicht in das Unrecht eigenen Handelns gegeben ist (§ 828 III BGB).

Die Deliktsfähigkeit ist von der strafrechtlichen Schuldfähigkeit (Strafmündigkeit) abzugrenzen. Die **Deliktsfähigkeit** bezieht sich auf die Frage, ob eine Person für einen durch unerlaubte Handlung angerichteten Schaden verantwortlich und damit schadensersatzpflichtig ist (zivilrechtliche Regelung des Schadensfalls). Dagegen bezieht sich die **Strafmündigkeit** auf die Übernahme strafrechtlicher Verantwortlichkeit bei Taten im Sinne des Strafgesetzbuches.

2 Willenserklärungen

Willenserklärung ist ein im BGB nicht definierter, sondern vorausgesetzter Begriff (§§ 116 ff. BGB). Menschen nehmen durch Willenserklärungen handelnd am Rechtsleben teil. Eine Willenserklärung ist eine auf rechtliche Wirkung abzielende Willensäußerung. Nur wer geschäftsfähig ist, kann auch selbstständig und rechtswirksam Willenserklärungen abgeben.

Die Willenserklärung ist notwendigerweise Bestandteil eines Rechtsgeschäfts. Sie setzt begrifflich zunächst das Vorhandensein eines Willens voraus (**subjektiver** Wille). Dazu gehören der **Handlungswille** (der Wille, die äußere Erklärungshandlung vorzunehmen), der **Erklärungswille** oder das Erklärungsbewusstsein (das Wissen, mit der Handlung eine rechtlich bedeutsame Erklärung abzugeben) und der **Geschäftswille** (die Absicht einen bestimmten rechtsgeschäftlichen Erfolg herbeizuführen). Der Wille muss außerdem durch eine Erklärung nach außen erkennbar gemacht werden (**objektiver** Tatbestand). Das kann ausdrücklich, aber auch durch schlüssiges Verhalten (konkludentes Handeln, z. B. Kopfnicken) geschehen.

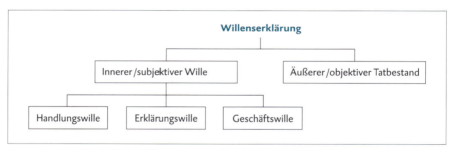

Voraussetzungen für das Zustandekommen von rechtswirksamen Willenserklärungen.

Das folgende Beispiel erläutert die subjektiven und objektiven Voraussetzungen einer rechtswirksamen Willenserklärung.

Fallbeispiel:
A sitzt betrunken im Wirtshaus. Sein Nachbar F will von ihm schon lange den Zuchthengst Rex käuflich erwerben. Nun scheint ihm die Gelegenheit günstig. F geht mit seinem Freund, dem Viehhändler S, zu A an den Tisch, sie spendieren ihm noch ein Bier und legen A einen vorbereiteten Kaufvertrag vor, nach dem A dem F den Zuchthengst für 20 000,– € verkauft. S führt A, der in seinem Rausch gar nicht weiß, was vor sich geht, die Hand bei der Unterschrift unter dem Kaufvertrag. Als A am nächsten Tag wieder nüchtern ist, kommt F zu

ihm, legt ihm den Kaufvertrag vor und verlangt die Herausgabe des Pferdes. Kann F das Pferd verlangen?
Lösung: Ein Kaufvertrag kommt nur dann zustande, wenn zwei wirksame Willenserklärungen vorliegen.
- Objektiver Tatbestand: Es liegt eine schriftliche Äußerung, die einen Rechtsfolgewillen erkennen lässt, vor.
- Subjektiver Tatbestand: A ist betrunken und seine Hand zur Unterschrift wird von S geführt (fehlender Handlungswillen). A ist sich außerdem überhaupt nicht bewusst, dass er eine rechtsgeschäftliche Willenserklärung abgibt (fehlendes Erklärungsbewusstsein). A will seinen Zuchthengst gar nicht verkaufen, d. h. er will keinen rechtsgeschäftlichen Erfolg herbeiführen (fehlender Geschäftswille).

Es fehlen in der Willenserklärung des A alle drei Voraussetzungen des subjektiven Tatbestands. Daher kommt keine wirksame Willenserklärung und damit auch kein Kaufvertrag zustande.

2.1 Formen der Willenserklärungen

Grundsätzlich ist für Rechtsgeschäfte keine besondere Form erforderlich – es gilt der Grundsatz der Formfreiheit (vgl. S. 54). Für einige Rechtsgeschäfte, die von besonderer Bedeutung oder Tragweite sind, ist die Form jedoch gesetzlich vorgeschrieben (z. B. § 516 BGB Schenkung, § 766 BGB Bürgschaft). Außerdem kann auch durch vertraglich vereinbarte Regelungen die Form der Willenserklärung eingeschränkt sein. Ein vorliegender Formmangel bewirkt Nichtigkeit (§ 125 BGB), außer wenn eine „Heilung" im Gesetz zugelassen ist (z. B. §§ 518 II, 766 Satz 3 BGB).

Der Zweck von Formvorschriften, z. B. dass das Rechtsgeschäft schriftlich besiegelt oder von einem Notar beurkundet wird, ist zum einen die Beweisfunktion, die Abschluss und Inhalt des Rechtsgeschäfts belegt. Zugleich schützen diese Vorschriften die Rechtssubjekte vor einer übereilten Abgabe einer Willenserklärung (Warnfunktion). Sie erfüllen außerdem eine Dokumentarfunktion und können Echtheit oder Identität der Sache oder der Subjekte beweisen. Auch wenn keine besondere Formvorschrift ausdrücklich vorgegeben ist, sollte man vor allem bei zweiseitigen Rechtsgeschäften (vgl. S. 52) wie Auto- oder Möbelkauf aus Gründen der Beweissicherheit die Schriftform wählen.

Man unterscheidet folgende Formen der Willenserklärung: Die **mündliche Erklärung** (auch fernmündlich) ist eine der häufigsten Formen im alltäglichen Kaufvertragsabschluss.

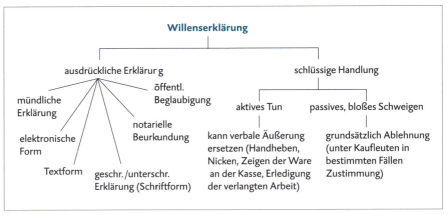

Äußere Gestalt der Willenserklärung.

In bestimmten Fällen sieht der Gesetzgeber vor, dass sie vor bestimmten Personen stattfindet (z. B. Eheschließung nach § 11 I Ehegesetz EheG). Diese ist ein Vertrag zwischen den Ehegatten, der aus zwei einander entsprechenden, öffentlich bejahten Willenserklärungen besteht. Der Vertrag wird nur dann wirksam, wenn beide Ehegatten vor dem Standesbeamten den Eheschließungswillen erklären. Ist dies nicht der Fall, wird dieses Rechtsgeschäft nach § 125 BGB wegen Formmangels nichtig.

Bei manchen Rechtsgeschäften ist durch Gesetz eine **schriftliche Form** vorgeschrieben (§ 126 I BGB). Die Urkunde muss von dem Aussteller eigenhändig durch Namensunterschrift oder mittels notariell beglaubigten Handzeichens unterzeichnet werden. Dies ist bei Bürgschaftserklärungen (§ 766 BGB) und Kündigungen bei Beendigung des Mietverhältnisses (§ 568 I BGB) der Fall. Wenn nicht ausdrücklich verboten, ersetzt die **elektronische Form** gemäß § 126 a BGB die Schriftform nach § 126 III BGB. Sowohl bei Willenserklärungen im Internet als auch bei E-Mails handelt es sich regelmäßig um verkörperte Willenserklärungen, da diese üblicherweise zumindest vorübergehend in einer Datei formuliert (verkörpert) und auf einem Medium gespeichert sind. Findet die Übertragung als elektronische Briefpost statt, handelt es sich um Erklärungen unter Abwesenden. Besteht dagegen eine direkte Verbindung zwischen zwei Computern, sind sie als Erklärungen unter Anwesenden zu behandeln. Dabei dient die **digitale Signatur** dazu, dass ein Dokument und sein Inhalt eindeutig einer bestimmten Person zugeordnet werden können. Derjenige, der die an das Dokument angehängte verschlüsselte Signatur entschlüsselt, soll sich sicher sein, dass das Dokument vom fraglichen Urheber stammt und nicht nachträglich verändert wurde.

Bei einer **schlüssigen Handlung** (konkludentes Handeln) kann der Adressat der Willenserklärung aus dem Verhalten des Erklärenden ohne Zweifel dessen Willen ablesen. **Bsp.:** Ein Fahrgast steigt wortlos in ein Taxi ein und dieses beginnt seine Fahrt. Als Ziel gibt der Gast im Laufe der Fahrt den Bahnhof an. Zwischen ihm und dem Taxifahrer kommt ein Beförderungsvertrag rein durch schlüssiges Handeln zustande. Dies gilt auch, wenn bei einer Versteigerung der Ersteigerer zum Zeichen des Kaufabschlusses die Hand hebt. Er erhält damit den Zuschlag am ersteigerten Gegenstand.

Schweigt der andere, so gilt die Willenserklärung grundsätzlich als nicht angenommen.

Wird für eine Willenserklärung die **Textform** gesetzlich vorgeschrieben, muss diese in einer Urkunde abgegeben, der Erklärende genannt und der Abschluss der Erklärung durch Nachbildung der Unterschrift oder anders erkennbar gemacht werden (§ 126 b BGB).

Bei manchen Rechtsgeschäften ist durch Gesetz die **notarielle Beurkundung** (§ 128 BGB) eines Vertrags vorgeschrieben. Hierbei genügt es, wenn zunächst der Antrag und sodann die Annahme des Antrags von einem Notar beurkundet wird. Dies gilt bei Veräußerung von Grundstücken (§ 311 b I BGB) und Schenkungsversprechen (§ 518 BGB). Das Gesetz sieht bei gewissen Erklärungen außerdem eine **öffentliche Beglaubigung** (§ 129 BGB) vor, wobei die Erklärung schriftlich abgefasst und die Unterschrift des Erklärenden von einem Notar beglaubigt werden muss.

2.2 Auslegungsgrundsätze von Willenserklärungen

Willenserklärungen sind nicht immer eindeutig. Für solche Fälle gibt es verschiedene Auslegungsgrundsätze.

Der **Wortlaut der Erklärung** bedeutet, dass die Willenserklärung für den Angesprochenen eindeutig klar und eine Auslegung unnötig ist. **Bsp.:** Ein Kunde bestellt bei einer Firma eine bestimmte Anzahl Schnellbauschrauben. Hier ist die Willenserklärung für den Verkäufer eindeutig klar. Da solche Bestellungen oft in einer Fachsprache gehalten sind, wird die Vertragsabwicklung stark erleichtert und der Wortlaut der Willenserklärung muss nicht interpretiert werden.

Die **Erkennbarkeit des Willens** für den Gegner (§ 133 BGB) verlangt, dass bei der Auslegung einer Willenserklärung der wirkliche Wille zu erforschen und nicht an dem buchstäblichen Sinne des Ausdrucks zu haften ist. Der Inhalt der Willenserklärung darf nicht völlig unbestimmt bzw. zweideutig formuliert sein. Mit einer Formulierung „Schicken Sie mir Schrauben" kann der Verkäufer im Grunde nichts anfangen. Im Zweifelsfalle sollte der Vertragspartner rückfragen, um eine eindeutige, zweifelsfreie Willenserklärung zu erhalten.

Des Weiteren gilt eine Willenserklärung so, wie sie der Empfänger nach Treu und Glauben und mit Rücksicht auf die Verkehrssitte (§ 157 BGB) verstehen müsste. Diese beiden Prinzipien sind wichtiger Bestandteil des BGB und sollen im Folgenden genauer erklärt werden. Der Grundsatz von **„Treu und Glauben"** bedeutet, dass das in jeder rechtlichen Beziehung steckende Vertrauensverhältnis gewahrt werden muss. So dürfen z. B. fehlende Regelungen in Verträgen ohne Rücksprache mit dem Vertragspartner nicht ergänzt oder die Leistung nicht auf unzumutbare Weise erbracht werden (z. B. zur Nachtzeit). Unter Kaufleuten ist es auch üblich, eine formlose Bürgschaft zu übernehmen. Der Grundsatz von Treu und Glauben beherrscht inzwischen das gesamte Rechtsleben und ist gewissermaßen zu einer Generalklausel geworden.

Die Begriffe **Verkehrssitte** und **Handelsbrauch** beruhen auf dem Gewohnheitsrecht und besagen, dass geschäftliche Umgangsstandards berücksichtigt werden müssen. **Bsp.:** In den Lieferbedingungen heißt es „Lieferung frei Haus" – dies bedeutet nicht, dass ein Spediteur die Waren vor dem Haus abliefert, sondern an der Stelle, die vom Besteller bestimmt worden ist. In den Zahlungsbedingungen steht z. B. „Zahlung zu den üblichen Bedingungen", d. h. bei Zahlung von innerhalb 10 Tagen 2–3 Prozent Skontoabzug oder rein netto binnen 30 Tagen. Ein weiterer allgemeiner Handelsbrauch ist, sogenannte „freibleibende" Angebote zu verschicken. Bei häufig wechselnden Rohstoffmarktpreisen oder Devisenschwankungen kann hierbei der angebotene Preis anders sein als der Rechnungspreis.

2.3 Grade der Rechtswirksamkeit von Willenserklärungen

Damit eine Willenserklärung wirksam wird, müssen unterschiedliche Voraussetzungen erfüllt werden. Eine **empfangsbedürftige Willenserklärung** wird erst mit dem Zugang beim Empfänger wirksam, d. h. wenn sie in den Machtbereich des Adressaten gelangt und unter gewöhnlichen Umständen mit ihrer Kenntnisnahme zu rechnen ist. **Nicht empfangsbedürftige** Willenserklärungen (z. B. Testament) werden schon mit ihrer Abgabe wirksam. Eine mündliche (auch fernmündliche) Willenserklärung wird wirksam sowohl, wenn der Empfänger sie akustisch richtig versteht, als auch, wenn er sie inhaltlich falsch versteht, aber beide glauben, sie sei verstanden. Eine schriftlich übermittelte Willenserklärung wird wirksam, wenn sie mit ihrem Zugang in den Machtbereich des Empfängers übergeht (§ 130 BGB) und unter normalen Umständen mit Kenntnisnahme zu rechnen ist.

Willensmängel beeinflussen die Wirksamkeit einer Willenserklärung in unterschiedlicher Weise. Fehlt der **Handlungswille** (z. B. Schreiben unter Zwang), liegt eine Willenserklärung überhaupt nicht vor. Ist kein **Erklärungswille** vorhanden (z. B. Handheben während einer Versteigerung in der Absicht, einem Freund zuzuwinken), muss sich der Erklärende sein Verhalten als Willenserklärung anrechnen lassen, kann diese aber wegen Irrtums anfechten (§ 119 BGB). Mangelt es am **Geschäftswillen**, ist wie folgt zu unterscheiden.

- Der geheime Vorbehalt, das Erklärte nicht zu wollen (reservatio mentalis), ist unbeachtlich; kennt aber der Erklärungsempfänger den Vorbehalt, ist die Erklärung nichtig.
- Eine Willenserklärung, die im Einverständnis der Beteiligten nur zum Schein abgegeben wird, ist nichtig; wird aber durch das Scheingeschäft ein anderes tatsächlich gewolltes Rechtsgeschäft verdeckt, ist dieses wirksam (§ 117 BGB).
- Eine nicht ernstlich gemeinte Willenserklärung, bei der der Erklärende erwartet, der Empfänger werde den Mangel der Ernstlichkeit erkennen (sogenanntes Scheingeschäft), ist nichtig (§ 118 BGB); doch kann derjenige, der auf die Gültigkeit der Erklärung vertraut hat, nach § 122 BGB Ersatz des Vertrauensschadens verlangen.

Willenserklärungen können in verschiedene Stufen der Rechtswirksamkeit eingeteilt werden. Hierbei kann der Zustand der Willenserklärung durch nachträgliche Handlungen (z. B. nachträgliche Erlaubnis der Eltern bei Willenserklärung durch Minderjährigen) durchaus geändert werden.

2.3.1 Die rechtsunwirksame Willenserklärung

Eine rechtsunwirksame Willenserklärung liegt z. B. nach § 134 BGB wegen des Verstoßes gegen ein gesetzliches Verbot, nach § 138 BGB Verstoß gegen die guten Sitten oder ausbeuterische Rechtsgeschäfte oder bei Nichtigkeit wegen des Alters der Person (§§ 104, 105 BGB Minderjährige) vor.

2.3.2 Die schwebend unwirksame Willenserklärung

Die schwebend unwirksame Willenserklärung liegt i. d. R. bei Willenserklärungen von beschränkt Geschäftsfähigen ohne Einwilligung des gesetzlichen Vertreters vor. Minderjährige ab sieben Jahre bedürfen zur Abgabe einer Willenserklärung für alle Rechtsgeschäfte, die außerhalb der §§ 110, 112, 113 BGB liegen oder nicht lediglich rechtliche Vorteile beinhalten (§ 107 BGB), der Einwilligung des gesetzlichen Vertreters vor Abschluss des Rechtsgeschäfts oder

Genehmigung nach Abschluss des Rechtsgeschäfts. Die vorherige Zustimmung zu einem Rechtsgeschäft, die **Einwilligung**, ist bis zur Vornahme des Rechtsgeschäfts widerruflich (§§ 107, 108, 183 BGB). Die Erziehungsberechtigten können einem ohne Einwilligung geschlossenen Rechtsgeschäft nachträglich zustimmen (**Genehmigung** § 184 BGB) und damit die Rechtswirksamkeit ermöglichen.

Das folgende Beispiel soll dies näher erläutern. Ein achtjähriger Junge kauft sich von einem Geldgeschenk seiner Eltern ein Spielzeugauto. Die Eltern hatten ihm das Geld aber für den Kauf eines Buches gegeben. Die Gültigkeit des Kaufvertrags ist nun von der Entscheidung der Eltern abhängig, denn alle Rechtsgeschäfte, die keinen lediglich rechtlichen Vorteil (Schenkung) für den Minderjährigen bringen, bedürfen der Einwilligung des gesetzlichen Vertreters (§ 107 BGB). Weil der Kaufvertrag selbst dem Jungen einen rechtlichen Nachteil bringt (er muss den Kaufpreis bezahlen) und er den Vertrag ohne die Einwilligung der Eltern geschlossen hat, hängt die Wirksamkeit des Vertrags von deren Genehmigung ab (§ 108 BGB) – der Vertrag ist in diesem Zustand **schwebend unwirksam**. Genehmigen die Eltern, ist der Vertrag von Anfang an wirksam; verweigern sie die Genehmigung, ist der Vertrag von Anfang an nichtig.

2.3.3 Die anfechtbare Willenserklärung

In bestimmten Rechtsfällen erscheint es unbillig, eine Person an die von ihr abgegebene Willenserklärung gebunden zu halten, nämlich bei einem vorliegenden Irrtum, einer falschen Übermittlung oder wenn die Willenserklärung unter dem Einfluss einer Täuschung oder Drohung ergangen ist.

Bei den anfechtbaren Willenserklärungen aufgrund eines **Irrtums** (§§ 119, 120 BGB) unterscheidet man den Inhalts-, den Erklärungs- und den Eigenschaftsirrtum (**verkehrswesentliche Eigenschaft**). Als **verkehrswesentliche Eigenschaft einer Sache** gelten ihre Beschaffenheit, ihre Dauer und Brauchbarkeit und ihr Wert. Als **verkehrswesentliche Eigenschaft einer Person** gelten z. B. die Vertrauenswürdigkeit bzw. Kreditwürdigkeit bei größeren Darlehen und die Gesundheit bei körperlich anstrengenden Tätigkeiten.

Damit eine Willenserklärung anfechtbar ist, muss der Irrtum wesentlich sein. Die Anfechtung erfolgt durch Erklärung gegenüber dem Anfechtungsgegner (Vertragspartner § 143 I). Durch die Anfechtung wird eine wirksam abgegebene Willenserklärung rückwirkend vernichtet (beachte §§ 142 I, 143 I BGB). Die Anfechtung wegen Irrtums muss außerdem unverzüglich nach Erkennen des Irrtums erfolgen (§ 121 I BGB). Der wirksam anfechtende Geschäftspartner hat gegebenenfalls Schadensersatz in Höhe des Vertrauensschadens zu leisten (§ 122 BGB).

Irrtum nach § 119 I BGB		Irrtum nach § 119 II BGB	Irrtum nach § 120 BGB
Inhaltsirrtum Der Erklärende weiß, was er sagt, aber nicht, was das Gesagte bedeutet. Die gewählten Worte entsprechen dem Willen. Beispiel: X glaubt ein Dutzend bedeutet 100 Stück.	**Erklärungsirrtum** Der Erklärende wollte das, was er sagte/tat, gar nicht sagen/tun. Die gewählten Worte entsprechen nicht dem Willen. Beispiel: verschreiben, versprechen, vergreifen	**Eigenschaftsirrtum** Der Erklärende weiß, was er sagt, hat aber falsche Vorstellungen von einer wesentlichen Eigenschaft der Person oder Sache. Die gewählten Worte entsprechen dem Willen. Beispiel: Verkauf eines Originals in dem Glauben, es sei eine Kopie.	**Übermittlungsirrtum** Der Wille des Erklärenden wird durch einen Übermittler falsch oder an die falsche Person weitergegeben. Beispiel: Der Mitarbeiter in einem Geschäft gibt einen Auftrag falsch weiter.

Auch wegen **falscher Übermittlung** kann eine Anfechtung erfolgen (§ 120 BGB). Dies muss ebenfalls unverzüglich (§ 121 BGB) geschehen (Rechtsfolgen wie Irrtums-Anfechtung).

Anfechten kann, wer zur Abgabe der Willenserklärung durch **arglistige Täuschung** (z. B. Manipulation des Kilometerzählers eines Pkws aus Verkaufsgründen) oder durch **widerrechtliche Drohung** bestimmt wurde (§ 123 I BGB). Alle angefochtenen Verträge werden dann von Anfang an nichtig. Für die Anfechtung wegen arglistiger Täuschung oder widerrechtlicher Drohung beträgt die Anfechtungsfrist ein Jahr ab Erkennen der Täuschung oder Ende der Drohung (§ 124 BGB); sie begründet keine Schadensersatzpflicht.

Arglistige Täuschung liegt dann vor, wenn
- derjenige, der eine Willenserklärung abgegeben hat, getäuscht wurde
- ihm dadurch ein Irrtum erregt worden ist, aus dem heraus er eine Willenserklärung abgegeben hat
- der Täuschende mit Vorsatz auf den Erklärungswillen des Anderen eingewirkt hat.

2.3.4 Die wirksame Willenserklärung

Alle Willenserklärungen, die keinerlei Beschränkungen unterliegen, keinen Mangel in der Erklärung bzw. im Willen aufweisen, nicht gegen das Gesetz verstoßen und auch nicht sittenwidrig sind, sind voll wirksam.

2.3.5 Sonderfall E-Commerce

Im Bereich des E-Commerce gelten bei der Bestimmung des Zugangszeitpunkts elektronischer Willenserklärungen besondere Regeln. Nach § 130 BGB geht eine Willenserklärung zu, wenn sie in verkehrsüblicher Weise so in den **Machtbereich des Empfängers** gelangt, dass dieser unter normalen Umständen Kenntnis nehmen kann. Bei der E-Mail ist es nötig, dass sie eine elektronische Empfangsvorrichtung erreicht, die üblicherweise für den Eingang von Willenserklärungen vorgesehen ist. E-Mails werden im Internet vom Computer des Senders über einen Mailserver an den Zielrechner auf Empfängerseite in die Mailbox weitergeleitet. Diese hat der Empfänger jedenfalls dann als Empfangsvorrichtung, wenn er mit der E-Mail-Adresse im Geschäftsverkehr auftritt.

Für die Frage, wann mit der Kenntnisnahme einer E-Mail zu rechnen ist, muss man zwischen privater und geschäftlicher Nutzung differenzieren. Dabei wird wie bei Willenserklärungen, die per Fax gesendet werden, nach dem **Zeitpunkt des Zugangs** unterschieden. Bei Faxübertragungen mit geschäftlicher Nutzung erfolgt der Zugang, wenn das Fax während der Geschäftszeiten empfangen, ausgedruckt oder zwischengespeichert wird. Werden Faxübertragungen nach Geschäftsschluss empfangen, tritt der Zugang erst mit Wiederbeginn der Geschäftszeit ein. Wer zu Geschäftszwecken einen elektronischen Briefkasten einrichtet und diesen durch Veröffentlichung seiner E-Mail-Adresse bekannt gibt, muss mit dem Eingang von Nachrichten grundsätzlich während der gesamten Geschäftszeit rechnen. Bei einem Privatmann gilt eine E-Mail frühestens am nächsten Tag als zugegangen.

Die Abgabe elektronischer Willenserklärungen im Internet wirft kaum Probleme auf. Nach deutschem Recht hat der Erklärende die Willenserklärung abgegeben, wenn er den Erklärungsvorgang beendet hat und wenn die Erklärung wissentlich und willentlich in Richtung Empfänger gebracht wurde. Bei Willenserklärungen im Internet erfolgt die Abgabe per Mausklick oder durch Drücken der Returntaste, bei der E-Mail mit der willentlichen Erteilung des endgültigen Sendebefehls. Wird der Sendebefehl vom Erklärenden selbst versehentlich ausgelöst, lässt sich dies als Fall der abhanden gekommenen Willenserklärung verstehen. Dem Erklärungsempfänger steht aber ein verschuldensunabhängiger Schadensersatzanspruch zu (§ 280 BGB i. V. m. BGB-InfoV § 3, Informationspflichten bei Verträgen im elektronischen Geschäftsverkehr).

Bei Warenangeboten auf Websites im Internet stellt sich die Frage, ob bereits darin ein Angebot zum Vertragsschluss liegt oder ob lediglich eine **invitatio ad offerendum** (Aufforderung ein Angebot abzugeben) gegeben ist. Dabei kommt es darauf an, wie der Erklärungsempfänger den Inhalt der Homepage nach Treu und Glauben unter Berücksichtigung der Verkehrssitte (§ 242 BGB) verstehen muss. Geht es lediglich um die Bestellung materieller Güter, die dann über herkömmliche Kanäle wie die Post oder gewerbliche Kurierdienste geliefert werden, ist nach allgemeinen Grundsätzen hier von einer solchen invitatio ad offerendum auszugehen.

Anders ist es beim direkten elektronischen Geschäftsverkehr mit Online-Bestellung, -Bezahlung und -Lieferung immaterieller Güter wie Computersoftware und Unterhaltungs- oder Informationsdiensten. Teilweise wird hier, zumindest für den Fall der vollautomatischen Vertragsabwicklung ohne Einschaltung menschlicher Mitarbeiter, bereits in der Webseite ein Angebot **ad incertas personas** (an unbestimmte Personen gerichtet) angenommen.

Die Wirkung von Willenserklärungen kann beseitigt bzw. aufgehoben werden, wenn die Willenserklärung vor dem Zugang widerrufen wird (§ 130 I Satz 2 BGB). Aber auch nach ihrem Zugang kann sie aufgehoben werden, so bei Anfechtung (vgl. S. 44 f.) oder bei Rücktritt des Käufers oder Verkäufers vom Vertrag. Ein gegenseitig beschlossener Aufhebungsvertrag zwischen den Vertragspartnern kann ebenfalls die Wirkung der Willenserklärung beseitigen.

Beseitigung der Wirkungen einer Willenserklärung.

Fallbeispiele:
- Der 16-jährige A sucht sich im Fahrradgeschäft von B ohne Wissen seiner Eltern ein Fahrrad für 200,– € aus. Er bekommt es ausgehändigt und verspricht, den Kaufpreis am nächsten Tag zu bezahlen. Als A nach Ablauf einer Woche noch nicht erschienen ist, wendet sich der Fahrradhändler B an die Eltern und bittet um Bezahlung.
  1. Muss A den Kaufpreis bezahlen?
  2. Ist A Eigentümer des Fahrrads geworden?

  Lösung:
  1. Aus § 433 II BGB ergibt sich, dass A den Kaufpreis bezahlen muss, wenn er einen wirksamen Kaufvertrag (§§ 145, 147, 433 BGB) geschlossen hat. A ist minderjährig (noch nicht 18; § 2 BGB). Da er das siebte Lebensjahr aber überschritten hat, ist er nach § 106 BGB beschränkt geschäftsfähig. Als

beschränkt Geschäftsfähiger bedarf er zu einer Willenserklärung, durch die er nicht lediglich einen rechtlichen Vorteil erlangt, der Einwilligung des gesetzlichen Vertreters (§ 107 BGB, der Eltern §§ 1626 I, 1629 I BGB).

A erlangt durch den Kaufvertrag nicht lediglich einen rechtlichen Vorteil, da er den Kaufpreis bezahlen muss. Er bedarf daher der Einwilligung der Eltern. Diese Einwilligung lag nicht vor. Deshalb ist der Kaufvertrag schwebend unwirksam (§ 108 I BGB). Die Wirksamkeit des Kaufvertrages hängt von der Genehmigung (nachträgliche Zustimmung, §§ 182, 184 I BGB) der Eltern ab. Dieser Schwebezustand bedarf der Lösung. Bezüglich der Zahlung gibt es vier mögliche Vorgehensweisen:

a) Die Eltern verweigern die Genehmigung durch Erklärung gegenüber B oder A (§ 182 I BGB). Der Kaufvertrag ist von Anfang an unwirksam (Gegenschluss aus § 184 I BGB). A muss den Kaufpreis nicht bezahlen.

b) Die Eltern genehmigen den Kaufvertrag (durch Erklärung gegenüber B oder A, § 182 I BGB), damit ist der Kaufvertrag von Anfang an wirksam (§ 184 I BGB) und A muss den Kaufpreis zahlen.

c) Wenn B die Eltern zur Erklärung über die Genehmigung auffordert, wie im vorliegenden Fall, dann können allerdings die Eltern nur ihm gegenüber die Genehmigung erteilen oder verweigern (§ 108 II Satz 1 BGB). Sinn der Vorschrift: Der Vertragspartner kann eindeutig auf die Lösung des Schwebezustands hinwirken.

d) B ist auch bis zur Genehmigung des Kaufvertrags zum Widerruf berechtigt (§ 109 I BGB). Das kann er aber nur, wenn er die Minderjährigkeit nicht gekannt oder A ihm wahrheitswidrig die Einwilligung der Eltern vorgespiegelt hat (§ 109 II BGB). § 110 BGB scheidet aus, da der Kaufpreis nicht mit frei verfügbaren Mitteln bewirkt wurde.

2. Auch die Einigung (§§ 145, 147, 929 BGB) ist ein Vertrag. Die Übergabe erfolgt nach § 854 BGB. Zur Übergabe bedarf A nicht der Einwilligung seines gesetzlichen Vertreters, weil er durch die Übereignung bloß einen rechtlichen Vorteil erlangt. Der Eigentumserwerb am Fahrrad beruht nicht auf der Zahlung des Kaufpreises. Damit ist die Übereignung von Anfang an wirksam, § 108 BGB findet keine Anwendung. A wird Eigentümer.

- Der 15-jährige J erhält von seinem Vater 100,- € zum Kauf einer Schreibmaschine bei H geschenkt. J kauft sich jedoch zunächst von diesem Geld bei M einen Taschenrechner für 50,- €. Dann kauft er die Schreibmaschine für 100,- €, zahlt 50,- € und verspricht, den Rest in zwei Raten zu je 25,- € zu begleichen, ein Eigentumsvorbehalt (vgl. S. 68) an der Schreibmaschine erfolgt nicht. Sein Vater ist mit dem Kauf jedoch nicht einverstanden.

1. Sind die ausgesprochenen Rechtsgeschäfte wirksam?
2. Hat J, vertreten durch seine Eltern, einen Anspruch gegen M auf Rückzahlung der 50,– €?

Lösung:
1. J ist 15 Jahre alt und damit gemäß §§ 2, 106 BGB beschränkt geschäftsfähig. Er benötigt daher für die Kaufverträge (nicht lediglich rechtlicher Vorteil) die Einwilligung seines gesetzlichen Vertreters (§ 107 BGB), der Eltern (§§ 1626 I, 1629 I BGB). Der „Taschengeldparagraf" § 110 BGB trifft nicht zu, da das Geld (100,– €) vom Vater zweckbestimmt für die Schreibmaschine überlassen wurde. Für den Kauf des Taschenrechners bei M lag keine Einwilligung der Eltern vor, der Kaufvertrag ist daher nach § 108 I BGB schwebend unwirksam. Das Gleiche gilt für die Übereignung der 50,– € (§§ 107, 108 I BGB). Anders verhält es sich bei der Übereignung des Taschenrechners, da J hier lediglich einen rechtlichen Vorteil erlangt (den Taschenrechner) und die Übereignung somit auch ohne Einwilligung des gesetzlichen Vertreters von Anfang an gültig ist (§ 107 BGB).
Der Kaufvertrag zwischen J und H bezüglich der Schreibmaschine wird mit Einwilligung des Vaters geschlossen, jedoch lag keine Einwilligung für ein Ratengeschäft vor. Der Kaufvertrag ist somit schwebend unwirksam (§§ 107, 108 I BGB). Die Übereignung der Schreibmaschine ist nach § 107 BGB (lediglich rechtlicher Vorteil) voll wirksam. Die Zahlung der 50,– € ist nach §§ 107, 108 I BGB schwebend unwirksam, da sie nicht lediglich einen rechtlichen Vorteil für J darstellt, und die Einwilligung des Vaters nur für ein Bargeschäft vorliegt.
Die schwebend unwirksamen Rechtsgeschäfte könnten nun durch die Genehmigung (§ 184 I BGB) des Vaters von Anfang an wirksam sein (§§ 180 I, 182 BGB). Da der Vater aber gegenüber J die Genehmigung verweigert, sind die schwebend unwirksamen Rechtsgeschäfte von Anfang an unwirksam (§§ 108 I, 182 I, 184 I BGB).
2. Da der Vater die Rechtsgeschäfte nicht genehmigt hat, ist sowohl der Kaufvertrag mit M als auch die Übereignung der 50,– € nichtig. J ist noch Eigentümer der 50,– € und kann nach § 985 BGB die Herausgabe verlangen.

- K kauft am 23. April 2002, zwei Wochen vor Vollendung seines 18. Lebensjahrs, beim Autohändler V einen Neuwagen zum Preis von 19 500,– €. Da er am 22. April 2002 von seinem Onkel O, ohne Wissen seiner Eltern, 20 000,– € geschenkt bekam, bezahlt er das Auto bar.
  1. Kam ein Schenkungsvertrag zustande?
  2. Kam am 23. April 2002 zwischen V und K ein gültiger Vertrag zustande?

Lösung:
1. K ist 17 Jahre alt und damit gemäß §§ 2, 106 BGB beschränkt geschäftsfähig. Er bedarf aber für die Schenkung nach § 107 BGB nicht der Einwilligung des gesetzlichen Vertreters, da er durch die Annahme der Schenkung (§§ 145, 147, 516 I BGB) lediglich einen rechtlichen Vorteil erlangt. Ein eventueller Formmangel des Schenkungsvertrags (§ 518 I BGB) wurde durch die Bewirkung der Leistung (§§ 145, 147, 929, 854, 107 BGB, lediglich rechtlicher Vorteil) geheilt (§ 518 II BGB).
2. Der beschränkt geschäftsfähige K bedarf nach § 107 BGB für den Kaufvertrag (§§ 145, 147, 433 BGB) der Einwilligung seines gesetzlichen Vertreters, da er nicht lediglich einen rechtlichen Vorteil darstellt. Zu prüfen ist, ob § 110 BGB zutrifft. K hat die 20 000,– €, aus denen er die vertragsmäßige Leistung bewirkt hat, zwar von einem Dritten (dem Onkel) zur freien Verfügung überlassen bekommen, aber ohne Einwilligung des gesetzlichen Vertreters, da die Eltern gar nichts davon wissen.
§ 110 BGB ist daher nicht anzuwenden und der Kaufvertrag ist somit gemäß § 108 I BGB schwebend unwirksam. Er bedarf zur Wirksamkeit der Genehmigung durch den gesetzlichen Vertreter (§ 184 I BGB), oder er kann, falls der Schwebezustand bis zur Volljährigkeit des K noch nicht behoben wurde, dann von K selbst genehmigt werden (§ 108 III BGB).

3 Rechtsgeschäfte

Als **Rechtsgeschäft** bezeichnet man den Tatbestand, der sich aus einer oder mehreren Willenserklärungen (z. T. in Verbindung mit anderen Voraussetzungen, z. B. Formvorschriften oder Mitwirkung eines Dritten, etwa die Zustimmung des gesetzlichen Vertreters) ergibt und an den die Rechtsordnung den Eintritt der angestrebten Rechtsfolge knüpft, nämlich die Änderung der bestehenden Rechtslage.

Nur in wenigen Fällen entsteht das Rechtsgeschäft durch eine einzige Willenserklärung. Im Allgemeinen muss noch eine weitere Erklärung hinzutreten, damit es zustande kommt. Dies gilt vor allem für den Vertrag als Hauptanwendungsfall des Rechtsgeschäfts.

Vom Rechtsgeschäft ist der Realakt zu unterscheiden. **Realakte** sind Tathandlungen, die nicht unmittelbar auf einen rechtlichen Erfolg gerichtet sind, an die das Gesetz aber Rechtsfolgen knüpft, unabhängig davon, ob sie gewollt sind oder nicht (z. B. Besitzübertragung und Besitzerwerb; nach § 854 I BGB kommt es auf tatsächliche Sachherrschaft an).

Rechtssubjekte, Rechtsgeschäfte und Rechtsobjekte

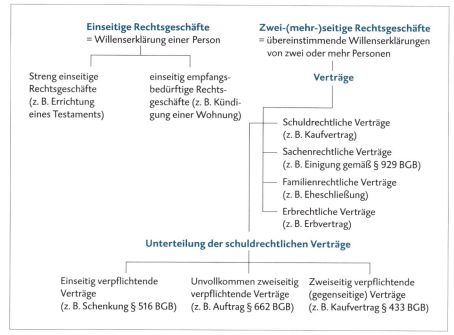

Arten der Rechtsgeschäfte.

Wie oben (vgl. S. 42 ff.) genauer behandelt, können einem Rechtsgeschäft (d. h. Willenserklärungen) Fehler anhaften, die je nach ihrer Art und Schwere seine Wirksamkeit beeinträchtigen. In Betracht kommen insbesondere Nichtigkeit, schwebende Unwirksamkeit sowie Anfechtbarkeit.

Rechtsgeschäfte können nach verschiedenen Kriterien unterschieden werden. Eine häufig vorgenommene Einteilung bezieht sich auf den Tatbestand, d. h. auf die Frage, wie viele Rechtssubjekte beteiligt sind, genauer, wie viele Willenserklärungen abgegeben werden müssen für die Herbeiführung des rechtlichen Erfolgs des Rechtsgeschäfts. Hierbei wird unterschieden zwischen einseitigen und zwei- oder mehrseitigen Rechtsgeschäften. **Einseitige Rechtsgeschäfte** wiederum werden unterteilt in:

- Streng einseitige Rechtsgeschäfte: Hierzu rechnet man das Testament, eine Verfügung, die über den Tod hinaus wirksam wird (§ 1937 BGB). Der Erblasser kann durch einseitige Verfügung von Todes wegen („Mein letzter Wille") den Erben bestimmen. Die Verfügung wird wirksam, ohne dass der Erbe etwas davon erfahren muss.
- Einseitig empfangsbedürftige Rechtsgeschäfte: Hierunter fallen Kündigung (z. B. eines Mietvertrags § 550 BGB), Rücktritt oder Vollmacht.

Zweiseitige oder mehrseitige Rechtsgeschäfte sind schuld-, sachen-, familien- oder erbrechtliche Verträge. Schuldrechtliche Verträge werden, je nachdem, welche Pflichten für die Beteiligten entstehen, wiederum unterteilt in:

- Einseitig verpflichtende Rechtsgeschäfte: Hierzu gehören die Bürgschaft, oder die Schenkung. Durch einen **Bürgschaftsvertrag** verpflichtet sich der Bürge gegenüber dem Gläubiger eines Dritten, dem Schuldner für die Erfüllung der Verbindlichkeiten des Dritten zu garantieren (§ 765 BGB). Der Bürge ist dem Gläubiger hierbei einseitig verpflichtet. Eine **Schenkung** ist ein unentgeltliches Geschenk an eine andere Person aus dem eigenen Vermögen (§§ 516 – 534 BGB). Für die Gültigkeit der Schenkung ist die Beurkundung erforderlich (§ 518 I BGB). Durch die notarielle Beurkundung ist der Schenkende einseitig verpflichtet, seine Leistung auch zu bewirken.

Die Bürgschaft, ein einseitig verpflichtendes (zweiseitiges) schuldrechtliches Rechtsgeschäft.

- Unvollkommen zweiseitig verpflichtende Rechtsgeschäfte: Hierzu gehören z. B. der Auftrag oder die Leihe. Bei einem Leihvertrag (§§ 598 – 606 BGB) überlässt der Leiher einer anderen Person eine Sache unentgeltlich für einen bestimmten Zeitraum.
- Zweiseitige oder mehrseitige Rechtsgeschäfte: Hierunter fallen so alltägliche und wichtige Rechtsgeschäfte des täglichen Lebens wie Kauf (§§ 433 – 473 BGB), Miete (§§ 535 – 577 a BGB) oder Sach- (§ 607 BGB) und Gelddarlehen (§ 488 BGB). Hierbei sind beide Vertragspartner verpflichtet, die gesetzlich vorgeschriebenen Aufgaben zu erfüllen.

Zweiseitig verpflichtende (zweiseitige) schuldrechtliche Rechtsgeschäfte.

Rechtsgeschäfte können auch nach den bei Abschluss verlangten Formerfordernissen unterschieden werden (vgl. S. 39 ff.) oder man kann eine Aufteilung nach Inhalt und Zweck vornehmen. So können die zweiseitigen Rechtsgeschäfte in schuld-, sachen-, familien- oder erbrechtliche Verträge unterteilt werden (vgl. Abbildung S. 51).

4 Rechtsobjekte

Ein Rechtsobjekt ist ein Gegenstand, auf den sich das subjektive Recht einer Person bezieht. Rechtsobjekte sind entweder körperliche Gegenstände (Sachen) oder unkörperliche Gegenstände (insbesondere Rechte).

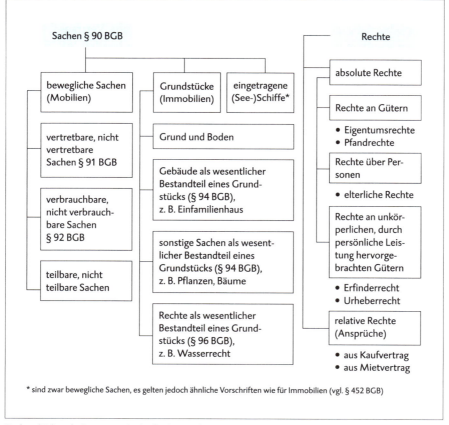

Rechtsobjekte als Gegenstände der Rechtsmacht.

5 Vertragsfreiheit und ihre Grenzen

In freien Gesellschaften haben natürliche und juristische Personen das Recht, ihre Beziehungen zueinander durch Verträge frei und eigenverantwortlich zu regeln. Diese **Vertragsfreiheit** (auch **Privatautonomie** genannt), hat dort ihre Grenzen, wo der Einzelne bzw. die Allgemeinheit schutzbedürftig ist. Artikel 2 I GG schränkt die **absolute Vertragsfreiheit** grundsätzlich ein. So findet die Freiheit der Persönlichkeitsentfaltung ihre Grenzen, wenn das Recht Anderer verletzt wird sowie bei Verstößen gegen die verfassungsmäßige Ordnung oder das Sittengesetz.

Die Privatautonomie enthält drei „Freiheiten". Die **Abschlussfreiheit**, d. h. das Recht zu entscheiden, ob und mit wem Verträge geschlossen werden, wird z. B. eingeschränkt durch das Minderjährigenrecht (vgl. S. 37), aber auch den sog. Kontrahierungszwang (Abschlusszwang). So besteht z. B. für bestimmte Monopolbetriebe (Wasserwerke) eine Verpflichtung zum Vertragsabschluss mit dem Kunden, wenn es sich um lebenswichtige Güter handelt (§ 826 BGB). Es gibt aber auch Abschlussverbote wie z. B. wirtschaftliche Beschränkungen im Kartellrecht. Die **Gestaltungsfreiheit**, die jedem die Möglichkeit gibt, Verträge inhaltlich frei zu gestalten, wird z. B. eingeschränkt durch Regelungen zur Nichtigkeit (§ 134 BGB) oder zu sittenwidrigen Rechtsgeschäften (§ 138 BGB) aber auch durch Bestimmungen im Arbeitsrecht. Die **Formfreiheit** (vgl. S. 39) ermöglicht bei Vertragsabschluss generell jede Form. Ausnahmen sind gesetzlich oder vertraglich vereinbarte Formvorschriften (z. B. § 518 I BGB).

Folgendes Beispiel verdeutlicht die Grenzen der Vertragsfreiheit. **Bsp.:** Student A will ein Zimmer mieten, diese sind aber ziemlich knapp. Aus einem Inserat erfährt A von einem freien Zimmer und schaut es sich an: 12 m² Mansarde, schäbig eingerichtet, der Putz fällt von der Wand, keine Waschgelegenheit, für 250,– €. Nachdem A lange gesucht hat, willigt er schließlich ein. Der Vertrag wird auf ein Jahr geschlossen. Nach acht Tagen kommen A Zweifel an der Richtigkeit der Entscheidung. Kann er den Mietvertrag rückgängig machen?

Nach § 535 BGB (Wesen des Mietvertrags) werden Verträge frei geschlossen. Der Vermieter verstößt aber gegen die Vertragsfreiheit, hier gegen die Vorschriften des § 138 II BGB. Leistung und Gegenleistung stehen in einem durch besondere Umstände begründeten Missverhältnis zueinander. Rechtsgeschäfte, bei denen die Notlage bzw. die Unerfahrenheit ausgenutzt werden, um einen weit überhöhten Mietzins zu verlangen, sind von Anfang an nichtig. Wucherzinsen, z. B. sechs Prozent pro Monat für die Gewährung eines Darlehens, gehören ebenfalls in den Bereich der sittenwidrigen Rechtsgeschäfte (§ 138 BGB).

Sachenrecht: Besitz und Eigentum

Eigentum zu erwerben und zu erhalten gehört zu den Grundrechten des Menschen. Deshalb wird es durch das BGB auch explizit geschützt. Eigentum verpflichtet aber auch gegenüber der Allgemeinheit.

1 Besitz und Eigentum

Besitz und Eigentum zu erwerben und zu erhalten gehört zu den Grundrechten des Menschen. Der Eigentum an Mobilien und Immobilien ist eine alltägliche Rechtshandlung. Im täglichen Sprachgebrauch wird zwischen Eigentum und Besitz kaum unterschieden. Da die beiden Begriffe aber zentrale rechtliche Elemente im Leben jedes Einzelnen sind, müssen sie genau definiert werden.

Das 3. Buch des BGB setzt klare Grenzen zwischen Eigentum und Besitz. **Eigentum** ist die rechtliche Herrschaft über eine Sache. Der Eigentümer darf bestimmen, was mit seinem Eigentum geschieht. Er kann es selbst benutzen, verschenken, wegwerfen, verleihen oder vermieten. Er darf auch anderen verbieten, die Sache zu benutzen. Eigentum ist ein absolutes Recht und gegenüber jedermann geschützt (Individualinteresse). Der Eigentümer hat absolute Verfügungsmacht über die in seinem Eigentum befindlichen Sachen (§ 903 BGB, Artikel 14 I GG). Der Verfügungsmacht über das Eigentum werden schon in §§ 903 ff. BGB („[...] soweit nicht das Gesetz oder Rechte Dritter entgegenstehen [...]") Grenzen gesetzt. Eigentum verpflichtet aber auch gegenüber der Allgemeinheit. Nach dem Denkmalschutzgesetz darf ein Gebäude z. B. nur mit Zustimmung der Behörde verändert werden (Sozialpflichtigkeit des Eigentums, Artikel 14 II GG). Wird ein Grundstück zum Straßenbau benötigt, kann es enteignet werden, der Eigentümer hat Anrecht auf Entschädigung (Artikel 14 III GG, Allgemeinwohl geht vor Einzelinteresse).

Besitz ist die tatsächliche Herrschaft über eine Sache. Besitz kann man auch ohne Eigentum erlangen, z. B. durch Leihe, Miete oder Diebstahl. So ist z. B. derjenige, dem eine Wohnung gehört, der Wohnungseigentümer, der Mieter dieser Wohnung ist der Wohnungsbesitzer. Der rechtmäßige Besitzer einer Sache kann so über die Sache verfügen (gemietete Wohnung), wie ihm dies vertraglich zugestanden wird. Der rechtmäßige Besitz wirkt absolut – jeder hat ihn zu respektieren. Der Besitzer kann seinen Besitz also gegen jedermann verteidigen, er kann sogar den sogenannten Besitzschutz ausüben. Der **unmittelbare Besitz** ist das Recht der tatsächlichen Ausübung der Gewalt über eine Sache (§ 854 BGB), z. B. der Entleiher einer Bohrmaschine darf diese entsprechend des Vertrags zum Einsatz bringen. Der Verleiher ist der **mittelbare Besitzer**, er überträgt dem Entleiher auf Zeit die Gewalt über die Bohrmaschine. Unter **Teilbesitz** (§ 865 BGB) versteht man z. B. den Zustand, wenn der Mieter einer Wohnung das vertraglich zugesicherte Recht hat, einen Teil der Wohnung unterzuvermieten. Der Untermieter ist dann Teilbesitzer der Wohnung. In Wohngemeinschaften gelten bei entsprechendem Mietvertrag die Mieter gemeinschaftlich als **Mitbesitzer** (§ 866 BGB) und teilen sich im Innenverhältnis ihre Pflichten. Im Alltag geschieht es oft, dass man Sachen besitzt, die einem nicht gehören, man jedoch nicht weiß, wer der eigentliche Eigentümer ist. Wenn z. B. ein Schraubenzieher im Werkzeugkoffer durch einen Monteur versehentlich im falschen Koffer abgelegt wurde, spricht man von **Eigenbesitz** (§ 872 BGB). Der **deliktische Besitzer** hat den Besitz in ungerechtfertigter Weise erworben, z. B. durch Diebstahl. Im Sinne des § 823 II BGB hat er eine **unerlaubte Handlung** begangen und gegen ein Gesetz verstoßen. Der Besitzer wird in diesem Fall auch bösgläubiger Besitzer genannt.

1.1 Erwerb und Beendigung des Besitzes

Im 3. Buch des BGB (Sachenrecht) sind u. a. alle Vorschriften über die Erlangung, Verwendung und Beendigung des Besitzes in Normen festgelegt. Die Grafik verdeutlicht die verschiedenen Formen der Besitzübergabe.

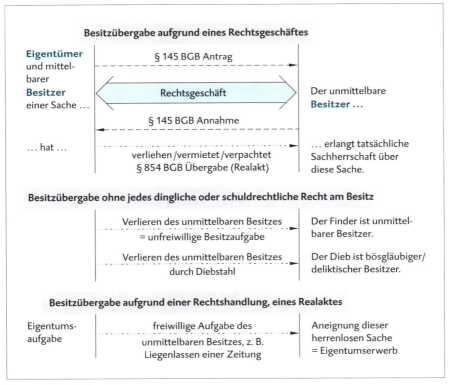

Formen der Besitzübergabe.

Mit der Erlangung der **tatsächlichen Gewalt** über eine Sache (z. B. durch Rechtsgeschäft) wird man unmittelbarer Besitzer. Gibt man die Gewalt über die Sache auf oder verliert diese auf eine andere Weise (Diebstahl), ist der mittelbare Besitz beendet. Eine Besitzübergabe beruht häufig auf einem Rechtsgeschäft, z. B. einem Leihvertrag, der Miete einer Wohnung oder eines Autos. In den folgenden Schaubildern werden die rechtlichen Zusammenhänge bei einem solchen Vertrag deutlich. M leiht sich in der Schulbücherei ein Fachbuch aus. Die Ausleihzeit beträgt vier Wochen. M gibt das Buch termingerecht zurück. Wie sind diese Vorgänge schuld- und sachenrechtlich zu bewerten?

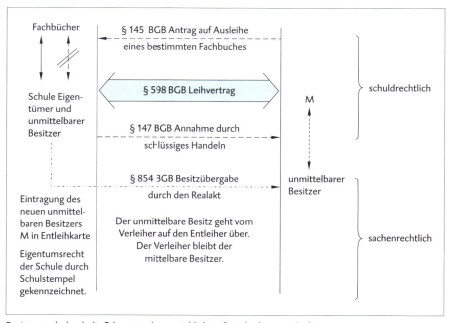

Besitzerwerb durch die Erlangung der tatsächlichen Gewalt über eine Sache.

Pflichten und Rechte des Verleihers	Leihvertrag über eine bewegliche Sache	Pflichten und Rechte des Entleihers
§ 598 BGB unentgeltliche Überlassung des Gebrauchs		§ 601 BGB Erhaltungskosten; Ersatz bei anderer Verwendung
§ 599 BGB Haftung des Verleihers		§ 602 BGB Abnutzung einer Sache
§ 600 BGB Mängelhaftung		§ 603 BGB Vertragsmäßiger Gebrauch
§ 605 BGB Kündigungsrecht		§ 604 BGB Rückgabepflicht

Pflichten und Rechte bei einem Leihvertrag.

1.2 Anspruch wegen Besitzstörung, -entziehung und -sicherung

Im Umgang mit Besitz sind Uneinigkeiten zwischen Personen ein häufiger Anlass für rechtlichen Streit. Eine läutende Kirchenglocke, Motorrasenmäher, die überlaute Stereoanlage, die Nichtrückgabe geliehener Sachen, in den benachbarten Garten hängende Äste oder aber die vor Angst miauende Katze auf des Nachbars Baum sind nur einige alltägliche Anlässe. Die unten stehende Grafik gibt einen Überblick möglicher Störungen und Rechte des Besitzers.

Bei der **Besitzstörung** hat man nach § 862 BGB z. B. die Möglichkeit, gegen eine durch laute Musik bewirkte Ruhestörung des Nachbarn vorzugehen, indem man von diesem die Beseitigung der Störung verlangt.

Unberechtigter Besitzentzug liegt in folgendem Beispiel vor. Beispiel: Vermieter F vermietet das Zimmer von M bei dessen Abwesenheit an R. Aus dem Mietvertrag kann M nicht gegen R vorgehen, da die Mietrechte nur zwischen ihm und F wirken. M ist aber Besitzer des Zimmers, der Einwand seiner kurzen Abwesenheit trifft nicht zu, da keine Beendigung des Besitzanspruchs eintritt, wenn vorübergehende Verhinderung in der Ausübung der Gewalt vorliegt (§ 856 II BGB). R hat in den Besitz von M eingegriffen, als er in das Zimmer einzog (§ 858 BGB), und gegen den Willen von M dessen Besitz entzogen bzw. ihn gestört. Er handelt damit widerrechtlich, d. h. mit verbotener Eigenmacht. Nach § 859 BGB kann sich M dieser Eigenmacht mit Gewalt erwehren. Die Erlaubnis von F rechtfertigt das Handeln von R gegenüber M nicht.

Die **Besitzsicherung** besagt, dass z. B. ein Haustierbesitzer, dessen Katze im Garten des Nachbars auf einen Baum geklettert ist und sich nicht mehr herunterwagt, ungefragt den Garten betreten und das Tier vom Baum retten darf.

Rechte des Besitzers.

Der § 986 ist in Verbindung mit § 985 anzuwenden. Der Eigentümer hat nach § 985 den Herausgabeanspruch vom Besitzer. Dieser kann den Anspruch verweigern, wenn er nach § 986 rechtmäßiger Besitzer (Miete, Leihe, Pacht) ist. Ein weiterer Grund der **Einwendung** ist, wenn der Besitzer die Sache nach den Vorschriften des § 931 übernommen hat (Gutgläubiger Erwerb).

Nach § 858 BGB handelt eine Person in **verbotener Eigenmacht**, wenn sie in den Besitz einer anderen Person eingreift oder ihn im Besitz stört. Oft geschehen solche Störungen im Mietrecht, z. B. wenn ein Vermieter, verärgert über die laute Musik seines Mieters, diesem den Strom abstellt.

Eine Ausnahme im staatlichen Gewaltmonopol bildet die **Selbsthilfe des Besitzers** (§ 859 BGB). Diese besagt, dass der Besitzer einer Mobilie, dem diese mittels verbotener Eigenmacht weggenommen wurde (Diebstahl), dem auf frischer Tat gefassten Täter diese Sache mit Gewalt wieder abnehmen darf.

2 Eigentum als Verfügungsgewalt über Rechtsobjekte

Eigentumserwerb ist die **Erlangung der rechtlichen Herrschaft über eine Sache**, mit der man nach Belieben verfahren und andere von jeder Einwirkung ausschließen kann. Der Eigentumserwerb ist durch den Gesetzgeber im Rahmen der Verkehrssicherheit besonders geschützt. Lediglich bestimmte in § 903 BGB festgelegte Regelungen (Verstoß gegen Gesetz oder Rechte Dritter) können in das Recht auf Eigentum eingreifen. Eigentum erwirbt man rechtmäßig durch Realakte, durch Vertrag (Rechtsgeschäft) oder durch Erbschaft.

2.1 Verfügungsgewalt über das Eigentum

Eigentum genießt zwar auf der einen Seite den absoluten Schutz gegenüber jedermann, andererseits verpflichtet Eigentum gegenüber der Gesellschaft. In Artikel 14 GG sind die Rechte und Pflichten des Eigentümers grundlegend verankert, in § 903 BGB werden die Befugnisse klar abgegrenzt.

Fallbeispiel:
M hat sein Abitur mit Erfolg bestanden und bekommt von seinen Eltern ein Motorrad geschenkt. Der Führerschein der Klasse A und B wurde ihm zu seinem 18. Geburtstag finanziert. M plant mit seinem Motorrad Folgendes:
1. Namensgebung des Motorrads.
2. Durchführung verschiedener Trainingsfahrten: Im Garten seiner Eltern, der weit außerhalb im Gelände ist; auf den Straßen; im Gelände.
3. Wartung des Motorrads in der Garage seiner Eltern.
Sind die beschriebenen Handlungen rechtens?

Lösung:
1. Das Recht auf Eigentum wird M einmal aufgrund des Artikel 2 GG – das Recht auf freie Entfaltung seiner Persönlichkeit – zugestanden. Weiterhin kann er sein Recht aufgrund des Artikels 14 I GG durchsetzen. § 903 BGB gesteht ihm zu, dass er mit seinem Motorrad machen kann, was er will – also es benennen und gestalten, wie er will.
2. Da der Garten Eigentum der Eltern ist, kann der Sohn dort nach Belieben fahren, vorausgesetzt es werden keine Rechte Dritter eingeschränkt. Würde es sich um eine Gartenkolonie handeln, können sich die Nachbarn durch den Motorradlärm in ihrer Ruhe gestört fühlen und gemäß § 906 BGB eine wesentliche Lärmbeeinträchtigung verbieten. M kann natürlich auch auf der Straße fahren. Nachdem er aber mit anderen Verkehrsteilnehmern in Berührung kommt, muss er bestimmte Schutzvorschriften und -gesetze beachten. Die notwendige Fahrerlaubnis mit dem Führerschein der Klasse A erfüllt er. Diese ist gemäß dem Straßenverkehrsgesetz (StVG §§ 2, 4 I Satz 1) gegeben. Das Motorrad muss außerdem zum Straßenverkehr zugelassen sein, um den Schutz anderer Verkehrsteilnehmer vor nicht verkehrssicheren Fahrzeugen zu gewährleisten (§ 1 Straßenverkehrsordnung StVO). Nachdem die Gefahren für andere Verkehrsteilnehmer relativ groß sind, muss auch eine Haftpflichtversicherung abgeschlossen werden (§ 1 Pflichtversicherungsgesetz PflVG), um bei Unfällen mit Personen- und Sachschaden Schadensersatzansprüche sicherzustellen. Durch das Fahren im Gelände schließlich greift M zum einen in die Eigentumsrechte Dritter ein, z. B. bei Flur- und Waldbesitzern, und berührt damit fremde Eigentumsrechte. Zum anderen können beim Befahren eines Waldes Schäden auftreten oder Spaziergänger beeinträchtigt werden. Nach Artikel 141 III Bay. Verf. z. B. haben Spaziergänger das Recht, Naturschönheiten zu genießen und sich in freier Natur zu erholen.
3. Einer Wartung in der Garage des Elternhauses steht nichts entgegen, außer M lässt seinen Motor beim Probelaufen wiederholt störend aufheulen, was u. U. gegen § 903 BGB (Gesetz bzw. Rechte Dritter) verstößt. Diese Rechte Dritter wiederum werden in § 906 BGB via Umkehrschluss definiert.

Das Beispiel zeigt, dass Eigentum in vielfältiger Weise berechtigt, aber auch verpflichtet. Das Eigentum ist sowohl **zivil-** als auch **strafrechtlich** geschützt. Die zentrale Norm ist hier § 823 I und II BGB. Wer das Eigentum eines anderen fahrlässig oder vorsätzlich widerrechtlich verletzt, ist zivilrechtlich zum Schadensersatz verpflichtet. Verstößt die Verletzung gegen ein Gesetz (meist ein Strafgesetz), wird der Täter entsprechend strafrechtlich verfolgt.

Fallbeispiel:
M stellt sein Motorrad vor einer Diskothek ab, verschließt es ordnungsgemäß, steckt den Schlüssel in die Innentasche seiner Jacke und hängt diese in die Garderobe. H hat dies alles unbemerkt beobachtet. Er stiehlt den Schlüssel, setzt sich aufs Motorrad und fährt los. M bemerkt das Fehlen des Motorrads, als er nach Hause fahren will. Er geht zur Polizei und meldet den Diebstahl mit exakten Angaben wie Kennzeichen, Fahrgestellnummer, Farbe, und Marke. Welche zivil- und strafrechtlichen Auswirkungen hat die Anzeige bei der Polizei?

Lösung:
- Zivilrechtliche Ansprüche von M:
  § 985 BGB: H ist unmittelbarer Besitzer, M jedoch ist Eigentümer des Motorrads. H ist nicht zum Besitz berechtigt (§ 986 BGB), weshalb M von H die Herausgabe verlangen kann.
  § 823 I BGB (Unerlaubte Handlung): § 823 BGB kann nur als Anspruchsgrundlage herangezogen werden, wenn folgende fünf Subsumtionspunkte alle zutreffen: H hat das Eigentum von M verletzt, H handelt vorsätzlich, H handelt widerrechtlich, Kausalzusammenhang gegeben, H hat den Besitz entzogen. Da alle Punkte erfüllt werden, hat M Schadensersatzansprüche gemäß § 249 BGB (Naturalrestitution), nach dem H das Motorrad wieder zurückgeben, evtl. Beschädigung oder Abnutzung ersetzen und die Mietkosten für ein Mietmotorrad übernehmen muss (Entschädigung in Geld).
  § 823 II BGB (Unerlaubte Handlung): H hat durch den Diebstahl gegen ein Schutzgesetz verstoßen (§ 242 Strafgesetzbuch StGB), denn er hat das Eigentum von M verletzt, er handelt vorsätzlich, widerrechtlich und hat bösgläubig den Besitz entzogen.
- Strafrechtlich gesehen muss M eine Anzeige bei der Polizei erstatten. Dies erfolgt im Regelfall mit der Diebstahlmeldung. Ab diesen Zeitpunkt wird der Diebstahl Angelegenheit des Staatsanwalts.

2.2 Eigentumserwerb durch Realakt

Ein Eigentumserwerb durch Realakt kann durch Ersitzung (§§ 937 ff. BGB), Verbindung (§§ 946, 947 BGB), Vermischung (§ 948 BGB), Verarbeitung (§ 950 BGB), Aneignung (§§ 958–964 BGB) oder Fund und Schatzfund (§§ 965–985 BGB) vonstatten gehen. Nach §§ 937 ff. BGB (**Ersitzung**) erwirbt derjenige, der eine bewegliche Sache zehn Jahre im Eigenbesitz hat, das Eigentum daran. Eigenbesitz bedeutet, dass der Benutzer einer Sache diese als ihm gehörig betrachtet. **Bsp.:** K benützt seit über zehn Jahren einen Schraubenzieher, der irgendwann und irgendwo in seinen Werkzeugkasten geraten ist. Er betrachtet ihn seitdem als Eigenbesitz und ist damit Eigentümer.

Nach § 946 BGB (**Verbindung mit einem Grundstück**) wird eine bewegliche Sache (§ 90 BGB, z. B. Pflanzen), die mit einem Grundstück so verbunden wird, dass sie wesentlicher Bestandteil davon wird, Teil des Grundstücks und damit Eigentum des Grundstückeigentümers. Entscheidend in dieser Aussage ist der Begriff „wesentliche Bestandteile" (§ 94 BGB). Dies sind Sachen, die mit dem Grund und Boden fest verbunden sind. **Bsp.:** D, Miteigentümerin eines Wohnhauses mit Grundstück, kauft in einer Gärtnerei verschiedene Zierpflanzen. Ein Angestellter verpackt die Pflanzen im Kofferraum des Autos, wobei er jedoch den Karton verwechselt und andere Zierpflanzen mitgibt. D pflanzt diese ein und hat durch ihr tatsächliches Handeln einen Rechtserfolg herbeigeführt, sie wird Eigentümerin der Zierpflanzen.

§ 947 BGB (**Verbindung mit einer beweglichen Sache**) beinhaltet das Zusammenfügen verschiedener Materialien (bewegliche Sachen), sodass sie wesentlicher Bestandteil einer einheitlichen Sache werden. **Bsp.:** A lässt von B seine alte Vitrine restaurieren. B klebt dazu mit 2-Komponentenkleber eine Glasscheibe ein, die dem C gehört, und verwendet zur Befestigung der Rückwand 20 Tackernadeln des D. Sowohl die Scheibe als auch die Tackernadeln sind wesentliche Bestandteile einer einheitlichen Sache, nämlich der restaurierten Vitrine, geworden, da man sie nicht wieder von ihr trennen kann, ohne dass sie zerstört oder unbrauchbar werden (§§ 93, 947 I BGB). Da die Vitrine die Hauptsache der miteinander verbundenen Sachen darstellt, wird A gemäß § 947 II BGB Alleineigentümer der Vitrine (§ 950 BGB Verarbeitung trifft hier nicht zu, da keine neue Sache geschaffen wird, vgl. unten).

Ähnlich ist nach § 948 BGB die **Vermischung** zu behandeln. Das Zusammenmischen verschiedener Sachen zu einer einheitlichen Sache bewirkt, dass diese anteilig als Miteigentum bewertet werden. **Bsp.:** A will einen Kuchen backen und „leiht" sich von B die Eier, von C das Backpulver und A selbst stellt Mehl und Zucker. Nachdem A den Kuchen gebacken hat, wird sie Alleineigentümerin des Kuchens, da Mehl und Zucker als Hauptsache anzusehen sind.

Eine dritte Möglichkeit des Eigentumerwerbs durch Realakt ist nach § 950 BGB die **Verarbeitung**. Unter diesen Begriff fallen z. B. auch Beschriften, Malen, Schreiben, Zeichnen, Drucken, Gravieren, Schnitzen, Drechseln oder eine ähnliche Bearbeitung der Oberfläche. **Bsp.:** Designer D sucht sich im Staatswald Wurzelstöcke und verarbeitet diese in seiner Werkstatt zu einem bepflanzten Brunnen zur dekorativen Raumgestaltung. Nachdem der Wert der Umbildung nicht erheblich geringer ist als der Wert der verarbeiteten Sache, wird der Designer Alleineigentümer. Der Staat verliert sein Eigentumsrecht.

In allen vier geschilderten Beispielen haben die Lieferanten einen Rechtsverlust erlitten. Ihnen steht nach § 951 BGB eine Entschädigung in Geldform zu. Eine Wiederherstellung des alten Zustandes kann nicht verlangt werden.

§ 958 BGB (**Aneignung**) besagt, dass die Person, die eine herrenlose, bewegliche Sache in Eigenbesitz nimmt, das Eigentum an der Sache erwirbt. **Bsp.:** Ein Kind findet an einem kalten Winterabend einen Igel, der keine Chance hätte, den Winter zu überleben. Es bringt das Tier nach Hause und nimmt es dadurch in Eigenbesitz. Es verstößt damit gegen kein Gesetz. Anders wäre es, wenn das Jagdrecht oder das Fischereirecht übergangen würden. Des Weiteren gibt es die §§ 965 ff. BGB (**Fund**), die besagen, dass der Finder einer Sache Anzeige erstatten muss (§ 965 BGB), zur Verwahrung der Sache verpflichtet ist (§ 966 BGB) und die Sache ggf. (auf Anordnung § 967 BGB) abliefern muss. Nach sechs Monaten erwirbt er das Eigentum an der Sache, wenn sich der ursprüngliche Eigentümer nicht gemeldet hat. § 984 BGB (**Schatzfund**) regelt das Entdecken und in Besitz nehmen von lange verborgen gelegenen Sachen, bei denen der Eigentümer nicht zu ermitteln ist. Das Eigentum an diesem Schatz wird zur Hälfte vom Entdecker, zur Hälfte vom Eigentümer der Sache erworben, in der der Schatz verborgen war (Grundstück, Haus). Bei historisch wertvollen Sachen, die für die Allgemeinheit von Interesse sind, hat der Staat ein Zugriffsrecht.

2.3 Eigentumserwerb durch Rechtsgeschäft an Mobilien

Alle Rechtsobjekte sind im Interesse der Rechts- und Verkehrssicherheit einem Eigentümer zuzuordnen. Bei der Eigentumsübertragung von einem Rechtssubjekt zum anderen sind alle rechtlichen Regelungen offen für Außenstehende klar erkennbar darzulegen. Bei Mobilien ist dies der Realakt der mittelbaren und unmittelbaren Besitzübergabe (§ 854). Der **Eigentumserwerb von Mobilien** erfolgt über den sachenrechtlichen Vertrag im Sinn des § 929 BGB (Einigung + Übergabe = Eigentumsübertragung). Die Übergabe im Rahmen des Eigentumserwerbs nach § 929 BGB bedeutet, dass der Verkäufer als bisheriger Besitzer die gewollte Übertragung (§ 854 BGB) herbeiführen will. Für den Käufer ist von Bedeutung, dass er mit dem Besitz ein tatsächliches Herrschaftsverhältnis Dauer übernehmen will. Der Verkäufer muss den Besitz verlieren, der Käufer die tatsächliche Gewalt erlangen.

Fallbeispiel:
Die 17-jährige K erhält von ihren Eltern monatlich 30,- € Taschengeld zur freien Verfügung. Sie hat davon insgesamt 200,- € gespart, um sich ein Paddelboot zu kaufen. Als ihr der Händler W ein Boot für 400,- € anbietet, sagt K

zu. Sie zahlt 200,- € an und einigt sich mit W darauf, den Rest in monatlichen Raten zu je 20,- € zu begleichen. Nach Empfang der 200,- € übergibt und übereignet W das Boot. Den Eltern erscheint das Fahren mit dem Paddelboot zu gefährlich, sie lehnen das Geschäft ab.
1. Welche Rechtsgeschäfte/Realakte wurden abgeschlossen? Sind sie gültig?
2. Wie ist der Fall zu beurteilen, wenn W die K für volljährig gehalten hat?
3. Kann W von K die Zahlung der restlichen 200,- € verlangen und welche Ansprüche haben beide noch?

Lösung:
1. Zwischen W und K kommt nach §§ 145, 147 BGB ein Kaufvertrag (§ 433 BGB) zustande. Das Verfügungsgeschäft (§§ 145, 147, 929, 854 BGB), die Übereignung der 200,- €, wird vollzogen. Das zweite Verfügungsgeschäft (§§ 145, 147, 929, 854 BGB), die Übereignung des Bootes, wird ebenfalls vollzogen. K ist mit 17 Jahren noch nicht volljährig (§ 2 BGB) und nach § 106 BGB beschränkt geschäftsfähig. Nach § 107 BGB ist der Kaufvertrag nicht rechtswirksam, weil K weder die Einwilligung des gesetzlichen Vertreters hat, noch lediglich einen rechtlichen Vorteil dadurch erlangt, da Pflichten entstehen. Nach § 110 BGB wird der Kaufvertrag auch nicht rechtswirksam, da K nur einen Teil ihrer Pflicht von ihrem Taschengeld, das ihr von ihren Eltern zur freien Verfügung überlassen wurde, bezahlt. Sie bewirkt nicht den vollen Kaufpreis über 400,- €. Ratengeschäfte fallen nicht unter den Taschengeldparagrafen – der rechtliche Nachteil zeigt sich gerade hier, da die Raten tatsächlich zu zahlen sind. Da die Einwilligung des gesetzlichen Vertreters (Eltern) nicht vorliegt, ist der Kaufvertrag nach § 108 I BGB zunächst schwebend unwirksam. Die Eltern haben später eindeutig das Vorgehen ihrer Tochter abgelehnt. Damit ist der ursprünglich nach § 108 I BGB schwebend unwirksame Kaufvertrag nach dem Umkehrschluss des § 184 BGB von Anfang an nichtig und damit rechtsunwirksam. Die Übereignung der 200,- € ist aus den gleichen Gründen rechtsunwirksam. Das Verfügungsgeschäft über das Boot ist gemäß § 107 BGB rechtswirksam, da K lediglich einen rechtlichen Vorteil erlangt hat: Ihr wurde das Eigentum durch Einigung und Übergabe übertragen, ohne dass sie eine Verpflichtung aus der Einigung hat.
2. Es gibt keinen Schutz des guten Glaubens in die Volljährigkeit bzw. Geschäftsfähigkeit. Der Schutz des Minderjährigen hat im Recht einen absoluten Vorrang. Die obigen Ausführungen gelten hier in vollem Umfang.
3. Der Kaufvertrag ist von Anfang an nichtig. Somit kann W nicht die restlichen 200,- € verlangen. Nachdem die Einigung über den Eigentumsübergang an den 200,- € nichtig ist, bleibt K Eigentümerin des Geldes

und kann es nach §985 BGB herausverlangen. W hat kein Besitzrecht, d. h. §986 BGB greift nicht. K hat das Eigentum und den Besitz am Boot ohne gültigen Kaufvertrag, da dieser durch die Verweigerung der Genehmigung von Anfang an nichtig ist, durch Übereignung von W erlangt. Daher sie ist nach §812 BGB verpflichtet, das Boot zurückzuübereignen.

2.4 Eigentumserwerb durch Rechtsgeschäft an Immobilien

Beim **Eigentumserwerb an Immobilien** muss der Kaufvertrag über ein Grundstück und alle weiteren damit verbundenen Rechtsgeschäfte notariell beurkundet (§311 b I BGB) und die Eigentumsübertragung im Grundbuch eingetragen werden (§873 BGB). Die Wirksamkeit des Kaufvertrages bedarf der notariellen Beurkundung, auch Antrag und Annahme. Ein Formmangel kann durch eine Auflassung (Einigung von Käufer und Verkäufer bei gleichzeitiger Anwesenheit vor dem Notar, §§311 b I und 925 BGB) und Eintragung ins Grundbuch geheilt werden. Über diese Verträge (schuld- und sachrechtlich) wird eine Urkunde erstellt.

Das **Grundbuch** ist ein Verzeichnis der Grundstücke eines Grundbuchamts bzw. Gemeindebezirks. Es hat die Aufgabe, die Rechtsverhältnisse von jedem Grundstück erkennbar und publik zu machen. Die Grundbücher werden zentral bei den Amtsgerichten (Grundbuchämtern) geführt. Das Grundbuch ist öffentlich, d. h. jeder, der ein berechtigtes Interesse nachweist, darf Einsicht nehmen oder sich gegen Gebühr einen beglaubigten Auszug anfertigen lassen. Jedes Grundstück hat ein eigenes Grundbuchblatt mit drei Abteilungen.

	Gemarkung	**Flur-Nr.**	**Lage und Wirtschaftsart**	**Größe**
Bestandsverzeichnis	Heidingsfeld	4530/1	Schellinggraben Bauplatz	1 100 qm
Erste Abteilung	Eigentümer; Erwerbsgrund (Kauf, Tausch, Schenkung, Erbfall)			
Zweite Abteilung	Lasten und Beschränkungen: Besondere Rechte und Pflichten der jeweiligen Eigentümer (Vorkaufsrecht, Dienstbarkeit, Nießbrauch)			
Dritte Abteilung	Belastungen: Hypotheken, Grundschulden, Rentenschulden			

In der Ersten Abteilung müssen der oder die Eigentümer genannt werden, da hier der Gutglaubensschutz des Grundbuches besonders zum Tragen kommt. Wer eingetragen ist, gilt als Eigentümer und ein Dritter kann sich auf die Richtigkeit verlassen. Der Erwerbsgrund ist für das Finanzamt von Bedeutung, da

z. B. bei einem Kauf die Grunderwerbs-, bei einer Schenkung die Schenkungs- und bei einem Erbe die Erbschaftssteuer gezahlt werden muss, beim Tausch aber keine Steuerbelastung anfällt.

In der Zweiten Abteilung werden besondere Rechte und Pflichten der jeweiligen Eigentümer festgehalten. Mit dem Vorkaufsrecht (§§ 1094 ff. BGB) sichert sich ein möglicher Käufer das Kaufrecht an einem Grundstück zu. Die sogenannte Dienstbarkeit umfasst die Art und Weise der Nutzung eines Grundstücks, z. B. Wegerecht, Durchführung eines Kanals etc. Nießbrauch besagt, dass sich der Erblasser z. B. ein Wohnrecht mit Pflege bis zu seinem Tod gegenüber den Erben einräumen lassen kann.

In der Dritten Abteilung werden die Belastungen aufgeführt. Die **Hypothek** (§ 1113 BGB) ist ein Pfandrecht an einem Grundstück zur Sicherung einer Forderung. Voraussetzung einer Hypothek ist ein bestehendes Schuldverhältnis; beide sind untrennbar miteinander verbunden. Die Höhe der Forderung bestimmt auch den Umfang des Pfandrechts. Die **Grundschuld** (§ 1191 BGB) ist – im Gegensatz zur Hypothek – ein Grundpfandrecht, das keine Forderung voraussetzt. Sie enthält die abstrakte, d. h. vom Schuldgrund losgelöste Verpflichtung, aus einem Grundstück eine bestimmte Summe zu zahlen. Aus der Grundschuld haftet keine Person, sondern nur das Grundstück als dingliche Schuld. Die **Rentenschuld** (§ 1199 BGB) ist eine Form der Grundschuld, bei der aus dem Grundstück in regelmäßigen Zeitabständen eine bestimmte Geldsumme oder Rente zu zahlen ist.

Fallbeispiel:
K und D wollen ein Grundstück kaufen, um darauf ein Zweifamilienhaus zu errichten. Sie finden ein passendes Angebot von Landwirt X, der 1 100 qm zum Quadratmeterpreis von 150,– € verkaufen will. Wie lässt sich der rechtliche Vorgang des Kaufs und der Eigentumsübertragung grafisch darstellen?

Lösung:
Zwischen K, D und X wird ein gültiger Kaufvertrag (§ 433 BGB) geschlossen, dessen Willenserklärungen notariell beurkundet sein müssen (§ 311 b I BGB). Dieses Verpflichtungsgeschäft ist für beide Seiten verbindlich. Ehe nun die Rechtsänderung im Grundbuch eingetragen wird, regeln die Vertragsparteien die Geldübergabe möglicherweise mit einer Bankbürgschaft. Diese beinhaltet die Verpflichtung der Bank, wenn die Rechtsänderung im Grundbuch beurkundet ist, die Auszahlung an den Landwirt vorzunehmen. Auf Antrag des Notars (§ 925 a BGB) werden die neuen Eigentumsverhältnisse durch die Eintragung in das Grundbuchamt herbeigeführt (§§ 925, 873 BGB) und die Käufer K, D erhalten einen entsprechenden Auszug aus dem Grundbuch.

Das Verpflichtungsgeschäft zwischen K und D mit dem Landwirt X.

Die Übertragung des Eigentums von Landwirt X an K und D.

2.5 Eigentumserwerb durch Erbschaft

Erben werden bei Tod des Erblassers dessen Rechtsnachfolger. Kraft Gesetz erwerben Erben Eigentum (§ 1922 BGB). Das Eigentum an einem Grundstück wird hier auch ohne Eintragung ins Grundbuch erworben, die Berichtigung ist jedoch angeraten (zur Ausschlagung einer Erbschaft vgl. §§ 1942 ff. BGB).

3 Eigentumsvorbehalt

Der sog. **Eigentumsvorbehalt** nach § 449 BGB stellt eine Absicherung seitens des Verkäufers dar und muss beim Abschluss des Kaufvertrags ausdrücklich zwischen Verkäufer und Käufer vereinbart werden. Hierbei verbleibt, unter der aufschiebenden Bedingung der vollständigen Zahlung (§ 158 I BGB), das Eigentumsrecht nach Übergabe der Ware beim Verkäufer, der Erwerber ist zunächst nur Besitzer, allerdings mit Anwartschaftsrecht, d. h. zahlt der Kunde nicht und der Verkäufer will vom Recht des Eigentumsvorbehalts Gebrauch machen und die Sache wiedererlangen, muss er vom Vertrag zurücktreten (§ 449 II BGB), wobei Voraussetzung für den Rücktritt das erfolglose Verstreichen einer Nachfrist ist (§ 323 I BGB). Erst dann kann er die Sache nach § 985 BGB herausfordern. Unter Umständen ist die Fristsetzung entbehrlich (vgl. § 323 II BGB). Der Eigentumsvorbehalt erlischt bei vollständiger Bezahlung.

4 Gutgläubiger Erwerb von Mobilien und Immobilien

Eigentumserwerb ist laut § 929 BGB in der Regel nur vom Eigentümer möglich. Eine Ausnahme bildet jedoch der gutgläubige Eigentumserwerb von Nichtberechtigten. Die Vorschriften des gutgläubigen Erwerbs dienen der Rechtssicherheit und der Gerechtigkeit im alltäglichen Rechtsverkehr. Wenn jemand eine ihm nicht gehörende bewegliche Sache an einen gutgläubigen Dritten veräußert, kommt es zu einem Interessenkonflikt zwischen der Eigentumserhaltung und dem Vertrauensschutz des Dritterwerbers. Nach dem BGB erwirbt der Gutgläubige volles Eigentum, wenn er den, der ihm die Sache zu Eigentum übertragen hat, fälschlicherweise und ohne grobe Fahrlässigkeit für den Eigentümer gehalten hat. Wer eine Sache von dem unmittelbaren Besitzer erwirbt, darf aufgrund des Rechtsscheins darauf vertrauen, dass er es mit dem Eigentümer zu tun hat (§ 1006 BGB).

Wäre ein gutgläubiger Erwerb nicht möglich, müsste jeder Käufer erst überprüfen, ob der Verkäufer der Ware zum Verkauf berechtigt ist. Im alltäglichen Rechtsverkehr muss man sich aber grundsätzlich auf den Schein des Besitzes verlassen können. Bestimmungen zum **gutgläubigen Erwerb von Mobilien** treffen nur dann zu, wenn die Sache nach § 929 BGB veräußert wurde. Wichtig ist, dass der Erwerber nicht wissen kann, dass der Veräußerer Nichtberechtigter ist (§ 932 BGB). Ein gutgläubiger Erwerb an gestohlenen, verlorenen oder abhanden gekommenen Sachen ist nach § 935 I BGB nicht möglich.

Fallbeispiele:
- K verleiht ein Buch an D. Dieser verkauft es ohne Einwilligung für 50,– € an H, der D für den Eigentümer hält. Wer ist Eigentümer des Buches?
  Lösung:
  D ist durch Übergabe aufgrund des Leihvertrags unmittelbarer Besitzer geworden. Durch den Verkauf des Buches wird dokumentiert, dass H sich wie ein Eigentümer verhält (§ 1006 BGB). H erhält durch Übereignung (§ 929

BGB) gutgläubig den unmittelbaren Besitz und das Eigentumsrecht am Buch. Er glaubt, dass D Eigentümer des Buches ist (§ 932 BGB). Der Sachverhalt wäre anders zu beurteilen, wenn K sein Eigentumsrecht (z. B. Adressstempel) gekennzeichnet hätte. H würde hier grob fahrlässig handeln und könnte das Eigentum nicht erwerben. K hat sein Eigentumsrecht an H verloren.

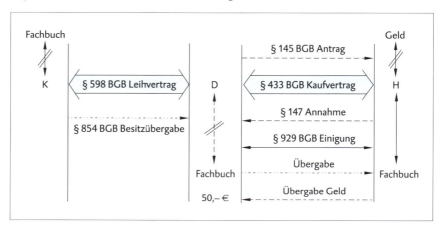

- D will bei der Bank Geld abholen und füllt zu Hause einen Euroscheck über 200,- € aus, den sie auf dem Weg zur Bank verliert. Ein unehrlicher Finder löst den Scheck ein. Wer ist rechtmäßiger Eigentümer des Schecks?
  Lösung:
  Die Vorschriften über keinen gutgläubigen Erwerb (§ 935 I BGB) finden keine Anwendung auf Geld oder Inhaberpapiere sowie auf Sachen, die im Rahmen einer öffentlichen Versteigerung veräußert werden (§ 935 II BGB). Der Scheck ist ein Inhaberpapier, daher erwirbt der Finder das Eigentumsrecht.

Beim Erwerb von Immobilien besteht zwischen Kaufvertrag und Eintragung ins Grundbuch eine zeitliche Verzögerung. In dieser Zwischenzeit können durchaus mehrere Kaufverträge über das gleiche Grundstück geschlossen werden. Eine Sicherheit wäre die Eintragung des Vorkaufsrechts (Auflassungsvormerkung). Der öffentliche Glaube des Grundbuchs (§ 892 BGB) macht bei einer fehlerhaften Eintragung den **gutgläubigen Erwerb von Immobilien** von Nichtberechtigten möglich. Derjenige, der als erster ins Grundbuch eingetragen wird, ist somit auch rechtmäßiger Eigentümer.

Schuldrecht: Schuldverhältnisse und Pflichtverletzungen

Jeder, der am wirtschaftlichen und gesellschaftlichen Leben teilnimmt, geht laufend Schuldverhältnisse ein. Dies kann vertraglich durch den Kauf einer Sache, die Miete einer Wohnung, die Darlehensaufnahme bei einer Bank oder die Übernahme bezahlter Tätigkeiten geschehen, aber auch per Gesetz, wenn z. B. aufgrund eines Unfalls oder einer Sachbeschädigung Schadensersatzansprüche entstehen. Das Schuldrecht im BGB regelt einen Großteil dieser Schuldverhältnisse.

1 Inhalt und Systematik des Schuldrechts

Das 2. Buch des BGB enthält das „Recht der Schuldverhältnisse", das in der Regel nur Schuldrecht genannt wird. Entgegen der ersten Assoziation hat dies nichts mit „Schuld" im Sinne von „Verschulden" zu tun, sondern wird von dem Begriff des „Schuldners einer Leistung" abgeleitet. Das Schuldrecht regelt also in erster Linie die Entstehung und den Inhalt von Schuldverhältnissen, aber auch Pflichtverletzungen und deren Folgen. Bei der Auseinandersetzung mit dem Schuldrecht ist der Gesetzestext unentbehrliche Begleitlektüre, um Inhalt und Systematik des Schuldrechts zu verstehen, angegebene Paragrafen direkt nachlesen und markieren zu können und ggf. Querverweise zu ergänzen.

Zum Verständnis des Schuldrechts müssen die Begriffe Schuldverhältnis, Schuldner und Gläubiger klar sein. Man kann sie aus § 241 I BGB ableiten:
- **Schuldverhältnis:** Rechtsverhältnis zwischen Gläubiger und Schuldner, aufgrund dessen der Gläubiger vom Schuldner eine Leistung fordern kann.
- **Gläubiger:** Jeder, der aufgrund eines Schuldverhältnisses etwas fordern kann.
- **Schuldner:** Jeder, der eine Forderung aus einem Schuldverhältnis erfüllen muss.

Es wird deutlich, dass im Verhältnis zur Umgangssprache die Bezeichnungen Gläubiger und Schuldner wesentlich weiter gefasst sind: Während sie umgangssprachlich meist nur für Geldschulden verwendet werden, wird in der Jurisdiktion auch derjenige als Schuldner bezeichnet, der aufgrund eines Vertrages ein Buch liefern muss oder eine Reparatur durchzuführen hat, und derjenige, der das Buch oder die Reparaturleistung erhält, entsprechend als Gläubiger.

Schuldverhältnis.

Außerdem kann ein und dieselbe Person aus einem Schuldverhältnis sowohl Schuldner als auch Gläubiger sein, z. B. dann, wenn es sich um zweiseitig verpflichtende Rechtsgeschäfte handelt (vgl. S. 52 ff.). So ist zum Beispiel der Käufer Gläubiger bezüglich der Sache und schuldet den Kaufpreis, der Verkäufer umgekehrt schuldet die Sache und ist Gläubiger bezüglich des Kaufpreises.

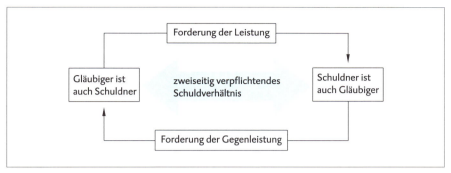

Zweiseitig verpflichtendes Schuldverhältnis.

Gemäß dem Abstraktionsprinzip regelt das Schuldrecht nur die Verpflichtung zur Leistung; die Erfüllung ist meist im Sachenrecht angesiedelt (vgl. S. 29).

Wie das BGB selbst ist auch das Schuldrecht in einen Allgemeinen Teil und einen Besonderen Teil gegliedert, auch wenn diese Bezeichnungen nicht explizit im Gesetzestext verwendet werden. Der Allgemeine Teil des Schuldrechts (§§ 241–432 BGB) enthält die Regelungen, die für alle Arten von Schuldverhältnissen gelten. Im Besonderen Teil (§§ 433–853 BGB) sind die einzelnen Schuldverhältnisse und zugehörige Spezialregelungen („lex specialis") zu finden.

Nach ihrer **Entstehung** kann man Schuldverhältnisse in vertragliche, vorvertragliche und gesetzliche Schuldverhältnisse unterteilen:

Vertragliche Schuldverhältnisse entstehen durch zwei- oder mehrseitige Rechtsgeschäfte (§ 311 I BGB, z. B. Kauf-, Leih-, Darlehensvertrag, vgl. S. 75 ff.).

Vorvertragliche Schuldverhältnisse entstehen gemäß § 311 II BGB durch
- die Aufnahme von Vertragsverhandlungen (§ 311 II Nr. 1 BGB), z. B. bei Verhandlungen über den Kauf eine Fahrzeugs.
- Vertragsanbahnung (§ 311 II Nr. 2 BGB): Gibt z. B. ein Erfinder auf der Suche nach einem Sponsor technische Informationen heraus, entsteht ein vorvertragliches Schuldverhältnis, das u. a. Pflichten aus § 241 II BGB begründet.
- ähnliche Geschäftskontakte (§ 311 II Nr. 3 BGB): Betritt z. B. A ein Kaufhaus, um sich über eine Ware zu informieren, und wird durch eine umfallende ungesicherte Teppichrolle verletzt, könnte er Ansprüche aus diesem vorvertraglichen Schuldverhältnis geltend machen. Geht er in das Gebäude, um sich vor dem Regen zu schützen, liegt kein vorvertragliches Schuldverhältnis vor.

Gesetzliche Schuldverhältnisse entstehen dann, wenn per Gesetz einer Person Ansprüche gegen eine andere Person zugesprochen werden. Wenn z. B. A vorsätzlich und ohne Grund eine CD des B zerstört, spricht der Gesetzgeber dem B einen Schadensersatzanspruch aus § 823 I BGB gegen A zu (vgl. S. 129 ff.).

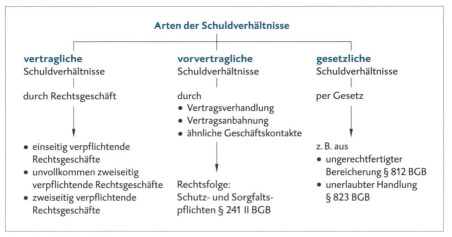

Arten der Schuldverhältnisse.

Die **Rechtsfolge** aus Schuldverhältnissen sind regelmäßig **Pflichten**. Dies können **Leistungspflichten** sein (z. B. Übereignung der Sache und Bezahlung des Kaufpreises beim Kauf), aber auch **nicht leistungsbezogene Nebenpflichten** wie Sorgfalts- und Schutzpflichten im Sinne des § 241 II BGB (z. B. erforderlicher Hinweis auf besondere Gefahren beim Gebrauch einer Sache).

Während die Entstehung von Schuldverhältnissen unterschiedlich geregelt ist, gelten einheitliche Regelungen für die Beendigung von Schuldverhältnissen, das **Erlöschen:** Erfüllt der Schuldner seine Pflichten aus dem Schuldverhältnis ordnungsgemäß, dann erlischt dieses (§ 362 I BGB).

Exkurs Schuldrechtsreform 2002

Das BGB trat nach etwa 20 Jahren juristischer Feinarbeit am 1. 1. 1900 in Kraft. Seitdem wurden immer wieder Veränderungen vorgenommen, die aber außer im Mietrecht und im Familienrecht eher geringfügig waren. Die meisten einschneidenden Änderungen wurden in zahlreichen Nebengesetzen verankert, die zusätzlich zum BGB galten. Die Schuldrechtsreform 2002 war die erste umfangreiche Änderung des BGB, die auch Folgen für die Rechtssystematik hat.

Auslöser der Schuldrechtsreform waren zum einen Unzulänglichkeiten im Bereich des Leistungsstörungsrechts, die man seit langem kannte und über die Rechtsprechung löste. Zum anderen war der Gesetzgeber durch verschiedene EG-Richtlinien, für die die Frist zur verbindlichen Umsetzung in nationales Recht ablief, im Zugzwang. Die zentralen Ziele der Schuldrechtsreform waren
- die Umsetzung mehrerer EG-Richtlinien (Verbrauchsgüterkaufrichtlinie, Zahlungsverzugsrichtlinie, E-Commerce-Richtlinie)

- die Reform des Verjährungsrechts
- die Beseitigung von Defiziten im Leistungsstörungsrecht
- die Kodifikation von Richterrecht (Übernahme von Rechtsprechung in Rechtsnormen)
- die Integration von Nebengesetzen zum Verbraucherschutz.

Ergänzt wurde die Schuldrechtsreform durch das Gesetz zur Anpassung der Formvorschriften des Privatrechts (1. 8. 2001) und das Gesetz zur Modernisierung des Schadensersatzrechts (1. 8. 2002). Das reformierte BGB soll damit seiner Funktion als zentrale, an die Erfordernisse des modernen Geschäftsverkehrs angepasste Kodifikation des Zivilrechts wieder gerecht werden.

2 Vertragliche Schuldverhältnisse

Vertragliche Schuldverhältnisse bilden die Grundlage für den Geld-, Güter- und Dienstleistungsverkehr in unserer Wirtschaft, d. h. dieser Teil des BGB spielt eine zentrale Rolle im täglichen wirtschaftlichen Leben. Der Gesetzgeber folgte dabei dem Grundsatz der Vertragsfreiheit, indem er einen gesetzlichen Rahmen schuf, der für den Fall, dass die Vertragsparteien keine speziellen Vereinbarungen treffen, die wesentlichen schuldrechtlichen Beziehungen regelt, aber in weiten Bereichen dispositives Recht darstellt, d. h. die Vertragsparteien können in beiderseitigem Einvernehmen die Vertragsbedingungen auch anders gestalten (vgl. S. 54).

Dies ist z. B. bei Kaufverträgen über bewegliche Sachen der Fall, für die der Gesetzgeber keine Formvorschrift vorgesehen hat. Es bleibt den Vertragsparteien also überlassen, ob sie sich vertraglich an eine bestimmte Form binden wollen. So ist heute beim Kauf von Autos gerade im Hinblick auf Dokumentar- und Beweisfunktion die Schriftform die Regel (vgl. S. 39 ff.).

Der Besondere Teil des Schuldrechts beschreibt eine Vielzahl von Vertragsarten mit unterschiedlicher Relevanz für das tägliche Leben. Das BGB folgt bei der Regelung der Vertragsarten weitgehend einem einheitlichen Muster: Zunächst werden in einem einleitenden Paragraf Inhalt und Hauptpflichten des jeweiligen Vertragstyps beschrieben. Die folgenden Paragrafen beinhalten weitere für den jeweiligen Vertragstyp spezifische Regelungen, die den allgemeinen Teil des Schuldrechts ergänzen oder ersetzen („lex specialis"). Die wesentlichen **Rechtsgeschäfte des täglichen Lebens** kann man dabei in drei Gruppen einteilen: Die **Veräußerung**, die **Gebrauchsüberlassung** und die **Dienstleistung**.

2.1 Veräußerungsverträge

Die Veräußerung einer Sache kann prinzipiell gegen Entgelt oder unentgeltlich erfolgen. Das Entgelt wiederum kann Geld (Kauf) oder eine andere Sache sein (Tausch). Die Schenkung ist die einzige im Schuldrecht geregelte unentgeltliche Form der Veräußerung (vgl. aber Erbvertrag § 1941 BGB).

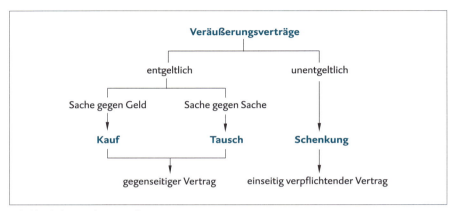

Schuldverhältnisse über Veräußerungen.

2.1.1 Kauf (§§ 433 – 479 BGB)

Der Kaufvertrag (§ 433 BGB) ist ein schuldrechtliches Verpflichtungsgeschäft. Als gegenseitiger Vertrag begründet er Pflichten für Käufer und Verkäufer.
Pflichten des Verkäufers (§ 433 I BGB):
- Übergabe der Sache, d. h. der Verkäufer muss dem Käufer den unmittelbaren Besitz an der Sache verschaffen.
- Übereignung der Sache, d. h. der Verkäufer muss dem Käufer das Eigentum an der Sache verschaffen.
- Mangelfreiheit der Sache, d. h. der Verkäufer muss die Sache frei von Sach- und Rechtsmängeln liefern (vgl. S. 112 ff.).

Pflichten des Käufers (§ 433 II BGB):
- Zahlung des vereinbarten Kaufpreises, d. h. der Käufer muss dem Verkäufer den entsprechenden Geldbetrag übereignen.
- Abnahme der Sache, d. h. der Käufer muss die Sache tatsächlich übernehmen.

Als **Besonderheiten** beim Kauf sind vor allem die Regelungen zum Kauf unter Eigentumsvorbehalt (§ 449 BGB, vgl. S. 68), zum Versendungskauf (§ 447 BGB) und zum Verbrauchsgüterkauf (§§ 474–479 BGB, vgl. S. 124 f.) zu beachten. Zur **Haftung** beim Kauf vgl. S. 112 ff.

Fallbeispiel:
Der volljährige A verkauft seinem ebenfalls volljährigen Freund B eine gebrauchte DVD für 5,– €. Wie ist die Rechtslage?
Lösung:
- Schuldverhältnis: A und B haben durch Antrag und Annahme einen Kaufvertrag geschlossen (§§ 145, 147, 433 BGB).
- Rechtsfolgen: A muss B die DVD übergeben und übereignen; sie muss frei von Sachmängeln sein. B muss im Gegenzug dem A die vereinbarten 5,– € übereignen und die DVD annehmen.

2.1.2 Tausch (§ 480 BGB)

Der einzige Unterschied zwischen Kauf und Tausch besteht darin, dass beim Tausch als Entgelt nicht Geld sondern eine andere bewegliche Sache dient. Entsprechend gibt es für den Tausch keine besonderen Regelungen, sondern die Vorschriften über den Kauf sind analog anzuwenden (§ 480 BGB).

Fallbeispiel:
Der volljährige A tauscht mit seinem ebenfalls volljährigen Freund B eine DVD gegen eine CD. Wie ist die Rechtslage?
Lösung:
- Schuldverhältnis: A und B haben durch Antrag und Annahme einen Tauschvertrag geschlossen (§§ 145, 147, 480 BGB).
- Rechtsfolgen: A muss B die DVD übergeben und übereignen; sie muss frei von Sachmängeln sein. B muss im Gegenzug dem A die vereinbarte CD übereignen und die DVD annehmen. Da es sich bei der CD ebenfalls um eine Sache handelt, sind die Regelungen zum Sachmangel auch auf sie anzuwenden (§ 480 i. V. m. § 433 BGB).

2.1.3 Schenkung (§§ 516 – 534 BGB)

Eine Schenkung ist ein einseitig verpflichtender Vertrag, also ein zweiseitiges Rechtsgeschäft, bei dem beide Vertragsparteien sich über die Schenkung einig sein müssen, auch wenn nur für den Schenker Pflichten entstehen. Ein einseitiges „Aufdrängen" eines Geschenks ist nicht möglich. Der Schenker verpflichtet sich dazu, dem Beschenkten **unentgeltlich** einen Teil seines Vermögens zu übertragen, d. h. der Beschenkte muss eine Bereicherung erfahren (eine Zuwendung unter der Bedingung, diese vollständig an einen Dritten weiterzugeben, wäre also keine Schenkung) und eine Gegenleistung ist prinzipiell ausgeschlossen (Kauf oder Tausch). Allerdings besteht die Möglichkeit einer Schenkung unter Auflage. **Bsp.:** Ein Familienporträt wird unter der Auflage verschenkt, es einem Museum als Dauerleihgabe zu überlassen.

Die Rückforderung einer Schenkung ist nur bei schweren Verfehlungen des Beschenkten gegen den Schenker (§§ 530 ff. BGB, „grober Undank") oder bei Verarmung des Schenkers (§§ 528 f. BGB) möglich. Besonders zu beachten ist bei der Schenkung die gesetzliche **Formvorschrift** der notariellen Beurkundung für das Schenkungsversprechen (§ 518 I BGB). Andernfalls kann die Nichtigkeit des Schenkungsversprechens aufgrund des Formmangels (§ 125 BGB) nur durch die Bewirkung der versprochenen Leistung **geheilt** werden, d. h. indem das Geschenk dem Beschenkten tatsächlich überlassen wird (§ 518 II BGB).

Fallbeispiel:
Eine Oma verspricht formlos ihrem Enkel ein Geldgeschenk von 500,– € zu seinem 18. Geburtstag. Wie ist die Rechtslage?
Lösung:
- Schuldverhältnis: O und E haben durch Antrag und Annahme einen Vertrag über ein Schenkungsversprechen geschlossen (§§ 145, 147, 516 I BGB).
- Rechtsfolgen: Theoretisch wäre dieses Schenkungsversprechen wegen Formmangels nichtig (§§ 518 I, 125 BGB). Übergibt die Oma allerdings dem Enkel die 500,- €, wird der Formmangel damit geheilt und die Schenkung ist voll wirksam (§ 518 II BGB).

Schenkungen des täglichen Lebens werden in der Regel sofort bewirkt. Solche **Handschenkungen** sind demnach auch ohne Beurkundung voll wirksam, so z. B. wenn der volljährige A seiner Schwester eine CD aus seiner Sammlung als Geburtstagsgeschenk gibt. Aufgrund der Unentgeltlichkeit der Schenkung ist die **Haftung** des Schenkers gegenüber den allgemeinen Regelungen deutlich eingeschränkt. So haftet der Schenker generell nur bei Vorsatz oder Fahrlässigkeit und für Sach- oder Rechtsmängel nur bei Arglist; außerdem sind bei Schenkungen Verzugszinsen ausgeschlossen (§§ 521–524 BGB).

2.2 Gebrauchsüberlassungen

Im Gegensatz zu den auf endgültige Überlassung ausgerichteten Veräußerungsverträgen zielt die Gebrauchsüberlassung nur auf eine **vorübergehende** Überlassung ab. Nach Ablauf der vereinbarten Überlassungszeit sind die Sachen zurückzugeben. Mögliche Vertragsarten sind Miete, Leihe und Darlehen.

Die Besonderheit der **Leihe** gegenüber der Miete und dem Darlehen ist die **Unentgeltlichkeit**. Hier muss konsequent zwischen Jurisdiktion und Umgangssprache unterschieden werden: Der Geschäftszweck von umgangssprachlich als „Autoverleih" oder „Fahrradverleih" bezeichneten Unternehmen besteht in der Regel nicht im unentgeltlichen Verleihen sondern in der entgeltlichen **Vermietung** der jeweiligen Fahrzeuge. Entsprechend nimmt man ein **Darlehen** auf, wenn man sich umgangssprachlich Geld bei einer Bank „leiht".

Das **Darlehen** stellt gegenüber der Miete und der Leihe eine Sonderform dar, da beim Darlehen die Sache nicht nur zum **Gebrauch**, sondern auch zum **Verbrauch** überlassen wird. Entsprechend wird am Ende der Überlassungszeit nicht die Sache selbst, sondern Sachen gleicher Art und Güte zurückerstattet.

Schuldverhältnisse über Gebrauchsüberlassungen.

2.2.1 Miete (§§ 535–580 a BGB)

Die Miete ist ein gegenseitiger Vertrag über die entgeltliche Gebrauchsüberlassung von beweglichen oder unbeweglichen Sachen.

Hauptpflichten des Vermieters:
- Dem Mieter den Gebrauch der Sache während der Mietzeit zu überlassen (§ 535 I Satz 1 BGB)
- die Mietsache in einem geeigneten Zustand zu überlassen und zu erhalten (§ 535 I Satz 2 BGB).

Hauptpflichten des Mieters:
- Bezahlung der vereinbarten Miete (§ 535 II BGB)
- Rückgabe der Mietsache nach Beendigung des Mietverhältnisses (§ 546 BGB).

Neben diesen grundlegenden Regelungen ist das Mietrecht ein extrem komplexer Teil des Schuldrechts. Es wird insbesondere unterschieden zwischen der Miete beweglicher Sachen, der Grundstücksmiete, der Raummiete und der Wohnraummiete. Vor allem im Bereich der Wohnraummiete hat das BGB seit seinem Inkrafttreten zahlreiche einschneidende Änderungen und Ergänzungen hauptsächlich mit dem Ziel des Mieterschutzes erfahren.

Die **Haftung** des Vermieters und des Mieters ist in den §§ 536 – 536 d BGB geregelt. Sach- und Rechtsmängel der Mietsache können für den Mieter einerseits einen Anspruch auf Mietminderung bzw. Schadensersatz begründen. Andererseits ist der Mieter zur sofortigen Meldung von Mängeln und Gefahren für die Mietsache verpflichtet. Kommt er dieser Pflicht nicht nach, kann der Vermieter Schadensersatz verlangen (§ 536 c BGB). Besondere **Formvorschriften** gelten für die Miete von Wohnraum (z. B. §§ 550, 558 a, 560, 568, 574 b BGB).

Fallbeispiel:
A überlässt dem B gegen eine Gebühr von 50,- € sein Notebook für zwei Tage. Am Morgen des zweiten Tages fällt das Notebook wegen eines technischen Defekts aus. B ruft bei A an und teilt ihm dies mit, dieser kann aber nichts dagegen unternehmen. Wie ist die Rechtslage?

Lösung:
- Schuldverhältnis: A und B haben durch Antrag und Annahme einen Mietvertrag geschlossen (§§ 145, 147, 535 BGB).
- Rechtsfolgen: A muss B das Notebook in ordnungsgemäßem Zustand für die zwei Tage überlassen (§ 535 I BGB). B muss das Notebook nach Ablauf der zwei Tage zurückgeben und die vereinbarten 50,- € bezahlen (§§ 546 I, 535 II BGB). Aufgrund des Defekts muss B für die Zeit, in der er das Notebook nicht benutzen konnte, keine Miete bezahlen (§ 536 I Satz 1 BGB), d. h. B kann die Miete um 25,- € mindern. Seiner Pflicht zur sofortigen Meldung des Mangels war B durch den Anruf bei A nachgekommen (§ 536 c I BGB).

2.2.2 Leihe (§§ 598 – 606 BGB)

Der Leihvertrag ist ein unvollkommen zweiseitig verpflichtendes Rechtsgeschäft (vgl. S. 52), dessen wesentliches Merkmal die Unentgeltlichkeit ist.

Pflichten des Verleihers: Dem Entleiher **unentgeltlich** den Gebrauch der Sache zu überlassen (§ 598 BGB).

Pflichten des Entleihers:
- Rückgabe der Sache am Ende der Leihzeit (§ 604 BGB)
- gewöhnliche Kosten der Erhaltung der Sache tragen (§ 601 BGB, z. B. Futterkosten für ein Tier).

Da die Pflichten des Entleihers keine „Gegenleistung" sind, ist die Leihe kein gegenseitiger Vertrag. Die **Haftung** des Verleihers ist wie bei der Schenkung aufgrund der Unentgeltlichkeit auf Vorsatz und grobe Fahrlässigkeit beschränkt, bei Mängeln auf arglistiges Verschweigen. Der Entleiher haftet nur bei nicht vertragsgemäßem Gebrauch (§§ 602, 603 BGB Umkehrschluss). Zu beachten ist die kurze **Verjährung**sfrist (sechs Monate) für Ersatzansprüche (§ 606 BGB).

Fallbeispiel:
A leiht dem B über das Wochenende eine Leiter zum Tapezieren. A vergisst dem B die Verriegelung der Leiter mitzugeben. B kann die Leiter am Wochenende nicht verwenden, da er den verreisten A nicht erreicht, und muss sich unter der Woche zum Tapezieren zwei Tage Urlaub nehmen. Wie ist die Rechtslage?
Lösung:
- Schuldverhältnis: A und B haben durch Antrag und Annahme einen Leihvertrag über die Leiter geschlossen (§§ 145, 147, 598 BGB).
- Rechtsfolgen: A muss dem B die Leiter unentgeltlich über das Wochenende zur Verfügung stellen (§ 598 BGB). B muss die Leiter am Montag zurückgeben (§ 604 I BGB). B kann gegen A keine Ansprüche wegen des fehlenden Teils geltend machen, da das „Vergessen" nur eine einfache Fahrlässigkeit darstellt (§§ 599, 600 BGB Umkehrschluss). Diese Lösung ist angemessen, da eine schärfere Haftung den A sonst angesichts seines Entgegenkommens, die Leiter kostenlos zur Verfügung zu stellen, unbillig benachteiligen würde.

2.2.3 Sachdarlehen (§§ 607–609 BGB)

Der Sachdarlehensvertrag ist ein gegenseitiger Vertrag über **vertretbare Sachen** (§§ 607 I, 91 BGB). Gelddarlehen sind gesondert in §§ 488 ff. BGB geregelt (§ 607 II BGB, vgl. 2.2.4).
Pflichten des Darlehensgebers: Überlassung einer vereinbarten vertretbaren Sache, d. h. Übereignung der Sache zum Ge- und Verbrauch (§ 607 I BGB).
Pflichten des Darlehensnehmers:
- Zahlung eines Darlehensentgelts
- Rückerstattung von Sachen gleicher Art, Güte und Menge bei Fälligkeit (§ 607 I BGB).

Die Fälligkeit richtet sich nach den §§ 271, 187–193 BGB. Das Darlehensentgelt kann auch vertraglich ausgeschlossen werden. Die Besonderheit des Darlehens liegt in der Überlassung nicht nur zum Gebrauch sondern auch zum **Verbrauch**. Wird die überlassene Sache aber verbraucht, so kann sie nicht zurückgegeben werden. Daher resultiert aus dem Verpflichtungsgeschäft des Sachdarlehens im Erfüllungsgeschäft nicht nur ein Besitzübergang, sondern eine **Eigentumsübertragung** der dargeliehenen Sache, der bei der Rückerstattung ebenfalls eine Eigentumsübertragung von Sachen gleicher Art, Menge und Güte entspricht (Abstraktionsprinzip beachten).

Fallbeispiel:
A will seinen Rasen mähen und merkt, dass er für seinen Rasenmäher kein Benzin mehr hat. Sein Nachbar B hat noch einen Ersatzkanister voll Benzin auf

Vorrat. Sie vereinbaren, dass A am nächsten Tag den Kanister voll zurückgibt und als Entschädigung ein paar Äpfel aus seinem Garten dazu gibt. Wie ist die Rechtslage?

Lösung:
- Schuldverhältnis: A und B haben durch Antrag und Annahme einen Sachdarlehensvertrag über das Benzin geschlossen (§§ 145, 147, 607 I BGB). (Über den Kanister haben sie einen Leihvertrag geschlossen, §§ 145, 147, 598 BGB.)
- Rechtsfolgen: B muss A das Benzin (und den Kanister) bis zum nächsten Tag überlassen. Da A das Benzin verbraucht, muss er dem B am nächsten Tag (den Kanister gefüllt mit) Benzin der gleichen Art, Menge und Güte zurückgeben und die vereinbarten Äpfel dazu (§§ 607 I, 609 BGB).

2.2.4 (Geld-)Darlehen (§§ 488 – 498 BGB)[1]

Wie das Sachdarlehen ist auch das Darlehen über **Geld** ein gegenseitiger Vertrag. Analog ergeben sich die Pflichten der Beteiligten.

Pflichten des Darlehensgebers: Überlassung eines Geldbetrags in vereinbarter Höhe (§ 488 I Satz 1 BGB).

Pflichten des Darlehensnehmers:
- Zahlung des geschuldeten Zinses
- Rückzahlung des Darlehens bei Fälligkeit (§ 488 I Satz 2 BGB).

Aus § 488 III BGB lässt sich ausdrücklich auch die Möglichkeit eines zinslosen Darlehens ableiten. Für **Verbraucherdarlehensverträge** zwischen einem Unternehmer (§ 14 BGB) als Darlehensgeber und einem Verbraucher (§ 13 BGB) als Darlehensnehmer gelten die zusätzlichen Vorschriften der §§ 491–498 BGB[2], insbesondere **Formvorschriften** aus §§ 492, 494 BGB (Schriftform, Ausschluss der elektronischen Form, vgl. S. 40). Zahlungsaufschub, Teilzahlungs- und Ratengeschäfte zwischen Unternehmern und Verbrauchern sind in den §§ 499 – 505 BGB geregelt.

Fallbeispiel:
A überlässt B für den Umbau seines Hauses für ein Jahr 10 000,- €. Sie vereinbaren einen festen Zinssatz von 4 Prozent. Wie ist die Rechtslage?

Lösung:
- Schuldverhältnis: A und B haben durch Antrag und Annahme einen Darlehensvertrag über 10 000,- € geschlossen (§§ 145, 147, 488 I BGB).

---

[1] Die im BGB vom Sachdarlehen weit entfernte Position des (Geld-)Darlehens ergibt sich vermutlich primär aus redaktionellen Gründen infolge der Schuldrechtsreform.
[2] Früher im Verbraucherkreditgesetz geregelt.

- Rechtsfolgen: A muss B die 10 000,– € für ein Jahr überlassen. B muss A nach Ablauf des Jahres 10 000,– € zurückzahlen und den vereinbarten Zins dazuzahlen (§§ 488 I Satz 2, II BGB). Besondere Formvorschriften gelten nicht, da es ein Geschäft unter Freunden, d. h. kein Verbraucherkreditvertrag ist (§ 492 BGB Umkehrschluss).

2.3 Dienstleistungen

Unter Dienstleistungen sind im BGB alle Formen entgeltlicher oder unentgeltlicher Tätigkeiten im Rahmen von Schuldverhältnissen zu verstehen. Dabei ist zu beachten, dass für den Bereich der unselbstständigen Arbeit das BGB nur wenige Regelungen enthält und im Wesentlichen das Arbeitsrecht mit zahlreichen Sondergesetzen gilt. Mögliche Vertragsarten im BGB sind Auftrag, Dienstvertrag und Werkvertrag.

Der Unterschied zwischen Werk- und Dienstvertrag liegt darin, dass im **Dienstvertrag** lediglich eine Tätigkeit geschuldet wird (z. B. zehn Stunden Nachhilfe), während beim **Werkvertrag** eine konkrete Sache (z. B. eine zehnseitige Vokabelsammlung Latein) oder ein anderer herbeizuführender „Erfolg" (z. B. alphabetische Sortierung von 300 Vokabelkartei-Karten) geschuldet wird. Der **Auftrag** unterscheidet sich vom Dienst- und Werkvertrag dadurch, dass er unentgeltlich ist.

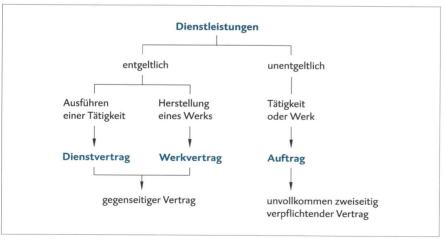

Schuldverhältnisse über Dienstleistungen.

2.3.1 Dienstvertrag (§§ 611–630 BGB)

Unter dem Titel „Dienstvertrag" findet sich ein Nebeneinander von Regelungen zum Dienstvertrag allgemein und zu seiner Sonderform, dem Arbeitsverhältnis gemäß § 622 BGB. Für alle „abhängigen" Beschäftigungsverhältnisse (Arbeitsverhältnisse) gelten vorrangig die Regelungen des Arbeitsrechts, d. h. durch die §§ 611–630 BGB werden primär folgende Dienstverhältnisse erfasst:
- Dienste von freiberuflich Tätigen (z. B. Unternehmensberater, Heilpraktiker, Rechtsanwälte, niedergelassene Ärzte, Logopäden)
- Gelegenheits-Dienstverhältnisse ohne echtes Arbeitnehmer-Arbeitgeber-Verhältnis (z. B. Alleinunterhalter, Nachhilfelehrer, Reiseführer, Tagesmutter)
- Geschäftsführer juristischer Personen wie GmbH, AG, Stiftungen.

Hauptpflichten des Dienstpflichtigen:
- Leistung der versprochenen Dienste während der vereinbarten Zeit (§§ 611 I, 620 BGB)
- im Zweifel immer persönlich, d. h. nicht durch Dritten (z. B. Angestellten).

Hauptpflichten des Dienstberechtigten:
- Zahlung der vereinbarten oder üblichen Vergütung (§§ 611 I, 612, 614 BGB)
- Fürsorgepflichten/Schutzmaßnahmen am Arbeitsplatz (§§ 617–619 BGB).

Für Arbeitsverhältnisse gelten vielfach strengere Regelungen als für Dienstverhältnisse, sodass bei jedem einzelnen Paragraf genau darauf geachtet werden muss, für welche Art von Beschäftigungsverhältnis er gilt.

Fallbeispiel:
A engagiert auf eine Zeitungsannonce hin telefonisch den Alleinunterhalter B für seinen Geburtstag. Sie vergessen über die Abendgage zu sprechen. In der Annonce stand eine Abendpauschale von 250,- €. Wegen eines von A zur Verfügung gestellten defekten Kabels erhält B einen heftigen Stromschlag und muss in ärztliche Behandlung. Wie ist die Rechtslage?

Lösung:
- Schuldverhältnis: A und B haben durch Antrag und Annahme einen Dienstvertrag geschlossen (§§ 145, 147, 611 BGB).
- Rechtsfolgen: B ist verpflichtet, während der Geburtstagsparty aufzutreten (§§ 611 I, 620 I BGB). Er könnte nicht einfach jemand anderen an seiner Stelle schicken (§ 613 BGB). A muss – mangels Vereinbarung – die in der Annonce angegebenen 250,- € als Gage bezahlen (§§ 611 I, 612 I BGB) und dem B sichere Räumlichkeiten, Stromanschluss etc. zur Verfügung stellen. Da das Kabel von A defekt war, könnte B ggf. Ansprüche gegen ihn geltend machen.

2.3.2 Werkvertrag (§§ 631–651 BGB)

Der Werkvertrag ist neben dem Kaufvertrag eine der häufigsten Vertragsarten im täglichen Leben. Alle handwerklichen Leistungen, Reparaturarbeiten, Transporte sowie Dienstleistungen wie z. B. Haare schneiden, Party-Service, Auto waschen etc. fallen in diese Kategorie.

Der Werkvertrag ist ein gegenseitiger Vertrag zwischen **Besteller** und **Unternehmer**, der im Gegensatz zum Dienstvertrag nicht lediglich eine Tätigkeit, sondern ein versprochenes **Werk** zum Inhalt hat. Dieses Werk kann entweder die Herstellung einer Sache (z. B. Anfertigung einer Torte), die Veränderung einer Sache (z. B. Kürzen eines Kleidungsstückes) oder ein durch Arbeit oder Dienstleistung herbeizuführender „Erfolg" sein (z. B. Transport von Personen oder Sachen, Wartung einer Heizungsanlage, Haarschnitt).

Hauptpflichten des Unternehmers:
- Herstellung des versprochenen Werkes (§ 631 BGB)
- Mangelfreiheit des Werkes, d. h. der Unternehmer muss dem Besteller das Werk frei von Sach- und Rechtsmängeln verschaffen (§ 633 I BGB).

Hauptpflichten des Bestellers:
- Bezahlung der vereinbarten oder üblichen Vergütung bei Fälligkeit (§§ 631 I, 632, 641 BGB)
- Abnahme des vertragsmäßig hergestellten Werkes (§ 640 I BGB), d. h. er muss das Werk entgegennehmen und als vertragsgemäß billigen.

Die Abnahme kann durch eine Fertigstellungsbescheinigung eines Gutachters ersetzt werden (§ 641 a BGB).

Die **Haftung** beim Werkvertrag entspricht weitgehend der beim Kaufvertrag. Für sogenannte **Werklieferungsverträge**, bei denen der Unternehmer bewegliche Sachen herstellt und liefert, gilt ohnehin das Kaufrecht (§ 651 BGB).

Bsp.: Ein Gastronom kocht und liefert das Essen für eine Party, eine Gärtnerei bindet und liefert einen Brautstrauß, eine Druckerei gestaltet und druckt ein personalisiertes Briefpapier.

Als **Besonderheiten** sind daher beim Werklieferungsvertrag insbesondere die Regelungen zum Kauf unter Eigentumsvorbehalt (§ 449 BGB, vgl. S. 68) und zum Verbrauchsgüterkauf (§§ 474–479 BGB, vgl. S. 124) zu beachten. Es gelten die besonderen **Verjährung**svorschriften des § 634 a BGB.

Fallbeispiel:
A stellt sich beim Gastronom B für seine Geburtstagsparty ein warmes Buffet aus einem Vorschlagskatalog mit Preisliste zusammen. Ein Gesamtpreis wird nicht vereinbart. Wie ist die Rechtslage?

Lösung:
- Schuldverhältnis: A und B haben durch Antrag und Annahme einen Werk-(lieferungs)vertrag geschlossen (§§ 145, 147, 631 BGB).
- Rechtsfolgen: B ist zur mangelfreien Herstellung und Lieferung der vereinbarten Speisen verpflichtet (§§ 631, 633 BGB), A muss eine nach der Preisliste berechnete Vergütung zahlen und die Speisen abnehmen und billigen.

2.3.3 Auftrag (§§ 662–674 BGB)

Der Auftrag ist ein unvollkommen zweiseitig verpflichtendes Rechtsgeschäft, dessen wesentliches Merkmal die Unentgeltlichkeit ist. Alle Tätigkeiten, die einem Dienst- oder Werkvertrag entsprechen, aber **unentgeltlich** erledigt werden, fallen unter die Vertragsart Auftrag. Damit ist der juristische Begriff „unentgeltliches Tätigwerden für einen anderen" weit entfernt von der umgangssprachlichen Bedeutung des Wortes „Auftrag", das in der Regel als Synonym für „entgeltliche Bestellung an einen Unternehmer" verwendet wird.

Hauptpflichten des Beauftragten:
- Unentgeltliche Besorgung des übertragenen Geschäfts (§ 662 BGB)
- Pflicht zur Herausgabe von allem, was im Rahmen der Erledigung des Auftrags erlangt wird (§ 667 BGB)
- Auskunfts- und Rechenschaftspflicht über das Geschäft dem Auftraggeber gegenüber (§ 666 BGB).

Hauptpflichten des Auftraggebers: Ersatz von Aufwendungen, die dem Beauftragten im Rahmen der Erledigung des Geschäfts entstehen, und zwar freiwillige und unfreiwillige Kosten (§ 670 BGB).

Da diese Pflicht keine „Gegenleistung" für die Erledigung des Geschäfts darstellt, ist der Auftrag kein gegenseitiger Vertrag. Im Zweifel muss der Beauftragte ähnlich wie beim Dienstvertrag das Geschäft persönlich erbringen (§ 664 I BGB).

Fallbeispiel:
Autohändler A sagt dem Kunden B zu, dessen altes Auto unentgeltlich im Rahmen seines Geschäftsbetriebs anzubieten und zu veräußern. A lässt den Wagen waschen und stellt ihn auf seinem gemieteten Gelände aus. Nach drei Wochen kann er das Auto für 2 000,– € verkaufen. Wie ist die Rechtslage?

Lösung:
- Schuldverhältnis: A hat von B durch Antrag und Annahme einen Auftrag zur Veräußerung des Autos erhalten (§ 662 BGB).
- Rechtsfolgen: A muss für B unentgeltlich das Auto anbieten und ggf. veräußern (§ 662 BGB). Er kann die Erledigung des Auftrags nicht an jemand anders übertragen (§ 664 I BGB). Er muss dem B außerdem den erlangten

Kaufpreis von 2 000,– € herausgeben, alle erforderlichen Auskünfte erteilen und nach Abschluss des Geschäfts Rechenschaft ablegen (§§ 666, 667 BGB). B muss dem A alle entstandenen Aufwendungen, z. B. Kosten der Ummeldung des Fahrzeugs, Standplatzmiete, Autowäsche etc. ersetzen (§ 670 BGB).

3 Pflichtverletzungen bei vertraglichen Schuldverhältnissen

Auch wenn der Großteil der Verträge im täglichen Leben reibungslos abgewickelt wird, kommt es immer wieder zu Störungen bei der Erfüllung vertraglicher Pflichten: Ein neues Gerät funktioniert nicht, ein Kunde zahlt nicht, eine Arbeit wird nicht pünktlich ausgeführt. In all diesen Fällen spricht man von Pflichtverletzungen.

3.1 Pflicht und Pflichtverletzung

Aus jedem vertraglichen Schuldverhältnis entstehen Hauptpflichten. Zusätzlich können leistungsbezogene Nebenleistungspflichten aber auch leistungsbegleitende Schutzpflichten gemäß § 241 II BGB entstehen. Diese Begriffe werden in folgendem Beispiel näher erläutert.

Fallbeispiel:
Maler A soll das Haus des B neu streichen. B sucht sich dazu bei A eine Farbe aus, die ihm optisch und preislich zusagt. Es handelt sich dabei allerdings – für B nicht erkennbar – nicht um echte Fassadenfarbe. Wie ist die Rechtslage?
Lösung:
- Schuldverhältnis: A und B schließen durch Antrag und Annahme einen Werkvertrag über das Streichen des Hauses (§§ 145, 147, 631 BGB).
- Rechtsfolgen: **Hauptpflicht** für den A ist die Herstellung des versprochenen Werkes in mangelfreiem Zustand (§§ 631, 633 BGB).
  Eine **Nebenleistungspflicht** wäre beispielsweise, dass A den B darauf hinweist, dass die von ihm gewählte Farbe keine echte Fassadenfarbe ist und daher ggf. mit einer geringeren Haltbarkeit des Anstrichs zu rechnen ist.
  Eine **Schutzpflicht** wäre beispielsweise, dass A beim Streichen des Hauses nicht im gesamten Garten des B Zigarettenstummel hinterlässt (§ 241 II BGB: Rücksichtnahme auf Rechtsgüter, hier das Eigentum, des Vertragspartners).

Nebenleistungspflichten lassen sich von den leistungsbegleitenden Schutzpflichten unterscheiden, indem man fragt, ob trotz einer Verletzung der entsprechenden Pflicht die Leistung als solche einwandfrei erbracht worden wäre. Eine eindeutige Zuordnung ist zum Teil nicht möglich bzw. hängt von der jeweiligen Vertragsgestaltung ab. In obigem Beispiel: Die Zigarettenstummel im Garten beeinträchtigen die vertragliche Leistung als solche nicht, da A das Haus trotzdem einwandfrei mit einer geeigneten Farbe gestrichen haben könnte. Es dreht sich also um eine Schutzpflicht, die „leistungsbegleitend" ist, da ein Zusammenhang zum Schuldverhältnis insoweit besteht, als ohne den Werkvertrag über den Anstrich auch der Garten nicht verschmutzt worden wäre.

Werden alle Pflichten aus einem Schuldverhältnis ordnungsgemäß erfüllt, spricht auch das Gesetz von **Erfüllung**, die zum **Erlöschen** des Schuldverhältnisses führt. Werden dagegen eine oder mehrere Pflichten aus dem Schuldverhältnis nicht ordnungsgemäß erfüllt, spricht man von Leistungsstörungen oder **Pflichtverletzung**.

Schuldverhältnis und Rechtsfolgen.

Das Wort „Verletzung" wird umgangssprachlich oft spontan mit einem Verschulden verbunden. Der juristische Begriff der **Pflichtverletzung** ist allerdings völlig losgelöst vom Vertretenmüssen (Vertretenmüssen vgl. S. 92). Er beinhaltet ausschließlich „das **objektive Zurückbleiben hinter dem Pflichtenprogramm** des Schuldverhältnisses"[3]. Der Begriff der Pflichtverletzung deckt alle Leistungsstörungen ab:

- **Unmöglichkeit:** Die Leistung kann gar nicht erbracht werden (vgl. S. 106 ff.).
- **Verspätete Leistung:** Die Leistung könnte erbracht werden, wird aber nicht rechtzeitig erbracht (vgl. S. 98 ff.).

3 Dauner-Lieb et. al.: Das Neue Schuldrecht, S. 74.

- **Mangelhafte Leistung:** Die Leistung wird erbracht, ist aber mangelhaft (vgl. S. 112 ff.).
- **Schutzpflichtverletzung:** Die Leistung wird erbracht, aber leistungsbegleitende Nebenpflichten werden verletzt (vgl. S. 122 f.).

Der Begriff der Pflichtverletzung beinhaltet in der Regel die **Fälligkeit** der Leistung, da sonst noch gar keine Pflichtverletzung möglich ist.[4] Wann eine Leistung fällig ist, ist in § 271 BGB festgelegt: Wird kein Leistungszeitpunkt vereinbart, so tritt die Fälligkeit sofort ein, andernfalls erst mit Eintritt des vereinbarten Zeitpunkts. Wie Zeitangaben wie z. B. „in drei Wochen" oder „Mitte des Monats" auszulegen sind, ist in §§ 187–193 BGB geregelt.

3.2 Allgemeine Voraussetzungen und Rechtsfolgen bei Pflichtverletzungen

Um die positiven Effekte der Schuldrechtsreform 2002 nutzen zu können, muss man die grundlegende Systematik des neuen Schuldrechts verstehen und sich aneignen und sie bei der Erarbeitung der einzelnen Pflichtverletzungen bzw. bei Falllösungen konsequent anwenden. Wesentliches Ziel der Schuldrechtsreform war die Vereinheitlichung der Ansprüche bei Pflichtverletzungen unabhängig von der jeweils zugrunde liegenden Pflichtverletzung.

Als Konsequenz beinhaltet der **Allgemeine Teil des Schuldrechts** die generellen Regelungen, die für alle Arten von Pflichtverletzungen gelten. Die Schuldrechtsreform setzt dabei folgende Grundsätze um:
- Der Rechtsgrundsatz **„pacta sunt servanda"** (Verträge sind zu erfüllen) wird gestärkt, d. h. immer dann, wenn eine ordnungsgemäße Leistungserbringung noch möglich und sinnvoll ist, muss dem Schuldner zunächst eine „2. Chance zur Andienung" gegeben werden.
- Jeder entstandene Schaden führt prinzipiell zu einem Anspruch auf Schadensersatz, wenn die andere Vertragspartei den Schaden zu vertreten hat.
- Als generelle Ansprüche bei Pflichtverletzungen hat der Gesetzgeber Rücktritt vom Vertrag und Schadensersatz vorgesehen.

Führt man eine vergleichende Normenanalyse der zentralen Normen für Schadensersatz und Rücktritt durch (§§ 280 I, 281 I Satz 1 und 323 I BGB), erhält man **vier allgemeine Tatbestandsmerkmale** und **drei allgemeine Rechtsfolgen,** die in dem folgenden Schaubild dargestellt werden.

---

[4] Ausnahme: Verletzung von Schutzpflichten, vgl. S. 122.

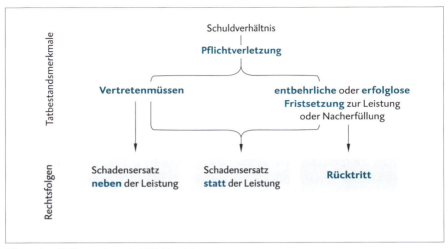

Allgemeines Prüfungsschema bei Pflichtverletzungen.

Zusammenfassend könnte man aus dem Schema so formulieren: Zu prüfen sind immer die vier allgemeinen Tatbestandsmerkmale **Schuldverhältnis**, **Pflichtverletzung**, **Vertretenmüssen**, **Fristsetzung** mit zwei Ausnahmen:
- Schadensersatz neben der Leistung erhält man auch ohne Fristsetzung
- Rücktritt ist prinzipiell unabhängig vom „Vertretenmüssen".

Schuldverhältnis und Pflichtverletzung wurden bereits ausführlich behandelt. Im Folgenden werden noch die anderen allgemeinen Tatbestandsmerkmale und Rechtsfolgen näher erläutert, da sie das systematische Grundwissen für alle Falllösungen im Schuldrecht bilden.

3.2.1 Fristsetzung zur Leistung oder Nacherfüllung

Als Konsequenz aus der Stärkung des Grundsatzes „pacta sunt servanda" stellt der Gesetzgeber als Vorbedingung für leistungsbezogene Ansprüche aus Pflichtverletzungen, dass der Gläubiger dem Schuldner immer dann, wenn es möglich und sinnvoll ist, eine „2. Chance zur Andienung" gibt. Das bedeutet, dass er dem Schuldner eine **angemessene Frist** setzen muss, innerhalb derer der Schuldner leisten kann (falls er noch gar nicht geleistet hat) oder nacherfüllen kann (falls er mangelhaft geleistet hat). Wie lange eine Frist sein muss, damit sie angemessen ist, hängt dabei von den jeweiligen Umständen ab. So wird eine Fristsetzung zum Austausch eines Reifens sicher kürzer sein als die zur Behebung eines Motorschadens. Zur Verdeutlichung werden im Folgenden zwei beispielhafte Situationen beschrieben.

- A sagt B für den 1. 7. die Lieferung seines neuen Autos zu. Am 1. 7. wartet B vergeblich auf sein Auto. Bevor B Ansprüche auf Schadensersatz statt des Autos oder Rücktritt geltend machen kann, muss er dem A erst eine Frist setzen, innerhalb derer dieser eine 2. Chance zur Erbringung der Leistung hat.
- A liefert dem B fristgerecht das bestellte Auto. Nach kurzer Zeit stellt sich aber heraus, dass die elektrische Anlage des Fahrzeugs defekt ist. Bevor B Ansprüche auf Schadensersatz statt der Leistung oder Rücktritt geltend machen kann, muss er dem A erst eine Frist zur Nacherfüllung (Beseitigung des Mangels oder Ersatzlieferung) setzen, d. h. A erhält eine 2. Chance zur ordnungsgemäßen Erbringung der Leistung.

Es gibt aber auch Fälle, in denen eine Fristsetzung per Gesetz **entbehrlich** ist, da sie sinnlos oder ggf. auch unbillig für den Gläubiger wäre. Folgende leicht nachvollziehbare Fälle hat der Gesetzgeber vorgesehen:[5]

- Leistung oder Nacherfüllung ist unmöglich: Dann wäre die Frist sinnlos (§§ 283, 311 a II, 326 V BGB).
- Der Schuldner verweigert die Leistung oder Nacherfüllung endgültig: Auch hier wäre eine Fristsetzung sinnlos (§§ 281 II, 323 II Nr. 1, 440 BGB).
- Es liegen besondere Umstände vor, die bei Berücksichtigung der beiderseitigen Interessen die sofortige Geltendmachung von Schadensersatz oder Rücktritt rechtfertigen (§§ 281 II, 323 II Nr. 3 BGB). Solche Umstände liegen z. B. vor, wenn der Schuldner den Gläubiger arglistig getäuscht hätte, aber auch, wenn durch eine Verspätung eine Leistung für den Gläubiger keinen Sinn mehr macht. Z. B. liefert der Apotheker einen lebenswichtigen Impfstoff für einen Patienten nicht rechtzeitig, sodass dieser ihn sich woanders besorgen muss, oder der Sporthändler will die defekten Laufschuhe zur Reparatur ins Werk einschicken, aber der Käufer braucht sie für einen Qualifikationswettkampf und sie sind in anderen Sportgeschäften vorrätig.
- Bereits im Vertrag wurde ein Termin vereinbart und der Gläubiger hat gleichzeitig klar gemacht, dass er danach kein Interesse mehr an der Leistung hat (relatives Fixgeschäft, § 323 II Nr. 2 BGB).
- Die angebotene Art der Nacherfüllung ist für den Gläubiger unzumutbar, da sie mit erheblichen Unannehmlichkeiten verbunden ist (§ 440 BGB).

Folgende Grafik fasst die Möglichkeiten und Rechtsfolgen bei der Fristsetzung zur Leistung oder Nacherfüllung zusammen.

---

5 Diese Liste soll den Sachverhalt nur verdeutlichen. Man muss sie sich nicht merken, wenn man konsequent mit dem Gesetzestext arbeitet und diesen mit geeigneten Querverweisen präpariert hat.

Fristsetzung und mögliche Rechtsfolgen.

3.2.2 Vertretenmüssen (§§ 276, 278 BGB)

Das **Vertretenmüssen**, d. h. die Frage, wer die Pflichtverletzung zu vertreten hat, ist in § 276 BGB geregelt. Generell haftet der Schuldner für **Vorsatz** (Wissen und Wollen, d. h. bewusstes Handeln unter Inkaufnahme der Konsequenzen) und **Fahrlässigkeit** (Pflichtverletzung trotz Erkennbarkeit und Vermeidbarkeit § 276 II BGB). Vorsatz wäre z. B. der Fall, wenn A, weil er sich über den B geärgert hat, ganz bewusst, d. h. vorsätzlich, einen bestellten Kuchen einen Tag zu spät liefert. Fahrlässigkeit dagegen läge vor, wenn A den Kuchen zu spät liefert, weil er sich den Termin aus Unachtsamkeit nicht korrekt notiert hat.

Neben Vorsatz und Fahrlässigkeit können vertraglich oder gesetzlich mildere oder schärfere Haftungsbedingungen angeordnet sein. Dazu zählen besonders die Übernahme einer Beschaffenheitsgarantie oder eines Beschaffungsrisikos. Die **Beschaffenheitsgarantie** bedeutet, dass der Schuldner dem Gläubiger bestimmte Eigenschaften einer Sache zusichert. Fehlen diese Eigenschaften, so muss der Schuldner dies vertreten, selbst wenn er es nicht wusste und nicht verursacht hat. **Bsp.:** A übernimmt gegenüber B beim Autokauf eine Beschaffenheitsgarantie, indem er ihm ausdrücklich zusichert, dass das Fahrzeug unfallfrei sei. Wenn sich nun herausstellt, dass das Fahrzeug doch ein Unfallwagen ist, haftet A gegenüber B unabhängig davon, ob er wusste, dass das Auto einen Unfall hatte.

Ähnliches gilt bei der Übernahme eines **Beschaffungsrisikos**. Der Schuldner verpflichtet sich zur Beschaffung einer Sache. Kann er diese dann nicht liefern, haftet er unabhängig davon, ob er die Nichtbeschaffbarkeit kannte oder ursächlich daran beteiligt war. Ein derartiges Beschaffungsrisiko kann sowohl für eine Stück- als auch für eine Gattungsschuld übernommen werden (vgl. S. 115). **Bsp.:** A verpflichtet sich gegenüber B, diesem rechtzeitig zu seinem Geburtstag eine wertvolle Erstausgabe seines Lieblingsbuches zu beschaffen. Selbst wenn A nicht wissen konnte, dass das Buch mittlerweile durch einen

Brand zerstört wurde, und auch unabhängig davon, ob A etwas für den Brand konnte, haftet er gegenüber B aus der Übernahme des Beschaffungsrisikos.

Für **Geldschulden** gilt die generelle Einstandspflicht: „Geld hat man zu haben"[6].

Die **Beweislast** für das Vertretenmüssen liegt immer beim Schuldner, d. h. der Schuldner müsste beweisen, dass er die Pflichtverletzung nicht zu vertreten hat. Vertretenmüssen wird also generell vermutet.

Verletzt nicht der Schuldner selbst eine Pflicht, sondern ein sogenannter **Erfüllungsgehilfe** (z. B. nicht der Händler selbst, sondern ein angestellter Verkäufer), dann haftet der Schuldner wie für eigenes Verschulden (§ 278 BGB).

3.2.3 Schadensersatz (§§ 280 – 286, 311 a II BGB)

Schadensersatz ist prinzipiell nur möglich, wenn der Schuldner die Pflichtverletzung zu vertreten hat. Um im Hinblick auf Schadensersatzansprüche prüfen zu können, muss man zwischen den verschiedenen Arten des Schadensersatzes unterscheiden. Diese sind

- Schadensersatz **neben** der Leistung
- Schadensersatz **statt** der Leistung („kleiner" Schadensersatz)
- Schadensersatz **statt der ganzen** Leistung („großer" Schadensersatz) und
- **Aufwendung**sersatz.

Die Abgrenzung der verschiedenen Schadensersatzarten wird am einfachsten an Fallbeispielen verständlich.

Fallbeispiel:
A verkauft B sein gebrauchtes Wohnmobil. Er weist B aber nicht darauf hin, dass das Fahrzeug immer wieder wegen eines Defekts in der Automatik vorwärts statt rückwärts fährt. Als B mit dem Wohnmobil ausparken will, fährt dieses vorwärts statt rückwärts. Dabei überrollt B sein eigenes Fahrrad, das er vor dem Wohnmobil abgestellt hatte. A, der zugeschaut hat, weigert sich kategorisch, etwas zu unternehmen oder für irgendetwas geradezustehen.

Lösung:
Zuordnung der Schadensersatzarten: Das Wohnmobil ist die Leistung selbst, d. h. alle Schäden am Wohnmobil selbst können nur unter die Rubrik „Schadensersatz statt der Leistung" fallen. Der Schadensersatz **statt** der Leistung bezieht sich nach § 281 I BGB zunächst auf die Leistung, „soweit" sie nicht ordnungsgemäß erbracht wurde. Im vorliegenden Fall wäre dies die defekte Automatik, da das restliche Wohnmobil ja in Ordnung ist. Schadensersatz

---
6 Lorenz/Riehm: Lehrbuch zum neuen Schuldrecht, S. 94.

statt der ganzen Leistung würde sich dagegen auf das ganze Wohnmobil beziehen und ist wegen des Grundsatzes „pacta sunt servanda" nur unter erschwerten Bedingungen möglich (§ 281 I Satz 2 oder 3 BGB).

Damit werden auch die Bezeichnungen „kleiner" und „großer" Schadensersatz klar: Der Ersatz, „soweit" die Leistung nicht ordnungsgemäß erbracht wurde („kleiner" Schadensersatz), ist in der Regel geringer als der Ersatz bezüglich der ganzen Leistung („großer" Schadensersatz"). Einzige Ausnahme: Wenn die ganze Leistung nicht ordnungsgemäß erbracht wurde, dann fallen die beiden Schadensersatzvarianten logischerweise zusammen.

Schadensersatz **neben** der Leistung (§ 280 I BGB) bezieht sich auf alle Schäden, die nicht an der Leistung selbst, sondern in deren Umfeld entstehen und die auch durch die ordnungsgemäße Leistung nicht mehr ungeschehen gemacht werden können. Im vorliegenden Fall wäre dies die Beschädigung bzw. Zerstörung des Fahrrades des B.

Die Höhe des Schadensersatzes ergibt sich jeweils aus §§ 249 ff. BGB.[7]

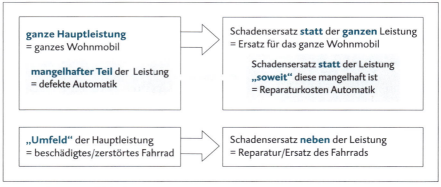

Leistungselemente und Schadensersatzarten.

Eine besondere Art des Schadensersatzes ist der **Aufwendungsersatz** (§ 284 BGB). Unter Aufwendungsersatz versteht man den Ersatz derjenigen Aufwendungen, die der Gläubiger im Vertrauen auf den Erhalt der Leistung gemacht hat und auch billigerweise machen durfte.

Fallbeispiele:
- B hat im Vertrauen auf das Wohnmobilgeschäft bereits beim Campingplatz C einen Dauerstellplatz ab dem Tag des Kaufes gemietet. Diesen kann er nur mit einer Kündigungsfrist von drei Monaten wieder kündigen.

---

7 Einzelheiten zum Umfang des Schadensersatzes bei den einzelnen Leistungsstörungen.

Lösung: Anstelle des Schadensersatzes statt der (ganzen) Leistung könnte B auch den Ersatz der Stellplatzkosten von A verlangen, da er diese ausschließlich aufgrund des Vertrauens in den Wohnmobilkauf hatte, und, da er keinen anderen Stellplatz hat, auch billigerweise machen durfte.

- A engagiert für seinen Geburtstag eine Band. Die Feier kann nicht stattfinden, weil die gemietete Gaststätte aufgrund von Fahrlässigkeit des Gastwirts G am Morgen vor der Party niederbrennt. Ein Ausweichlokal ist nicht aufzutreiben. Die Band verlangt, obwohl sie nicht spielen kann, die vollständige Abendgage, da sie so kurzfristig kein anderes Engagement finden kann.
Lösung: Anstelle eines Schadensersatzes statt der Leistung kann A von G den Ersatz der Gage verlangen, da sie eine Aufwendung darstellt, die er im Vertrauen auf die Feier in den Räumlichkeiten des G gemacht hat und die er, da eine Band zum Geburtstag üblich ist, auch billigerweise machen durfte.

Die Unterscheidung der vier Schadensersatzarten ist wichtig, da für sie zum Teil unterschiedliche Tatbestandsvoraussetzungen erfüllt sein müssen. Dabei ist der Schadensersatz statt der ganzen Leistung ein Spezialfall des Schadensersatzes statt der Leistung unter zusätzlichen Voraussetzungen. Sobald der Gläubiger Schadensersatz statt der Leistung verlangt hat (das heißt noch nicht, dass er ihn auch erhalten hat), ist damit der Anspruch auf die Leistung selbst ausgeschlossen (§ 281 IV BGB). Dies kann sich auf die ganze Leistung oder auch nur auf den nicht ordnungsgemäßen Teil beziehen.

Der Aufwendungsersatz kann nur **anstelle** eines Schadensersatzes statt der (ganzen) Leistung verlangt werden (§ 284 BGB), aber **zusätzlich** zum Schadensersatz neben der Leistung. Das bedeutet umgekehrt, dass für den Aufwendungsersatz die gleichen Voraussetzungen gelten wie für den Schadensersatz statt der Leistung. Die vom Aufwendungsersatz erfassten Aufwendungen im Vertrauen auf die Leistungserbringung dürfen nicht mit anderen Aufwendungen im Zusammenhang mit der Pflichtverletzung verwechselt werden. Diese werden durch den Schadensersatz statt der Leistung erfasst.

Bsp.: Fährt ein Kunde 200 km, um eine bestellte Ware abzuholen, und diese ist dann nicht vorrätig, kann er die Fahrtkosten als Aufwendungsersatz geltend machen. Fährt er dagegen 200 km, um sich eine Ersatzware zu beschaffen, dann sind dies Kosten, die erst durch die nicht ordnungsgemäße Leistungserbringung entstanden sind – nicht im Vertrauen auf die ordnungsgemäße Leistung – und fallen damit unter den Schadensersatz statt der (ganzen) Leistung.

Schadensersatz neben der Leistung (§ 280 I BGB) erfordert prinzipiell keine Fristsetzung, da diese sinnlos wäre, da diese Schäden auch durch die ordnungsgemäße Erbringung der Leistung im „zweiten Anlauf" nicht mehr aus der Welt zu schaffen sind, beispielsweise das zerstörte Fahrrad im Wohnmobilfall. Ein anderes Beispiel wäre, wenn ein Verkäufer einen Käufer fahrlässig auf eine Gefahr beim Einsatz einer Kettensäge nicht hinweist. Der Kunde verletzt sich daraufhin an der Kettensäge. Es handelt sich hier um einen Schaden im Umfeld der Kettensäge, nicht an der einwandfreien Kettensäge selbst. Der Verkäufer hat eine Schutzpflicht (hier Informationspflicht) fahrlässig nicht erfüllt. Eine Fristsetzung ist im Hinblick auf die Verletzung sinnlos (zur Entbehrlichkeit der Fristsetzung in anderen Fällen vgl. S. 91).

Bei Falllösungen muss prinzipiell zuerst entschieden werden, ob Schadensersatz neben oder statt der Leistung infrage kommt. Mit einer einzigen Ausnahme finden sich alle notwendigen Regelungen zum Schadensersatz in den §§ 280–284 BGB. Als Einstieg dient immer § 280 BGB, da § 280 I, II BGB den Schadensersatz neben der Leistung regeln und § 280 III BGB ein „Merkzettel" für die relevanten Normen zum Schadensersatz statt der Leistung ist: §§ 281–283 und 311 a II BGB. Da § 311 a II BGB eine eigenständige Rechtsnorm darstellt, ist sie in § 280 III BGB nicht erwähnt und sollte daher einen Querverweis erhalten. Der Sonderfall des Aufwendungsersatzes ist in § 284 BGB geregelt.

Die folgende Tabelle gibt eine Übersicht über die verschiedenen Schadensersatzarten, ihre jeweiligen **Fundstellen im BGB** und die Zuordnung der Schadensersatzvarianten aus dem Beispiel.

Schadensersatz neben der Leistung	Schadensersatz statt der Leistung	Schadensersatz statt der ganzen Leistung	Ersatz der Aufwendungen
Ersatz von Schäden im **Umfeld** der Primärleistung	Schadensersatz „soweit" Leistung nicht (korrekt) erbracht wird	Schadensersatz ersetzt Primärleistungspflicht vollständig	Ersatz aller „**billigerweise**" im Vertrauen auf die Leistung entstandenen Aufwendungen
Schäden aus Schutzpflichtverletzungen oder Mangelfolgeschäden	„kleiner" Schadensersatz	„großer" Schadensersatz	nur anstelle von Schadensersatz statt der (ganzen) Leistung
keine Fristsetzung	erfolglose oder entbehrliche Fristsetzung erforderlich	erfolglose/entbehrliche Fristsetzung und zusätzliche Bedingungen erforderlich	Voraussetzungen wie für Schadensersatz statt der Leistung
§§ 280 I, II BGB	§§ 280 III, 281–283, 311 a II BGB	§ 281 I Satz 2 oder 3 BGB, Querverweis in §§ 281 I, 311 a II BGB	§ 284 BGB
Ersatz des vom Wohnmobil überrollten Fahrrads	Ersatz der Reparaturkosten der Automatik	Schadensersatz bezüglich des ganzen Wohnmobils	Ersatz der Miete für den Stellplatz

Schadensersatzarten.

3.2.4 Rücktritt (§§ 323–326 BGB)

Das Rücktrittsrecht kommt nur bei gegenseitigen Verträgen infrage. Der Rücktritt ist prinzipiell unabhängig vom Vertretenmüssen, setzt aber eine erfolglose oder entbehrliche Fristsetzung voraus (Entbehrlichkeit der Frist, vgl. S. 91).

Die **Abwicklung** des Rücktritts erfolgt generell über die §§ 346 ff. BGB, d. h. insbesondere, dass die Vertragsparteien alles, was sie bereits aus dem Schuldverhältnis erlangt haben, wieder zurückgeben müssen, oder – falls die Rückgabe nicht mehr möglich ist – Wertersatz leisten müssen.

Das Rücktrittsrecht ist ein Gestaltungsrecht, d. h. wenn der Gläubiger den Rücktritt erklärt hat, dann ist er an seine Entscheidung gebunden und kann nicht einseitig auf einen anderen Anspruch wechseln. Generell besteht jedoch die Möglichkeit zusätzlich zum Rücktritt vom Vertrag oder zum Rücktritt von einer Teilleistung auch noch Schadensersatz zu verlangen (§ 325 BGB).

Bsp.: A kauft bei B ein Auto mit Navigationssystem. Das Navigationssystem funktioniert nicht und kann von B auch nicht instand gesetzt werden. Zusätzlich zu dem Recht auf Rücktritt bezüglich des Navigationssystems kann A hier auch Schadensersatz statt der Leistung bezüglich des Navigationssystems verlangen, z. B. wenn er für ein Ersatzgerät woanders mehr bezahlen müsste.

Sonderregelungen bestehen für den Fall, dass eine Leistung nur teilweise nicht ordnungsgemäß erbracht wurde: Analog zum Schadensersatz statt der Leistung gilt, dass der Rücktritt zunächst nur bezüglich des nicht ordnungsgemäßen Teils der Leistung möglich ist (§ 323 I BGB: „soweit"). Der Rücktritt vom gesamten Vertrag ist – analog zum Schadensersatz statt der ganzen Leistung – nur unter zusätzlichen Voraussetzungen möglich (§ 323 V BGB).

Aus dem bisher Gesagten ergibt sich ein **allgemeines Prüfungsschema**, das man sich als Basis jeder Falllösung zu Pflichtverletzungen einprägen sollte:
1. **Schuldverhältnis:** Liegt ein Schuldverhältnis vor?
2. **Pflichtverletzung:** Wurde eine Pflicht aus dem Schuldverhältnis verletzt?
3. **Vertretenmüssen:** Hat der Schuldner die Pflichtverletzung zu vertreten?
4. **Fristsetzung:** Liegt eine erfolglose oder entbehrliche Fristsetzung vor?

Aus verschiedenen Kombinationen von 1.–4., die man sich am besten anhand des Schaubilds (S. 90) einprägt, ergeben sich dann die **Rechtsfolgen:**
1.–3.: Anspruch auf Schadensersatz neben der Leistung.
1.–4.: Anspruch auf Schadensersatz statt der (ganzen) Leistung oder Aufwendungsersatz.
1., 2. und 4.: Anspruch auf Rücktritt.

Da das Schema **allgemeingültig** ist (Allgemeiner Teil des Schuldrechts), dient es als Ausgangsbasis für die folgenden Abschnitte zu den Pflichtverletzungen.

3.3 Verspätete Leistung

Eine **verspätete Leistung** liegt dann vor, wenn eine fällige und grundsätzlich noch mögliche Leistung nicht erbracht wird. Man spricht daher auch von der Verspätung einer nachholbaren Leistung oder der Nichtleistung trotz Möglichkeit der Leistung. **Verzug** ist ein Spezialfall der Verspätung unter den zusätzlichen Voraussetzungen des §286 BGB. Da sich aber bereits aus der Verspätung an sich Ansprüche aus Pflichtverletzung ergeben, können die beiden Begriffe nicht synonym verwendet werden. Aus der verspäteten Leistung ergeben sich die nachstehenden allgemeinen und besonderen Rechtsfolgen:

- Rücktritt vom Vertrag unter den Voraussetzungen des §323 BGB
- Ersatz des Verzögerungsschadens (Schadensersatz neben der Leistung) unter der zusätzlichen Voraussetzung des Verzugs §§280 II, 286 BGB
- Schadensersatz statt der (ganzen) Leistung unter den Voraussetzungen der §§280 I und III, 281 BGB
- Verzugszinsen für Geldschulden §288 BGB (eigenständiger Anspruch unabhängig von §280 I BGB)
- erweiterte Haftung während des Verzugs §287 BGB.

Die Grafik zeigt, dass man das allgemeine Prüfungsschema einsetzen kann, ergänzt um die Bedingung des Verzugs für den Schadensersatz neben der Leistung.

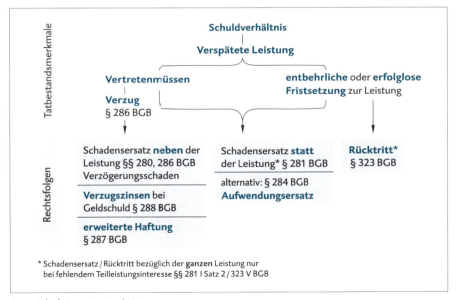

Ansprüche bei verspäteter Leistung.

3.3.1 Rücktritt vom Vertrag bei verspäteter Leistung

Der Rücktritt vom Vertrag erfolgt bei verspäteter Leistung regulär über § 323 BGB, d. h. für den Rücktritt ist kein Vertretenmüssen und auch kein Verzug nötig, sondern nur eine erfolglose oder entbehrliche Fristsetzung zur Leistung.

Fallbeispiele:
- A und B einigen sich, dass B gegen eine Gebühr von 100,– € das Mountainbike des A mit in den Urlaub nehmen kann. Sie vereinbaren, dass A das Rad am 1. 8. morgens bei B abliefert, da dieser am 3. 8. zu seiner gebuchten Radwandertour nach Schottland abreisen muss. Am 1. 8. wartet B vergeblich auf A. Am Abend des 1. 8. geht er kurz entschlossen zum Fahrradverleih F und beschafft sich dort ein Rad. Dem A wirft er eine Nachricht in den Briefkasten, dass sich das Geschäft erledigt hat. Muss B, wenn A am 2. 8. morgens das Rad vorbeibringt, dem A die vereinbarte Gebühr von 100,– € bezahlen?
  Lösung anhand des allgemeinen Lösungsschemas über § 323 BGB: B könnte die Zahlung verweigern, wenn er vom Vertrag zurücktreten könnte.
  – Schuldverhältnis: A und B haben einen wirksamen Mietvertrag über das Rad (§§ 145, 147, 535 BGB). A muss aufgrund des Vertrags B das Rad während der Mietzeit, also ab 1. 8. überlassen, B die vereinbarte Miete zahlen.
  – Pflichtverletzung: Es liegt eine verspätete Leistung vor, da A die fällige (vereinbarter Zeitpunkt; § 271 II BGB) nachholbare Leistung am 1. 8. nicht erbringt.
  – (Vertretenmüssen: Für Rücktritt nicht erforderlich.)
  – Fristsetzung: Eine Fristsetzung durch B ist nicht erfolgt, daher ist zu prüfen, ob die Fristsetzung entbehrlich war: Keiner der Fälle des § 323 II BGB trifft zu, da A die Leistung nicht verweigert, kein relatives Fixgeschäft vorliegt (B hat nicht ausdrücklich betont, dass er nach dem 1. 8. kein Interesse mehr an dem Rad hat) und auch keine besonderen Umstände nach § 323 II Nr. 3 BGB vorliegen, da B das Rad ja noch bequem einpacken könnte.
  Rechtsfolgen: Da B dem A keine zweite Chance zur Leistungserbringung gegeben hat und die Fristsetzung nicht entbehrlich war, kann er nicht vom Vertrag zurücktreten und schuldet dem A damit die 100,– €.

- **Variante 1:** Wie oben, aber B ruft den A am 1. 8. mittags an und fordert ihn auf, das Rad noch am gleichen Tag vorbeizubringen.
  Lösung: Wie oben, aber jetzt hat B dem A eine Frist gesetzt, die in diesem Fall auch angemessen wäre. Damit sind alle Voraussetzungen für den Rücktritt nach § 323 BGB erfüllt.
  Rechtsfolgen: Mit der Nachricht im Briefkasten des A erklärt B dem A den Rücktritt (die Willenserklärung ist zugegangen, da damit zu rechnen ist, dass A den Briefkasten täglich leert). Die Pflicht zur Zahlung der Miete entfällt.

- **Variante 2:** Wie oben, aber B weist schon beim Vertragsabschluss ausdrücklich darauf hin, dass B das Rad unter allen Umständen am 1. 8. bringen muss und das Geschäft damit steht und fällt. A bringt das Rad erst am 2. 8. abends zu B. Da er ihn nicht antrifft, stellt A das Rad in die unverschlossene Garage des B. Muss B, der das Rad eine Stunde später vorfindet, die 100,– € Miete zahlen?
  Lösung: Wie oben, aber B hat keine Frist gesetzt. Die Frist ist hier aber nach § 323 II Nr. 2 entbehrlich, da A und B ein Fixgeschäft abgeschlossen hatten und B trotzdem nicht rechtzeitig liefert. Damit sind alle Voraussetzungen für den Rücktritt nach § 323 BGB erfüllt. Rechtsfolgen: Wie bei Variante 1.

3.3.2 Schadensersatz statt der Leistung bei verspäteter Leistung

Wenn der Gläubiger an der Leistung kein Interesse mehr hat oder vom Vertrag zurückgetreten ist, kann er unter den Voraussetzungen des § 281 BGB Schadensersatz statt der Leistung verlangen. Die **Höhe des Schadensersatzes** ergibt sich aus §§ 249 ff. BGB, d. h. der Schuldner muss den Gläubiger so stellen, als hätte er ordnungsgemäß geleistet. Daher umfasst dieser Schadensersatz neben Aufwendungen durch die Verspätung ggf. auch entgangenen Gewinn und die Kosten eines Deckungsgeschäfts.

Die folgenden Beispiele zeigen, dass abgesehen vom Vertretenmüssen die Lösungen nahezu identisch mit den Lösungen beim Rücktritt sind.

Fallbeispiele:
- A und B einigen sich darauf, dass B gegen eine Gebühr von 100,– € das Mountainbike des A mit in den Urlaub nehmen kann. Sie vereinbaren, dass A das Rad am 1. 8. morgens bei B abliefert, da dieser am 3. 8. zu seiner gebuchten Radwandertour nach Schottland abreisen muss. A bringt das Rad aus Bequemlichkeit erst am 2. 8. zu B. B hat sich mittlerweile ein Ersatzfahrrad für 250,– € gemietet, außerdem hatte B Telefon- und Fahrtkosten in Höhe von 10,– €, um das Ersatzfahrrad zu beschaffen. Kann B den Ersatz seiner Kosten von A verlangen?
  Lösung: Da B das Fahrrad von A nicht mehr haben will, will er Schadensersatz statt der Leistung. B könnte gemäß § 280 III BGB Schadensersatz statt der Leistung verlangen, wenn die Voraussetzungen des § 281 BGB erfüllt sind.
  – Schuldverhältnis: A und B haben einen wirksamen Mietvertrag über das Rad (§§ 145, 147, 535 BGB). A muss aufgrund des Mietvertrags dem B das Rad während der Mietzeit, also ab 1. 8. überlassen, B die Miete bezahlen.
  – Pflichtverletzung: Es liegt eine verspätete Leistung vor, da A die fällige (vereinbarter Zeitpunkt; § 271 II BGB) nachholbare Leistung am 1. 8. nicht erbringt.

- Vertretenmüssen: Die Bequemlichkeit des A entspricht dem Tatbestand des Vorsatzes gemäß § 276 I BGB.
- Fristsetzung: Ähnlich wie oben beim Ausgangsfall zum Rücktritt. Eine Fristsetzung durch B ist nicht erfolgt, daher muss geprüft werden, ob die Fristsetzung entbehrlich war. Keiner der Fälle des § 281 II BGB trifft zu, da A die Leistung nicht verweigert und auch keine besonderen Umstände nach § 281 II BGB vorliegen, die die sofortige Geltendmachung eines Schadensersatzanspruchs rechtfertigen würden, da B das Rad am Morgen des 2. 8. ja noch bequem einpacken könnte.

Rechtsfolgen: Da B dem A keine zweite Chance zur Leistungserbringung gegeben hat und die Fristsetzung nicht entbehrlich war, kann er keinen Schadensersatz statt der Leistung verlangen.

- **Variante 1:** Wie oben, aber B ruft den A am 1. 8. mittags an und fordert ihn auf, das Rad noch am gleichen Tag vorbeizubringen. Kann B den Ersatz seiner Kosten von A verlangen?

  Lösung: Wie oben, aber jetzt hat B dem A eine Frist gesetzt, die in diesem Fall auch angemessen wäre. Damit sind alle Voraussetzungen für den Schadensersatzanspruch nach § 281 BGB erfüllt.

  Rechtsfolgen: B kann von A Schadensersatz statt der Leistung verlangen, der gemäß §§ 249 ff. BGB sowohl die zusätzliche Mietgebühr von 250,– € als auch die Telefon- und Fahrtkosten umfasst.

- **Variante 2:** Wie oben, aber A ruft bei B am 1. 8. nachmittags an und spricht diesem auf den Anrufbeantworter, dass er das Fahrrad erst am 5. 8. bringen kann, da er es kurzfristig doch noch selbst braucht. Überraschend bringt A das Rad dann doch am 2. 8. morgens, also eigentlich noch rechtzeitig für die Reise zu B. Kann B trotzdem den Ersatz seiner Kosten für Ersatzfahrrad, Telefon und Fahrt von A verlangen?

  Lösung: Wie oben, aber B hat keine Frist gesetzt. Die Frist ist hier aber nach § 281 II BGB aufgrund der besonderen Umstände entbehrlich, da B wegen des Anrufs von A davon ausgehen musste, dass A das Fahrrad nicht rechtzeitig für den vertragsgemäßen Gebrauch bringen würde. Wägt man die beiderseitigen Interessen ab, ist dem Interesse des B statt zu geben, da nur die Verspätung und der Anruf des A Ursache für das Problem mit dem Ersatzfahrrad waren. So sind alle Voraussetzungen für den Schadensersatz nach § 281 BGB erfüllt.

  Rechtsfolgen: Wie bei Variante 1.

  Anstelle des Schadensersatzes statt der (ganzen) Leistung könnte auch **Aufwendungsersatz** gemäß § 284 BGB verlangt werden. Das wäre z. B. dann sinnvoll, wenn B speziell für das Rad des A eine Halterung für seinen Autodachträger gekauft hätte.

3.3.3 Schadensersatz neben der Leistung: Ersatz des Verzögerungsschadens

Für den Ersatz des Verzögerungsschadens müssen nach § 280 II BGB die zusätzlichen Voraussetzungen des § 286 BGB, d. h. **Verzug** vorliegen. Aus dem § 286 BGB kann man folgenden Merksatz ableiten: „Verzug liegt vor bei zu vertretender Nichtleistung trotz Fälligkeit und ggf. Mahnung."

Zum Vertretenmüssen vgl. § 276 BGB (siehe S. 92), zur Fälligkeit vgl. § 271 BGB (siehe S. 89). Nichtleistung bedeutet, dass die Leistung nicht erbracht wurde, prinzipiell aber noch nachholbar ist.

Eine **Mahnung** ist eine ausdrückliche **Aufforderung zur Leistung** an den Schuldner. Diese Funktion könnte z. B. auch die Fristsetzung nach §§ 281 I oder 323 I BGB erfüllen. Eine Mahnung kann gemäß § 286 II BGB aber auch entbehrlich sein, wenn

- ein Termingeschäft vereinbart ist: Leistungszeit ist nach dem Kalender bestimmt, z. B. 15. 7., aber auch Angaben wie „Ende Mai", solange mithilfe der Auslegungsregeln der §§ 187–193 BGB ein Termin nach dem Kalender feststellbar ist.
- ein relativer Termin vereinbart wurde, d. h. der Termin kann ab einem vorherzugehenden Ereignis nach dem Kalender berechnet werden, z. B. „zehn Tage ab Rechnungsdatum", „drei Wochen ab Auftragsbestätigung".
- der Schuldner die Leistung ernsthaft und endgültig verweigert (analoge Regelung zu §§ 281 II und 323 II BGB).
- aus besonderen Gründen unter Abwägung der beiderseitigen Interessen der sofortige Eintritt des Verzugs gerechtfertigt ist (analoge Regelung zu §§ 281 II und 323 II BGB).
- Für Entgeltforderungen gilt darüber hinaus, dass der Verzug auch ohne Mahnung 30 Tage nach Erhalt einer Rechnung oder einer Zahlungsaufstellung eintritt (§ 286 III BGB; Sonderregelung für Verbraucher beachten).

Sofern die Voraussetzungen des Verzugs gegeben sind, kann der Schuldner gemäß § 280 I und II BGB Schadensersatz neben der Leistung verlangen, dessen Höhe sich aus §§ 249 ff. BGB ergibt.

Fallbeispiele:
- A verkauft an B am 1. 12. einen gebrauchten Laptop. Sie einigen sich nach einigem Verhandeln darauf, dass A ihn am 15. 1. liefern soll, da A ihn bis dahin noch für seine Facharbeit braucht und B danach einen fest vereinbarten Terminauftrag bearbeiten muss, für den er den Laptop braucht. Als A am 15. 1. nicht bei B erscheint, ruft dieser ihn an und fragt nach dem Laptop. A weigert sich, den Laptop zu liefern, da er seine Facharbeit noch nicht fertig hat. Er sagt, dass er dem B den Laptop schnellstmöglich nach Abschluss

seiner Arbeit überlassen werde. B mietet daraufhin beim Computerhändler C einen Laptop für zwei Wochen und muss dafür 200,– € bezahlen. Kann B von A die Miete für das Ersatzgerät verlangen?
Lösung anhand des allgemeinen Lösungsschemas über §§ 280 I, II, 286 BGB: B will den Laptop noch haben, also kommt nur Schadensersatz neben der Leistung in Betracht (Ersatz des Verzögerungsschadens).
– Schuldverhältnis: A und B haben einen wirksamen Kaufvertrag über den Laptop (§§ 145, 147, 433 BGB). A ist daraus zur Übergabe und Übereignung des Laptops verpflichtet.
– Pflichtverletzung: Verspätete Leistung, hier Verzug: Es liegt Verzug (§ 286 BGB) vor, da A vorsätzlich (§§ 286 IV, 276 I BGB) die nachholbare Leistung nicht erbringt, obwohl sie am 15. 1. fällig ist (§ 271 II BGB Termingeschäft). Eine Mahnung ist nach § 286 II Nr. 1 BGB nicht erforderlich, da es sich um ein Termingeschäft handelt.
– Vertretenmüssen: Vorsatz, siehe Prüfung Verzug.
– (Fristsetzung: Bei Schadensersatz neben der Leistung nicht erforderlich.)
Rechtsfolgen: A befindet sich ab dem 15. 1. in Verzug und muss dem B den durch den Verzug entstandenen Schaden ersetzen, d. h. auch die Kosten für das Mietgerät (§§ 249 ff. BGB).

- **Variante 1:** Wie oben, aber B kann kein Ersatzgerät auftreiben. Daher kann er den fest vereinbarten Auftrag nicht ausführen und verliert die Vergütung von 500,– €. Kann B von A Ersatz für die entgangene Vergütung verlangen?
  Lösung: Wie oben.
  Rechtsfolgen: A befindet sich ab dem 15. 1. in Verzug und muss dem B den durch den Verzug entstandenen Schaden ersetzen, d. h. auch den entgangenen Gewinn (§ 252 BGB).

- **Variante 2:** A und B schließen bereits am 1. 11. einen Kaufvertrag über den Laptop, vereinbaren aber keinen festen Liefertermin, sondern nur, dass A den Laptop in den nächsten Wochen liefern solle. Zwei Monate später hat A den Laptop noch immer nicht geliefert, da er den Zeitaufwand für seine Facharbeit unterschätzt hat. Als es B zu lange dauert, mietet er sich kurzerhand ein Ersatzgerät. Kann B von A Ersatz der Kosten für ein Mietgerät verlangen?
  Lösung:
  – Schuldverhältnis: Wie oben.
  – Pflichtverletzung: Verspätete Leistung, aber kein Verzug: A erbringt zwar die mangels Termin sofort fällige (§ 271 I BGB) Leistung vorsätzlich nicht, es liegt aber kein Verzug vor, da weder eine der Ausnahmen aus § 286 II BGB zutrifft noch der B den A gemahnt hat.

– Vertretenmüssen: Vorsatz, siehe Prüfung Verzug.
Rechtsfolgen: Es liegt zwar eine verspätete Leistung vor, also eine Pflichtverletzung, aber kein Verzug gemäß § 286 BGB. Daher kann B von A nicht den Ersatz der Kosten für das Mietgerät verlangen. (Auch Rücktritt vom Vertrag oder Schadensersatz statt der Leistung kommen nicht infrage, da weder eine erfolglose noch eine entbehrliche Fristsetzung vorliegt.)

- **Variante 3:** B kauft von A am 1. 12. einen gebrauchten Laptop für 500,– €. Sie vereinbaren, dass B den Kaufpreis am nächsten Tag bar vorbeibringen soll. B, der viel zu tun hat, vergisst den Termin. A muss deshalb sein Konto überziehen. Muss B dem A die Überziehungszinsen ersetzen?
  Lösung:
  – Schuldverhältnis: Wie oben.
  – Pflichtverletzung: Verspätete Leistung: Hier liegt Verzug (§ 286 BGB) vor, da B fahrlässig (§§ 286 IV, 276 I BGB) den Kaufpreis nicht bezahlt, der am 2. 12. fällig ist (§ 271 II BGB Termingeschäft). Eine Mahnung ist nach § 286 II BGB nicht nötig, da es sich um ein Termingeschäft handelt.
  – Vertretenmüssen: Fahrlässigkeit, siehe Prüfung Verzug.
  – (Fristsetzung: Bei Schadensersatz neben der Leistung nicht erforderlich.)
  Rechtsfolgen: B befindet sich ab dem 2. 12. in Zahlungsverzug und muss dem A den durch den Verzug entstandenen Schaden ersetzen, d. h. auch die Überziehungszinsen (§§ 249 ff. BGB).

- **Variante 4:** Wie Variante 3, aber A und B machen keinen konkreten Zahlungstermin aus. A schickt dem B am 5. 12. eine Rechnung mit dem 30-Tage-Hinweis gemäß § 286 III BGB. Wie ist die Rechtslage, wenn B am 15. 1. noch nicht gezahlt hat?
  Lösung:
  – Schuldverhältnis: Wie oben.
  – Pflichtverletzung: Verspätete Leistung, hier Verzug: Es liegt Verzug (§ 286 BGB) vor, da B fahrlässig (§§ 286 IV, 276 I BGB) den mangels Termin sofort fälligen (§ 271 I BGB) Kaufpreis nicht bezahlt. A hat ihn zwar nicht gemahnt, B kommt aber gemäß § 286 III BGB auch ohne Mahnung in Zahlungsverzug, da er 30 Tage nach Zugang der Rechnung das Entgelt für den Laptop noch nicht bezahlt hat.
  – Vertretenmüssen: Fahrlässigkeit, siehe Prüfung Verzug.
  – (Fristsetzung: Bei Schadensersatz neben der Leistung nicht erforderlich.)
  Rechtsfolgen: B befindet sich ab dem 30. Tag nach Zugang der Rechnung (5. 12.) in Zahlungsverzug und muss dem A den durch den Verzug entstandenen Schaden ersetzen, d. h. auch die Überziehungszinsen.

3.3.4 Besondere Rechtsfolgen bei Verzug

Falls Verzug gemäß §286 BGB vorliegt, kommen folgende besondere Rechtsfolgen infrage:
- §287 BGB, **erweiterte Haftung:** Während des Verzugs haftet der Schuldner auch für Zufall, das bedeutet, dass er auch ohne Verschulden dafür haftet, wenn die Sache beschädigt oder zerstört wird. **Bsp.:** Der Laptop aus dem Ausgangsfall wird während des Verzugs des A durch einen Kurzschluss in der Hauselektrik irreparabel beschädigt. Da A im Verzug war, muss er dem B, obwohl er den Kurzschluss nicht zu vertreten hat, Schadensersatz für den Laptop leisten (Schadensersatz statt der Leistung).
- §288 BGB, **Verzugszinsen:** Eine Geldschuld ist während des Verzugs zu verzinsen. Der Zinssatz ergibt sich aus §§288, 247 BGB.

3.3.5 Sonderfall verspätete Teilleistung

Wenn nur ein Teil einer Leistung verspätet erbracht wird, sind sowohl der Rücktritt vom **gesamten** Vertrag als auch der Schadensersatz statt der **ganzen** Leistung nur unter der besonderen Bedingung möglich, dass der Gläubiger an der verbleibenden **Teilleistung kein Interesse** hat. Dies ergibt sich für den Rücktritt aus §323 V BGB, für den Schadensersatz aus §281 I Satz 2 BGB.

Fallbeispiel:
A verkauft B eine Computeranlage mit PC, Monitor, Drucker und Scanner. Bei der Übergabe am vereinbarten Termin fehlt der Drucker, da A vergessen hat, ihn zu bestellen. Auch nach Ablauf einer von B gesetzten angemessenen Frist kann A nicht liefern.
Lösung: Unabhängig davon, ob B Rücktritt oder Schadensersatz möchte, kann er dies bezüglich der **ganzen** Anlage nur geltend machen, wenn die Anlage nur in komplettem Zustand von Interesse wäre und er an den restlichen Teilen kein Interesse hätte. Da ein Drucker in der Regel beliebig austauschbar ist, wird dies im vorliegenden Fall kaum zutreffen, d. h. B kann nur bezüglich des Druckers Schadensersatz statt der Leistung oder Rücktritt von dem Geschäft verlangen.

3.3.6 Annahmeverzug

Nicht nur der Schuldner, sondern auch der **Gläubiger** kann **in Verzug** kommen, indem er die ihm angebotene Leistung nicht annimmt (§293 BGB). Der Annahmeverzug hat als wesentliche Rechtsfolge zur Konsequenz, dass der Schuldner währenddessen nur Vorsatz und grobe Fahrlässigkeit zu vertreten hat (§300 I BGB). **Bsp.:** Wird eine Kaufsache während des Annahmeverzugs leicht fahrlässig vom Schuldner beschädigt oder zerstört, dann haftet er dem

Gläubiger dafür nicht. Des Weiteren muss der Gläubiger dem Schuldner alle Aufwendungen ersetzen, die ihm z. B. für vergebliche Anfahrt oder Aufbewahrung der Sache entstanden sind (§ 304 BGB). Bei Gattungsschulden (§ 243 BGB) geht gleichzeitig mit dem Annahmeverzug die Gefahr auf den Käufer über (§ 300 II BGB; zum Gefahrübergang vgl. unten bei 3.5, S. 113).

3.4 Unmöglichkeit (§ 275 BGB)[8]

Von Unmöglichkeit spricht man, wenn eine fällige **Leistung** nicht erbracht wird und auch **nicht mehr erbracht werden kann**. Das bedeutet umgekehrt, dass bei Gattungsschulden, solange die Leistung aus der Gattung noch möglich ist, prinzipiell keine Unmöglichkeit eintreten kann, da der Schuldner sich die Sache dann ja anderweitig beschaffen kann. Hier liegt auch der wesentliche Unterschied zum Verzug, bei dem die Leistung prinzipiell nachholbar ist.

Die Unmöglichkeit wird in § 275 BGB in drei Tatbestände unterteilt: § 275 I BGB echte Unmöglichkeit, § 275 II BGB praktische Unmöglichkeit und § 275 III BGB persönliche Unmöglichkeit. Von **echter Unmöglichkeit** spricht man, wenn die Leistung entweder für jedermann oder auch nur für den Schuldner unmöglich ist. **Bsp.:** A verkauft dem B ein Ölbild. Wird dieses vor der Übereignung durch einen Brand zerstört, ist die Leistung objektiv (für jedermann) unmöglich. Wurde das Bild dagegen nur gestohlen, ist für A die Leistung (subjektiv) unmöglich. Der Dieb könnte ja theoretisch leisten.

Die **praktische Unmöglichkeit** beschreibt Fälle, in denen ein **grobes** Missverhältnis zwischen dem Leistungsinteresse des Gläubigers und dem für die Leistungserbringung notwendigen Aufwand des Schuldners besteht. Unter Aufwand sind dabei nicht nur Geld, sondern auch Arbeits-, Zeitaufwand und ähnliche Anstrengungen zu verstehen. Um einen Missbrauch des § 275 II BGB zu vermeiden, der den Grundsatz „pacta sunt servanda" untergraben würde, muss das Adjektiv „grob" streng und immer im Hinblick auf das Interesse des Gläubigers ausgelegt werden. § 275 II BGB ist nur anwendbar, wenn nach den Umständen niemand die Leistungserbringung ernsthaft erwarten würde.

Bsp.: A verkauft an Bord einer Fähre an B eine wertvolle gebrauchte Uhr. Vor der Übergabe fällt die Uhr ins Meer. Die Verhältnismäßigkeit zwischen dem Interesse des Gläubigers an der Uhr und der erforderlichen und wenig Erfolg versprechenden Meeresexpedition ist sicher nicht gegeben.

Persönliche Unmöglichkeit kommt dann infrage, wenn eine Leistung durch den Schuldner **höchstpersönlich** erbracht werden muss. Es muss nun

---

[8] Das Thema Unmöglichkeit ist nur im Leistungskurs verpflichtend.

gefragt werden, ob für den Schuldner ein Leistungshindernis besteht, das die Leistung unter Abwägung des Leistungsinteresses des Gläubigers unzumutbar werden lässt. **Bsp.:** Ein Popstar will nicht auftreten, weil er dringend ins Krankenhaus will, da sein Ehepartner einen lebensgefährlichen Unfall hatte. Das Leistungsinteresse des Veranstalters ist hier geringer einzustufen.

Die **primäre Rechtsfolge** aus der Unmöglichkeit ist grundsätzlich, dass der Schuldner die Leistung nicht erbringen muss: Bei der echten Unmöglichkeit wird die Primärleistungspflicht per Gesetz ausgeschlossen (§ 275 I BGB), bei praktischer oder persönlicher Unmöglichkeit kann der Schuldner die Leistung verweigern (§§ 275 II und III BGB). Alle **weiteren Rechtsfolgen** ergeben sich aus den im 4. Absatz des § 275 BGB genannten Paragrafen. § 275 IV BGB verweist auf die allgemeinen Rechtsfolgen Rücktritt und Schadensersatz und auf besondere Rechtsfolgen wie das Schicksal der Gegenleistung und die Abtretung von Ersatzansprüchen. § 275 IV BGB ist ein wichtiger „**Merkzettel**" für Falllösungen zur Unmöglichkeit und sollte daher als „Einstieg" dienen.

Die folgende Grafik zeigt die Ansprüche bei vom Schuldner zu vertretender Unmöglichkeit nach § 275 I–III BGB.

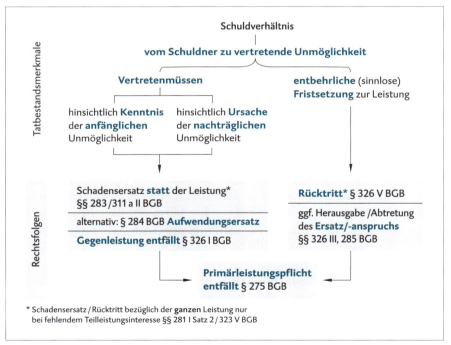

Rechtsfolgen bei vom Schuldner zu vertretender Unmöglichkeit.

3.4.1 Rücktritt vom Vertrag bei Unmöglichkeit

Unmöglichkeit bei gegenseitigen Verträgen gibt dem Gläubiger prinzipiell ein Recht auf Rücktritt auch ohne Fristsetzung gemäß §326 V BGB, da eine Fristsetzung aufgrund der Unmöglichkeit der Leistung sinnlos wäre.

Fallbeispiel:
A verkauft an B ein Originalgemälde eines berühmten Künstlers. Das Bild wird noch im Lager des A zerstört. Wie ist die Rechtslage?
Lösung anhand des allgemeinen Lösungsschemas:
- Schuldverhältnis: A und B haben einen wirksamen Kaufvertrag über das Bild (§§ 145, 147, 433 BGB).
- Pflichtverletzung: Aus dem Kaufvertrag besteht für A die Pflicht zur Lieferung des Bildes. Es liegt echte Unmöglichkeit gemäß §275 I BGB vor, da das Bild zerstört wurde.
- (Vertretenmüssen: Für Rücktritt nicht erforderlich.)
- Fristsetzung: Ist gemäß §326 V BGB entbehrlich (Hinweis auf §326 BGB im „Merkzettel" §275 IV BGB).

Rechtsfolgen: A wird gemäß §275 I BGB von seiner Primärleistungspflicht befreit. B kann gemäß §§326 V, 323 BGB ohne Fristsetzung vom Vertrag zurücktreten. Der Rücktritt wird über §§346 ff. BGB abgewickelt.

Der Rücktritt bei Unmöglichkeit ist vor allem bei Teilunmöglichkeit (vgl. S. 110) und unmöglicher Nacherfüllung (vgl. S. 120ff.) relevant, da in allen anderen Fällen die Befreiung von der Primärleistungspflicht bereits zum Wegfallen der Gegenleistungspflicht führt (vgl. S. 110f.), ein Rücktritt aus diesem Grund also nicht erforderlich ist.

3.4.2 Schadensersatz bei Unmöglichkeit

Da die Leistung gar nicht erbracht wird, ist auch kein Schadensersatz neben der Leistung möglich, sondern nur Schadensersatz statt der Leistung oder an dessen Stelle Aufwendungsersatz. Beim Schadensersatz aufgrund von Unmöglichkeit muss danach unterschieden werden, ob die Unmöglichkeit bereits vor Abschluss des Kausalgeschäftes vorlag (**anfängliche Unmöglichkeit**) oder erst danach entstanden ist (**nachträgliche Unmöglichkeit**). Die Rechtsfolgen aus beiden Arten der Unmöglichkeit sind zwar gleich, aber die zugrunde liegenden Rechtsnormen unterschiedlich, da das Vertretenmüssen anders geregelt ist.

Bei der **nachträglichen** Unmöglichkeit bezieht sich das Vertretenmüssen auf die **Unmöglichkeit** der Leistung **selbst:** Hat der Schuldner die Unmöglichkeit gemäß §276 BGB zu vertreten (vgl. S. 92)? Die Lösung hierfür ergibt sich aus §§280 I, III, 283 BGB (Hinweis auf §§280, 283 BGB im „Merkzettel"

§ 275 IV BGB). **Bsp.:** A verkauft dem B ein antiquarisches Buch aus seiner Sammlung. Kurz **nach** Abschluss des Kaufvertrages wird das Buch aus dem Arbeitszimmer des A gestohlen. Zu fragen ist jetzt, ob A den Diebstahl gemäß § 276 I BGB zu vertreten hat, z. B. weil er die Terrassentür leichtsinnigerweise offen stehen ließ oder weil er ein Beschaffungsrisiko für das Buch übernommen hat.

Fallbeispiel:
A verkauft an B ein Originalgemälde eines berühmten Künstlers. Das Bild wird noch im Lager des A zerstört. Der Brand entstand am Tag nach dem Kaufvertragsabschluss, weil A einen brennenden Zigarettenstummel in einen Mülleimer im Lager geworfen hat. B hatte das Bild bereits für einen um 2 000,– € höheren Preis weiterverkauft. Kann B von A Schadensersatz verlangen?
Lösung anhand des allgemeinen Lösungsschemas über §§ 280 I, III, 283 BGB:
- Schuldverhältnis: A und B haben einen wirksamen Kaufvertrag über das Bild (§§ 145, 147, 433 BGB).
- Pflichtverletzung: Aus dem Kaufvertrag besteht für A die Pflicht zur Lieferung des Bildes. Es handelt sich um eine nachträgliche Unmöglichkeit, da das Bild nach Abschluss des Kaufvertrages zerstört wurde.
- Vertretenmüssen: A hat die Pflichtverletzung zu vertreten, da er den Brand fahrlässig durch den brennenden Zigarettenstummel im Mülleimer verursacht hat (§§ 280 I, 276 BGB).
- Fristsetzung: Sinnlos und damit entbehrlich (in § 283 BGB nicht gefordert).

Rechtsfolgen: A wird gemäß § 275 I BGB von seiner Primärleistungspflicht befreit. B kann nach §§ 280 I, III, 283 BGB Schadensersatz statt der Leistung verlangen. Dessen Höhe ergibt sich aus §§ 249 ff. BGB. Im vorliegenden Fall würde dies den entgangenen Gewinn von 2 000,– € umfassen (§ 252 BGB).

Bei der **anfänglichen** Unmöglichkeit bezieht sich das Vertretenmüssen auf die **Kenntnis bezüglich der Unmöglichkeit** der Leistung: Wusste der Schuldner, dass die Leistung unmöglich ist oder hat er seine Unkenntnis gemäß § 276 BGB zu vertreten? Diese Lösung ergibt sich aus § 311 a II BGB[9] (Hinweis auf § 311 a BGB im „Merkzettel" § 275 IV BGB). **Bsp.:** A verkauft dem B ein antiquarisches Buch aus seiner Sammlung. Kurz **vor** Abschluss des Kaufvertrages wurde das Buch bereits aus dem Arbeitszimmer des A gestohlen. Zu fragen ist jetzt, ob A wusste, dass das Buch weg war, oder, wenn er es nicht wusste, seine Unkenntnis gemäß § 276 I BGB zu vertreten hat, z. B. weil er eine verdächtige Gestalt mit einem Buch hat weglaufen sehen.

---
9 § 311 a II BGB ist eine eigenständige Anspruchsgrundlage unabhängig von § 280 BGB.

Fallbeispiel:
A verkauft an B ein Originalgemälde eines berühmten Künstlers. Das Bild wird noch im Lager des A zerstört. Der Brand entstand einige Stunden **vor** dem Kaufvertragsabschluss, weil Feuer vom Nachbarhaus auf das Lager übergriff. A war zwar bereits vor Vertragsabschluss telefonisch über den Brand informiert worden, wusste aber noch keine Details zu den Schäden. B hatte das Bild bereits für einen um 2 000,– € höheren Preis weiterverkauft.

Lösung anhand des allgemeinen Lösungsschemas über § 311 a BGB:
- Schuldverhältnis: A und B haben einen wirksamen Kaufvertrag über das Bild (§§ 145, 147, 433 BGB). Der Kaufvertrag ist trotz der anfänglichen Unmöglichkeit voll wirksam (§ 311 a I BGB).
- Pflichtverletzung: Aus dem Kaufvertrag besteht für A die Pflicht zur Lieferung des Bildes. Es handelt sich um eine anfängliche Unmöglichkeit, da das Bild bereits vor Abschluss des Kaufvertrages zerstört wurde.
- Vertretenmüssen: A hat seine Unkenntnis bezüglich der Unmöglichkeit zu vertreten, da ihm klar sein musste, dass das Bild von dem Brand betroffen sein könnte (§ 276 BGB; dass A den Brand nicht zu vertreten hat, ist hier unerheblich).
- Fristsetzung: Sinnlos, damit entbehrlich (in § 311 a II BGB nicht gefordert).

Rechtsfolgen: A wird gemäß § 275 I BGB von seiner Primärleistungspflicht befreit. B kann nach § 311 a II BGB Schadensersatz statt der Leistung verlangen. Die Höhe des Schadensersatzes ergibt sich aus §§ 249 ff. BGB, in diesem Fall z. B. die Höhe des entgangenen Gewinns von 2 000,– € (§ 252 BGB).

Auch **Aufwendungsersatz** wäre möglich. **Bsp.:** Angenommen, B hätte das Bild nicht zum Weiterverkauf, sondern für sich selbst gekauft und aufgrund von Maßangaben des A bereits einen wertvollen Rahmen maßanfertigen lassen. Egal ob anfängliche oder nachträgliche Unmöglichkeit vorliegt, kann B, sofern er einen Anspruch auf Schadensersatz statt der Leistung hat, an dessen Stelle auch Ersatz der Aufwendungen für den Rahmen verlangen (§ 284 BGB).

3.4.3 Sonderfall Teilunmöglichkeit

Ist nur ein Teil einer Leistung unmöglich, sind sowohl Rücktritt vom **gesamten** Vertrag als auch Schadensersatz statt der **ganzen** Leistung nur unter der besonderen Bedingung möglich, dass der Gläubiger an der verbleibenden **Teilleistung kein Interesse** hat. Diese Bedingung ist für Rücktritt und Schadensersatz identisch, auch wenn man sie systematisch bedingt für den Rücktritt in § 323 V BGB findet und für den Schadensersatz in § 281 I Satz 2 BGB, auf den sowohl im § 283 Satz 2 BGB als auch im § 311 a II Satz 3 BGB verwiesen wird.

Bsp.: A kauft bei B anhand eines Auktionskataloges ein vollständig erhaltenes antikes chinesisches Teeservice. Bei der Übergabe stellt sich heraus, dass die Teekanne zerbrochen ist. Unabhängig davon, ob bezüglich der Kanne anfängliche oder nachträgliche Unmöglichkeit vorliegt und auch unabhängig davon, ob A Rücktritt oder Schadensersatz möchte, kann er dies bezüglich des **ganzen** Service nur dann geltend machen, wenn das Service nur in komplettem Zustand von Interesse war und er an den verbleibenden Teilen kein Interesse hat.

3.4.4 Besondere Rechtsfolgen bei Unmöglichkeit

Alle besonderen Rechtsfolgen bei Unmöglichkeit sind im § 326 BGB zu finden. Es handelt sich dabei primär um das **Schicksal der Gegenleistung** in verschiedenen Konstellationen. In allen Fällen des § 275 BGB wird der Schuldner von der Primärleistungspflicht befreit. Im Gegenzug entfällt für den Gläubiger die Pflicht zur Gegenleistung (§ 326 I Satz 1 BGB) mit folgenden Ausnahmen:

- Ist der **Gläubiger** alleine oder überwiegend für die Ursache der Unmöglichkeit **verantwortlich**, ist er weiterhin zur Gegenleistung verpflichtet (§ 326 II BGB). **Bsp.:** Bei der Rückfahrt von einer Probefahrt, während der der Kaufvertrag abgeschlossen wurde, erleidet das Fahrzeug durch Fahrlässigkeit des Käufers einen Totalschaden. Der Verkäufer muss das Auto nicht mehr liefern, der Käufer trotzdem den Kaufpreis zahlen. Ersparte Aufwendungen des Verkäufers werden aufgerechnet.
- Das Gleiche gilt, wenn der Käufer sich zu dem Zeitpunkt, zu dem die Leistung unmöglich wird, im **Annahmeverzug** befindet (vgl. S. 105), es sei denn, der Schuldner verursacht die Unmöglichkeit vorsätzlich oder grob fahrlässig (§ 326 II i. V. m. §§ 293, 300 BGB).
- Erhält der Schuldner aufgrund der Unmöglichkeit einen **Ersatz oder Ersatzanspruch**, kann der Gläubiger diesen herausverlangen (§ 285 I BGB) und zwar egal, ob oder von wem die Unmöglichkeit zu vertreten ist, muss dann aber auch die Gegenleistung erbringen (§ 326 III BGB). **Bsp.:** Für das zerstörte Auto erhält der Verkäufer Ersatz aufgrund einer Vollkaskoversicherung. Diesen Anspruch kann sich der Käufer abtreten lassen (§ 285 I BGB), muss dann aber den Kaufpreis zahlen (§ 326 III BGB). Dies macht immer dann Sinn, wenn der Ersatzanspruch höher als der Kaufpreis ist, z. B. weil ein „Freundschaftspreis" vereinbart wurde.
- Im Falle der **Teilunmöglichkeit** reduziert sich die Gegenleistung nur anteilig § 326 I Satz 1 BGB.

In der folgenden Grafik sind alle Varianten der Unmöglichkeit und die resultierenden Ansprüche zusammengefasst.

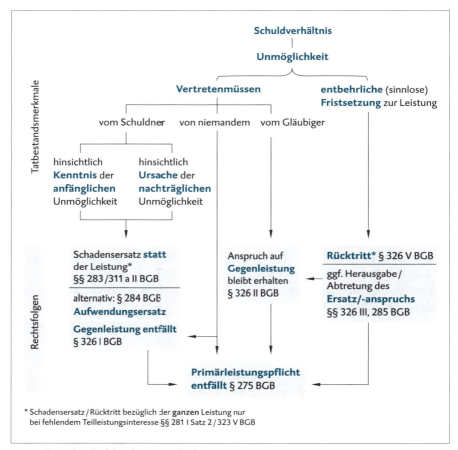

Ansprüche und Rechtsfolgen bei Unmöglichkeit.

3.5 Mangelhafte Leistung: Sach- und Rechtsmängel (§§ 434 ff. BGB)

Speziell für das Kaufrecht gelten die Regelungen für Sach- und Rechtsmängel. Man spricht auch von „**Gewährleistung beim Kauf**". Für praktisch alle anderen Schuldverhältnisse, in denen Sachen veräußert oder überlassen werden, gelten bei Mängeln eigenständige Regelungen[10], mit Ausnahme von Tausch- und Werklieferungsvertrag: Da es bei beiden auch um die Lieferung beweglicher Sachen geht – die ggf. erst herzustellen oder zu erzeugen sind – wird bei

---

10 Insbesondere bei Schenkung (§§ 523, 524 BGB), Miete (§§ 536–536d BGB), Leihe (§ 600 BGB), Werkvertrag (§§ 633–639 BGB).

Mängeln analog das Kaufrecht angewandt (§480, §651 BGB). Die Verpflichtung des Verkäufers, die Sache frei von Sach- und Rechtsmängeln zu liefern, ist eine Primärleistungspflicht aus dem Kaufvertrag (§433 I Satz 2 BGB).

Ein **Rechtsmangel** (§435 BGB) liegt vor, wenn die verkaufte Sache mit Rechten Dritter belastet ist, die der Käufer im Vertrag nicht übernommen hat. **Bsp.:** A verkauft an B ein wertvolles Gemälde, für das C ein Vorkaufsrecht hat (§§463 ff. BGB), von dem B nichts wissen kann.

Die **Gewährleistung** für Sachmängel beim Kauf greift dann, wenn eine Sache, bereits bei **Gefahrübergang** einen **Sachmangel** gemäß §434 BGB aufweist und der Käufer bei Vertragsabschluss **keine Kenntnis** von dem Mangel hat (§442 BGB). Die Tatbestände Gefahrübergang, Sachmangel und Kenntnis des Käufers sind im Gesetz inhaltlich definiert.

- **Gefahrübergang:** Der Gefahrübergang ist der Zeitpunkt, zu dem die Gefahr des zufälligen Untergangs (= Zerstörung oder Verlust) oder der zufälligen Verschlechterung (= Beschädigung) auf den Käufer übergeht. Dieser Zeitpunkt ist normalerweise die **Übergabe** der Sache an den Käufer (§446 BGB).[11] Wird eine Sache auf Verlangen des Käufers vom Verkäufer versandt (**Versendungskauf**), geht die Gefahr allerdings bereits bei der Übergabe der Sache vom Verkäufer an den Transporteur auf den Käufer über. Da dies in vielen Fällen zu unkontrollierbaren Unwägbarkeiten für den Käufer führen würde, gilt diese Norm nicht beim **Verbrauchsgüterkauf**.[12]
- **Kenntnis:** Rechte aufgrund von Sachmangel kann ein Käufer dann nicht geltend machen, wenn er den Mangel bereits bei Vertragsabschluss kennt (§442 BGB). Das bedeutet umgekehrt, dass es unerheblich ist, wenn er zwischen Abschluss des Kaufvertrags und Übergabe der Sache von einem Sachmangel Kenntnis erlangt bzw. wenn der Mangel erst in diesem Zeitraum entsteht. Ist dem Käufer infolge grober Fahrlässigkeit ein Mangel unbekannt geblieben, kann er nur dann Gewährleistungsansprüche geltend machen, wenn der Verkäufer einen Mangel arglistig verschwiegen hat. Beispiele für grob fahrlässige Unkenntnis sind der Kauf eines Gebrauchtwagens per Zeitungsannonce, ohne das Fahrzeug vorher zu begutachten; der Kauf einer verpackten Ware, obwohl die Verpackung deutlich beschädigt ist.
- **Sachmangel:** Der Begriff Sachmangel beschreibt immer den Umstand, dass die **Ist-Beschaffenheit** einer Sache von der **Soll-Beschaffenheit** negativ abweicht. Der Sachmangelbegriff wird in §434 BGB in verschiedene Tatbestände aufgegliedert, die sich folgendermaßen systematisieren lassen.

---

11 Auch die Verjährungsfrist beginnt i. d. R. mit der Übergabe, vgl. S. 135.
12 Definition und Regelungen zum Verbrauchsgüterkauf siehe S. 124 f.

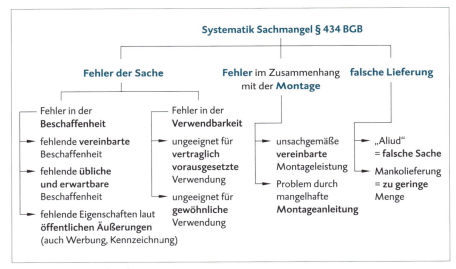

Sachmangel-Systematik nach § 434 BGB.

Die Abgrenzung von Beschaffenheit und Verwendbarkeit ist nicht immer eindeutig möglich. Dies ist aber insofern unproblematisch, als die Rechtsfolgen identisch sind. Ob z. B. ein Gummistiefel, der nicht wasserdicht ist, nicht die übliche Beschaffenheit hat oder sich nicht für die gewöhnliche Verwendung eignet, lässt sich nicht exakt trennen. Im Prinzip trifft hier beides zu.

Wichtig ist, dass der **subjektive Fehlerbegriff** (Abweichung von **vereinbarter** Beschaffenheit oder Verwendbarkeit) immer Vorrang vor dem **objektiven Fehlerbegriff** (fehlende **übliche** Beschaffenheit bzw. **gewöhnliche** Verwendbarkeit) hat. Das hat zur Folge, dass ein Verkäufer sich z. B. nicht darauf berufen kann, dass eine Sache die übliche Beschaffenheit aufweist, wenn eine vertraglich vereinbarte Beschaffenheit nicht gegeben ist (Verwendbarkeit analog). **Bsp.:** Wenn beim Kauf eines Seils eine Belastbarkeit von 300 kg vereinbart wird, kann sich der Verkäufer später nicht darauf berufen, dass Seile dieser Dicke üblicherweise nur bis 100 kg belastbar sind.

Ein weiterer, für die Ansprüche aus Gewährleistung wesentlicher Aspekt beim Sachmangel ist, ob die Pflichtverletzung erheblich ist oder nicht. Der Aspekt der **Erheblichkeit** liegt z. B. vor, wenn der Wert oder die Verwendbarkeit einer Sache erheblich gemindert sind oder wenn eine vom Verkäufer zugesicherte Eigenschaft (Beschaffenheitsgarantie) fehlt.

Entscheidend für die Ansprüche bei Sachmangel ist die Frage, ob der Sachmangel behoben werden kann oder nicht. Ein **nicht behebbarer Sachmangel** liegt immer dann vor, wenn eine ordnungsgemäße Erfüllung des Vertrages

unmöglich ist, weil der Mangel nicht beseitigt werden kann und auch keine Ersatzlieferung einer mangelfreien Sache möglich ist. Das ist beispielsweise der Fall, wenn es sich um einen Stückkauf handelt oder wenn die ganze Gattung den gleichen Mangel aufweist. Ein **Stückkauf** liegt vor, wenn ein Einzelstück oder auch ein ganz individuelles Exemplar aus einer Gattung gekauft wurde. Gebrauchte Sachen zählen aufgrund der Tatsache, dass jedes Stück eine andere „Gebrauchsgeschichte" hat, zum Stückkauf. **Bsp.:** Ein maßgefertigter Anzug, ein mit Initialen besticktes Handtuch, ein gebrauchtes Fahrrad oder die letzte vorrätige Jacke einer auslaufenden Serie, auch wenn die theoretische Möglichkeit besteht, dass irgendein anderer Händler noch ein Exemplar davon hat.

Immer dann, wenn eine ordnungsgemäße Vertragserfüllung noch **möglich** ist, spricht man von einem **behebbaren Sachmangel**.

3.5.1 Ansprüche bei behebbarem Sachmangel

Die Rechte des Käufers bei Sachmangel ergeben sich aus § 437 BGB. Dieser Paragraf ist keine Rechtsgrundlage selbst, sondern eine Rechtsgrundverweisung, d. h. ein „**Merkzettel**", der auflistet, welche Rechtsnormen als Anspruchsgrundlagen infrage kommen. Die Ziffern 1–3 stehen in § 437 BGB scheinbar gleichberechtigt nebeneinander. Wegen des Grundsatzes „pacta sunt servanda" hat aber der Anspruch auf Nacherfüllung absoluten Vorrang. Dies verdeutlichen auch die allgemeinen Regelungen zum Rücktritt und zum Schadensersatz, da sie in der Regel eine Fristsetzung zur Nacherfüllung voraussetzen (vgl. §§ 281 I Satz 1 und 323 I BGB). Wie bereits bei den anderen Pflichtverletzungen kann auch hier in bestimmten Fällen die Fristsetzung entbehrlich sein (vgl. S. 91[13]). Für die Nacherfüllung ergeben sich folgende Möglichkeiten:

Rechtsfolgen der Fristsetzung zur Nacherfüllung.

---

13 Methodischer Hinweis: Querverweis auf §§ 326 V und 440 BGB bei § 323 II BGB.

Da sich die Nacherfüllung ausschließlich auf die Leistung bezieht, ist auch beim Sachmangel der Schadensersatz **neben** der Leistung unabhängig von der Nacherfüllung bei jedem vom Schuldner zu vertretenden Schaden im Umfeld der Leistung möglich. Es handelt sich neben Schäden aus Schutzpflichtverletzungen um Mangelfolgeschäden, deren Ursache der Verkäufer zu vertreten hat. Ein **Mangelfolgeschaden** ist ein Schaden, der aufgrund eines Sachmangels entsteht. **Bsp.:** Durch einen fahrlässig verursachten Fehler eines Elektrogerätes kommt es zu einem Zimmerbrand. Durch eine wegen falscher Lagerung mit Mehlmotten befallene Packung Nüsse wird ein ganzer Lebensmittelvorrat unbrauchbar. Durch das Unterschreiten der garantierten Nutzlast eines Flaschenzugs stürzt ein damit angehobenes Klavier aus dem ersten Stock. Wegen einer schlampigen Reparatur an einem Computer kann ein Auftrag nicht erfüllt werden und die Vergütung geht verloren.

Aus dem bisher Gesagten, den allgemeinen Regelungen zu Pflichtverletzungen und dem § 437 BGB ergibt sich für die Ansprüche bei behebbaren Sachmängeln folgendes Schema:

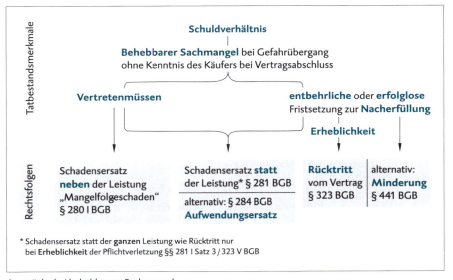

Ansprüche bei behebbarem Sachmangel.

Wie im Gesetz ergibt sich der Vorrang der Nacherfüllung in diesem Schema daraus, dass die Fristsetzung zur Nacherfüllung die Vorbedingung für alle weiteren Ansprüche außer Schadensersatz neben der Leistung ist. Die einzelnen Rechtsfolgen werden in den folgenden Beispielen erläutert.

Fallbeispiele:
- **Nacherfüllung – Rücktritt – Schadensersatz neben der Leistung:** Student A kauft sich wegen des Platzmangels in seiner Studentenbude beim Möbelladen B ein Hochbett. Sie vereinbaren, dass B das Bett auch liefert und montiert. Als A zum ersten Mal in sein neues Bett klettern will, stürzt er aus fast zwei Metern Höhe von der Leiter und bricht sich kompliziert den Arm, weil B trotz eines Warnhinweises in der Montageanleitung die Leiter falsch montiert hat. B bietet A an, die Leiter in Ordnung zu bringen.
  1. Kann A, der die Nase von Hochbetten voll hat, das Bett zurückgeben?
  2. Wenn nein, welche Ansprüche hat A bezüglich des Betts?
  3. Welche Ansprüche hat A im Hinblick auf seinen gebrochenen Arm?

Lösung:
1. **Rückgabe des Bettes – Rücktritt vom Vertrag:** Lösung nach Schema über §§ 434, 437, 323 BGB: A könnte das Bett zurückgeben, wenn er vom Vertrag zurücktritt.
   - Schuldverhältnis: A und B haben einen Kaufvertrag über das Hochbett mit den vertraglich vereinbarten Nebenleistungen Lieferung und Montage (§§ 145, 147, 433 BGB). Aus dem Kaufvertrag ist B verpflichtet, dem A das Bett frei von Sachmängeln zu liefern.
   - Pflichtverletzung: Es liegt ein Sachmangel vor, da die vereinbarte Montage des Betts bzw. der Leiter unsachgemäß erfolgte (§ 434 II Satz 1 BGB) und dies bereits bei Gefahrübergang so war (§ 446 BGB), da die Leiter noch nie richtig montiert war. A wusste bei Vertragsabschluss nichts von dem Mangel, da die Montage erst danach erfolgte (§ 442 BGB).
   - (Vertretenmüssen: Nicht erforderlich für Rücktritt.)
   - Fristsetzung: Eine Frist wurde nicht gesetzt, daher muss geprüft werden, ob die Fristsetzung entbehrlich ist: Beim Rücktritt wegen Sachmangels sind dazu §§ 323 II, 326 V und 440 BGB zu prüfen („Merkzettel" in § 437 Nr. 2 BGB). § 326 V BGB (unmögliche Nacherfüllung) liegt nicht vor, da es sich um einen behebbaren Sachmangel handelt. § 323 II BGB trifft nicht zu, da B die Leistung nicht verweigert, kein relatives Fixgeschäft und auch keine besonderen Umstände vorliegen, die einen sofortigen Rücktritt rechtfertigen würden. § 440 BGB trifft auch nicht zu, da B die Nacherfüllung nicht verweigert (er will die Leiter in Ordnung bringen), keine fehlgeschlagene Nachbesserung vorliegt und sowohl eine Reparatur als auch Auswechseln der Leiter für A zumutbar wäre.

   Rechtsfolgen: Da A dem B noch keine Möglichkeit zur „2. Andienung" gegeben hat und diese auch nicht entbehrlich ist, kann er (noch) nicht vom Vertrag zurücktreten und muss das Bett (vorerst) behalten.

2. **Andere Ansprüche bezüglich des Betts – Nacherfüllung:** Wie eben festgestellt, muss A dem B die Möglichkeit zur Nacherfüllung gemäß §439 BGB geben („Merkzettel" §437 Nr. 1 BGB). A hat dabei die Wahl zwischen Beseitigung des Mangels (Reparatur der Leiter) und Lieferung einer mangelfreien Ware. B kann die von A gewählte Form der Nacherfüllung zugunsten der anderen ablehnen, wenn sie für ihn mit unverhältnismäßigen Kosten verbunden ist und dem A aus der anderen Art der Nacherfüllung keine erheblichen Nachteile entstehen. Für den A ist es im Ergebnis egal, ob seine Leiter korrekt montiert wird oder er eine neue Leiter bekommt. B wird also wahrscheinlich die Leiter korrekt montieren und damit den Mangel beseitigen. Im Zusammenhang mit der Nacherfüllung **erforderliche Kosten** (z. B. für Transport, An- und Abfahrt, Material und Arbeitszeit) muss B vollständig tragen (§439 II BGB). Verursacht A allerdings unsinnige Kosten, indem er die Leiter beispielsweise mit dem Taxi zu B bringen lässt, muss B nicht dafür aufkommen.

3. **Ansprüche wegen des gebrochenen Armes – Schadensersatz neben der Leistung:** Lösung nach Schema über §§434, 437, 280 I BGB: A könnte Schadensersatzansprüche gegen B haben. Da sich der Ersatzanspruch nicht auf die Leistung selbst, sondern auf deren Umfeld bezieht (Mangelfolgeschaden), handelt es sich um Schadensersatz neben der Leistung.
   – Schuldverhältnis: Kaufvertrag (Prüfung siehe oben).
   – Pflichtverletzung: Mangelhafte Leistung wegen des Sachmangels (Prüfung siehe oben).
   – Vertretenmüssen: B handelt fahrlässig, da er den Warnhinweis in der Montageanleitung nicht beachtet (§276 I, II BGB).
   – (Fristsetzung: Bei Schadensersatz neben der Leistung nicht erforderlich.)
   Rechtsfolgen: A kann von B Schadensersatz neben der Leistung verlangen (§280 I BGB). Die Höhe ergibt sich aus §§249 ff. BGB und umfasst neben den Behandlungs- und Krankenhauskosten (§249 II BGB) ggf. auch Schmerzensgeld (§253 II BGB)[14].

- **Rücktritt vom Vertrag:** Fall wie oben, aber eine der folgenden Varianten:
  1. B weigert sich, wegen der Leiter etwas zu unternehmen (§323 II BGB).
  2. Der Versuch, die Leiter korrekt zu montieren, schlägt zweimal fehl (§440 BGB).
  3. Als Nacherfüllung wird Ersatzlieferung gewählt und innerhalb einer von A gesetzten angemessenen Frist liefert B keine Ersatzleiter (§440 BGB).

---

14 Schmerzensgeld aus vertraglichen Schuldverhältnissen ist erst seit Inkrafttreten des Schadensersatzmodernisierungsgesetzes (1. 8. 2002) möglich, davor nur aus gesetzlichen Schuldverhältnissen.

Lösung: In den beschriebenen Varianten liegt jeweils eine erfolglose oder ein Grund für eine entbehrliche Fristsetzung vor. Daher kann A bezüglich des Bettes Rücktritt verlangen, sofern der Mangel erheblich ist. Da das Bett ohne Leiter nicht zu benutzen ist, liegt **Erheblichkeit** vor, d. h. A könnte vom Kaufvertrag zurücktreten (§§ 434, 437, 323 BGB). Der Rücktritt erfolgt über §§ 346 ff. BGB, d. h. B müsste das Bett bei A abholen und diesem den Kaufpreis zurückerstatten.

Anstelle des Rücktritts könnte A auch **Minderung** verlangen (§ 441 I Satz 1 BGB). Dies wäre sogar bei einer **unerheblichen Pflichtverletzung** möglich (§ 441 I Satz 2 BGB), wenn z. B. die Leiter zwar richtig montiert, aber an einigen schwer zu sehenden Stellen deutlich verkratzt ist.

- **Schadensersatz statt der Leistung und Aufwendungsersatz:** Fall wie oben. Da die Nacherfüllung durch B nicht zustande kommt, lässt A von einem Möbelschreiner die Leiter in einen funktionstüchtigen Zustand bringen. Für Material und Arbeitszeit zahlt er 100,– €. Kann A von B den Ersatz dieser Kosten verlangen?
Lösung nach Schema über §§ 434, 437, 281 BGB: Da A hier Kosten im Zusammenhang mit der Leistung selbst entstanden sind, müsste A Schadensersatz statt der Leistung verlangen.
    – Schuldverhältnis: Kaufvertrag (Prüfung siehe erstes Beispiel Lösung Nr. 1).
    – Pflichtverletzung: Mangelhafte Leistung wegen des Sachmangels (Prüfung siehe erstes Beispiel Lösung Nr. 1).
    – Vertretenmüssen: B handelt fahrlässig (Prüfung siehe erstes Beispiel Lösung Nr. 3).
    – Fristsetzung: Erfolglos oder entbehrlich (vgl. zweites Beispiel).
Rechtsfolgen: A könnte gemäß §§ 280 I, III, 281 I BGB von B Schadensersatz statt der Leistung verlangen, „soweit" die Leistung mangelhaft ist („Merkzettel" § 437 Nr. 3 BGB), also die 100,– € für die Leiterreparatur.
Anstelle des Schadensersatzes statt der Leistung könnte A aber auch einen **Aufwendungsersatz** verlangen, wenn ihm im Vertrauen auf den Erhalt der Leistung Aufwendungen entstanden sind, beispielsweise Kosten für das Ausräumen und Abtransportieren seiner alten Möbel (§ 284 BGB).

- **Schadensersatz statt der ganzen Leistung:** Schadensersatz statt der ganzen Leistung kann A von B nur unter der zusätzlichen Voraussetzung des § 281 I Satz 3 BGB verlangen, d. h. wenn die Pflichtverletzung **erheblich** ist (vgl. analoge Regelung beim Rücktritt).
Lösung: Bei erfolgloser oder entbehrlicher Nacherfüllung kann A, da der von B zu vertretende Mangel erheblich ist, auch Schadensersatz statt der ganzen

Leistung verlangen. Das Bett wäre dann zurückzugeben (§ 281 V BGB) und B müsste dem A Schadensersatz leisten. B müsste A so stellen, als wäre der Mangel nicht aufgetreten (§§ 249 ff. BGB), d. h. er müsste alle Kosten im direkten Zusammenhang mit dem Bett, insbesondere auch höhere Kosten eines Deckungsgeschäftes ersetzen, falls A ein vergleichbares Bett woanders nur zu einem höheren Preis kaufen könnte.

3.5.2 Ansprüche bei nicht behebbarem Sachmangel[15]

Das wesentliche Merkmal des nicht behebbaren Sachmangels ist die Tatsache, dass die **Nacherfüllung unmöglich** ist. Daher sind die Ansprüche bei nicht behebbaren Sachmängeln auch analog zu denen bei Unmöglichkeit geregelt, d. h. eine Fristsetzung ist prinzipiell entbehrlich und hinsichtlich des Vertretenmüssens ist zwischen anfänglicher und nachträglicher Unmöglichkeit der Nacherfüllung zu unterscheiden. Aus der Kombination der Elemente des Sachmangels und der Unmöglichkeit ergibt sich folgendes Schema.

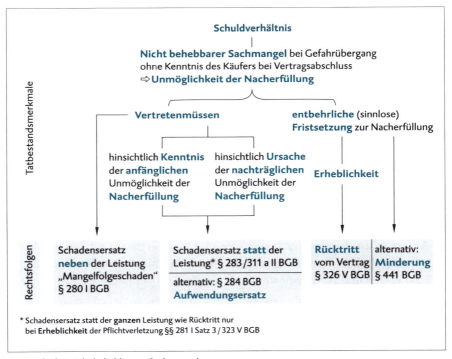

Ansprüche bei nicht behebbarem Sachmangel.

---

15 Dieser Punkt ist nur im Leistungskurs verpflichtend.

Fallbeispiele:
- **Rücktritt und Minderung:** A kauft das gebrauchte Motorrad des B. B sichert auf Nachfrage von A zu, dass es unfallfrei ist. Bei einem ersten Werkstattbesuch am Tag nach der Übergabe stellt sich heraus, dass der Rahmen des Motorrads von einem Unfall verzogen ist. Kann A das Motorrad zurückgeben oder zumindest einen günstigeren Preis verlangen?
Lösung nach Schema über §§ 434, 437, 326 V BGB: A könnte das Motorrad zurückgeben, wenn er vom Vertrag zurücktritt.
  – Schuldverhältnis: A und B haben einen Kaufvertrag über das Motorrad (§§ 145, 147, 433 BGB). Aus dem Kaufvertrag ist B verpflichtet, dem A das Motorrad frei von Sachmängeln zu liefern.
  – Pflichtverletzung: Es liegt ein Sachmangel vor, da die vereinbarte Beschaffenheit „unfallfrei" nicht gegeben ist (§ 434 I Satz 1 BGB) und dies bereits bei Gefahrübergang so war, da es kurz nach der Übergabe festgestellt wird (§ 446 BGB). A wusste bei Vertragsabschluss nichts von dem Mangel und da er nachgefragt hat, ist er auch nicht grob fahrlässig in Unkenntnis über den Mangel (§ 442 BGB).
  – (Vertretenmüssen: Nicht erforderlich für Rücktritt.)
  – Fristsetzung: Eine Frist wurde nicht gesetzt, daher muss geprüft werden, ob die Frist entbehrlich ist. Die Unfallfreiheit kann nicht wiederhergestellt werden und da es sich um ein gebrauchtes Motorrad handelt (Stückkauf), ist auch eine Ersatzlieferung nicht möglich, d. h. es handelt sich um einen nicht behebbaren Sachmangel. Da die Nacherfüllung unmöglich ist, greift § 326 V BGB (Querverweis bei § 323 II BGB eintragen), d. h. die Fristsetzung ist entbehrlich.
Rechtsfolgen: Unter der zusätzlichen Voraussetzung der **Erheblichkeit** (§ 323 V BGB) kann A ohne Fristsetzung vom Kaufvertrag zurücktreten und das Motorrad zurückgeben (§§ 326 V, 323 BGB). Das **Fehlen einer zugesicherten Eigenschaft** bedeutet immer Erheblichkeit. Alternativ zum Rücktritt könnte A auch **Minderung** verlangen, selbst wenn es sich nur um einen unerheblichen Fehler handelt (§ 441 BGB), z. B. wenn das Tankschloss defekt ist und weder repariert noch ersetzt werden kann.

- **Schadensersatz statt der (ganzen) Leistung und Aufwendungsersatz:** Gleiches Fallbeispiel wie oben.
Lösung nach Schema über §§ 434, 437, 283 oder 311 a II BGB: Da die Leistung nicht teilbar ist, kann A nur Schadensersatz statt der ganzen Leistung verlangen, wenn er das Motorrad nicht mehr will und ein vergleichbares Fahrzeug nur zu einem höheren Preis kaufen kann.

- Schuldverhältnis: Kaufvertrag (Prüfung siehe erstes Fallbeispiel).
- Pflichtverletzung: Mangelhafte Leistung wegen Sachmangels (Prüfung siehe erstes Fallbeispiel).
- Vertretenmüssen: B hat den Mangel zu vertreten, da er durch seine ausdrückliche Zusicherung der Unfallfreiheit eine Beschaffenheitsgarantie übernommen hat (§ 276 I BGB). Diese führt zum Vertretenmüssen, unabhängig davon, ob der Unfall vor oder nach Vertragsabschluss stattfand, d. h. ob anfängliche oder nachträgliche Unmöglichkeit der Nacherfüllung vorliegt (vgl. Vertretenmüssen bei Unmöglichkeit, S. 108 ff.).
- (Fristsetzung: Sinnlos und daher entbehrlich.)

Rechtsfolgen: A könnte sowohl bei anfänglicher Unmöglichkeit der Nacherfüllung gemäß §§ 280 I, III, 283 BGB als auch bei nachträglicher Unmöglichkeit der Nacherfüllung gemäß § 311 a II BGB („Merkzettel" § 437 Nr. 3 BGB) von B Schadensersatz bezüglich des ganzen Motorrads nur geltend machen, wenn die Pflichtverletzung **erheblich** ist, da sowohl in § 283 Satz 2 BGB als auch § 311 a II Satz 3 BGB auf § 281 I Satz 3 BGB verwiesen wird. Das **Fehlen einer zugesicherten Eigenschaft** bedeutet immer Erheblichkeit. Anstelle des Schadensersatzes statt der Leistung könnte A aber auch **Aufwendungsersatz** verlangen, wenn ihm im Vertrauen auf den Erhalt der Leistung Aufwendungen entstanden sind, z. B. Kosten für die Motorradzulassung oder die Miete eines Anhängers für den Transport des Motorrads nach dem Kauf.

Mangelfolgeschäden bei nicht behebbaren Sachmängeln sind gleich geregelt wie bei behebbaren Sachmängeln (vgl. S. 118).

3.6 Schutzpflichtverletzungen (§ 241 II BGB)[16]

Neben den vertraglichen Haupt- und Nebenleistungspflichten können für beide Vertragsparteien Schutzpflichten gemäß § 241 II BGB gegenüber der anderen Vertragspartei entstehen (vgl. S. 87 f.). Diese Schutzpflichten können z. B. Informations-, Beratungs-, Sorgfalts- und Obhutspflichten sein.

Für den Rücktritt und den Schadensersatz statt der ganzen Leistung gibt es bei der Schutzpflichtverletzung eigene Rechtsnormen (§§ 282 und 324 BGB). Die Fristsetzung wird durch das Kriterium der **Unzumutbarkeit** ersetzt, da eine Fristsetzung immer nur bei nachholbaren Leistungspflichten Sinn macht.

---

16 Dieser Punkt ist nur im Leistungskurs verpflichtend.

Für die Verletzung von Schutzpflichten ergibt sich folgendes Schema:

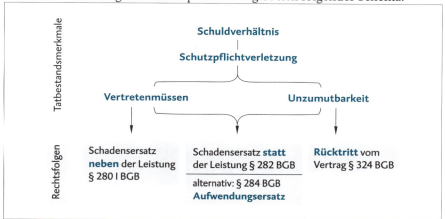

Ansprüche bei Schutzpflichtverletzungen.

Fallbeispiele:

- Der eingefleischte Nichtraucher A bestellt den Handwerker B zur Renovierung seines Wohnzimmers. Während der technisch einwandfreien Arbeiten verqualmt B die gesamte Wohnung des A und lässt seine Zigarettenstummel überall herumliegen. Welche Ansprüche hat A gegen B?
  Lösung nach Schema:
  - Schuldverhältnis: A und B haben einen Werkvertrag geschlossen (§§ 145, 147, 631 BGB).
  - Pflichtverletzung: B verschmutzt das Eigentum (Rechtsgut) und verletzt die Interessen des A und verstößt damit gegen § 241 II BGB.
  - Vertretenmüssen: Das Handeln des B erfolgt vorsätzlich (§ 276 BGB).
  - Unzumutbarkeit: Eine weitere Erbringung der Leistung durch B ist für A unzumutbar, da sonst die Renovierung völlig umsonst wäre.

  Rechtsfolgen: Da alle vier Tatbestandsmerkmale gegeben sind, kann A nicht nur vom Vertrag zurücktreten und Schadensersatz neben der Leistung verlangen (z. B. Reinigung und Geruchsbekämpfung in betroffenen Räumen, § 280 I BGB), sondern auch die Leistung ablehnen und Schadensersatz statt der ganzen Leistung fordern (§ 282 BGB) Dieser würde gemäß §§ 249 ff. BGB neben den Kosten der Reinigung und Geruchsbekämpfung auch die eines teureren Ersatzhandwerkers beinhalten.

- Bei der Lieferung eines Hochbetts beschädigt der Verkäufer B beim Transport der Teile aus Unachtsamkeit die Wohnungstür des A. Kann A von B Ersatz des Schadens an der Tür verlangen?

Lösung:
- Schuldverhältnis: A und B haben einen Kaufvertrag geschlossen (§§ 145, 147, 433 BGB).
- Pflichtverletzung: B verletzt das Eigentum (Rechtsgut) des A durch die Beschädigung der Tür und verstößt damit gegen § 241 II BGB.
- Vertretenmüssen: Die Beschädigung erfolgt fahrlässig (§ 276 I, II BGB).
- Unzumutbarkeit: Für Schadensersatz neben der Leistung nicht erforderlich.
Rechtsfolgen: Da B dem A einen Schaden zufügt, den er zu vertreten hat, ist er zum Schadensersatz neben der Leistung verpflichtet (§ 280 I BGB), dessen Umfang sich aus §§ 249 ff. BGB ergibt. B muss entweder die Tür reparieren oder Wertersatz für die Beschädigung z. B. in Höhe der Reparaturkosten leisten.

4 Verbraucherschutz

Der Gesetzgeber geht davon aus, dass im Geschäftsleben Unternehmer gegenüber Verbrauchern eine stärkere Ausgangsposition haben, da sie vielfach über einen Informations- und Erfahrungsvorsprung verfügen. Unter Verbraucherschutz subsumiert man ein Vielzahl von rechtlichen Regelungen, die in der sozialen Marktwirtschaft als Regulativ der Privatautonomie fungieren, indem sie den Verbraucher vor unbilligen Benachteiligungen schützen.

4.1 Verbrauchsgüterkauf (§§ 474–479 BGB)

Aufgrund der EG-Verbrauchsgüterkaufrichtlinie musste das Kaufrecht zwischen **Unternehmer** (§ 14 BGB) und **Verbraucher** (§ 13 BGB) grundlegend geändert werden. Der Verbrauchsgüterkauf stellt dabei keine eigene Vertragsform, sondern einen regulären Kaufvertrag unter den zusätzlichen Bedingungen der §§ 474–479 BGB für den **Verbrauchsgüterkauf** dar. Im Folgenden sind die wesentlichen Regelungen im Überblick aufgelistet.
- Der **Gefahrübergang** beim Versendungskauf ist entgegen § 447 BGB erst zum Zeitpunkt der Übergabe der Sache an den Verbraucher (§ 474 II BGB).
- Eine vertragliche Einschränkung der gesetzlichen **Gewährleistungsrechte** ist beim Verbrauchsgüterkauf kaum noch möglich (§ 475 BGB). Es kann von vornherein – wenn überhaupt – nur der Anspruch auf Schadensersatz ausgeschlossen werden und die Gewährleistungsfrist kann nur bei gebrauchten Sachen verkürzt werden, aber nur bis zu einer Mindestfrist von einem Jahr.

- **Beweislastumkehr** beim Sachmangel: Innerhalb der ersten sechs Monate ab Gefahrübergang wird prinzipiell vermutet, dass der Mangel bereits bei Gefahrübergang vorhanden war, es sei denn, dies ist mit der Art der Sache oder des Fehlers nicht vereinbar (§ 476 BGB). **Bsp.:** Bei verdorbenem Fleisch oder bei einem CD-Player, der eindeutig Beschädigungen durch schlechte Behandlung aufweist, ist eine Beweislastumkehr nach kurzer Zeit ausgeschlossen. Löst sich die Sohle eines Schuhs dagegen nach fünf Monaten, kommt beim Verbrauchsgüterkauf die Beweislastumkehr zum Tragen, d. h. der Verkäufer muss nachweisen, dass der Fehler nicht schon bei Gefahrübergang vorlag.
- Ist ein Unternehmer gegenüber einem Verbraucher zu Leistungen wegen Sachmangels verpflichtet, kann er diese ggf. an seinen Lieferanten weitergeben (Unternehmerrückgriff §§ 478, 479 BGB).

4.2 Integration von Verbraucherschutzgesetzen in das BGB

Seit dem Inkrafttreten des BGB am 1. 1. 1900 wurden aus der Rechtsprechung und aufgrund von EG-Richtlinien viele Nebengesetze zum Schutz des Verbrauchers (§ 13 BGB) entwickelt, die zusätzlich zum BGB zu berücksichtigen waren. Ein wesentliches Anliegen der Schuldrechtsreform war die Integration dieser Verbraucherschutzgesetze in das BGB selbst, um das Zivilrecht wieder übersichtlicher zu machen und das BGB als zentrale Kodifikation des Zivilrechts wiederherzustellen. Betroffen waren davon verschiedene Gesetze (z. B. Verbraucherkreditgesetz, Fernabsatzgesetz). Die ins BGB übernommenen Verbraucherschutzgesetze sind in folgender Tabelle aufgeführt.

früher	jetzt im BGB
Gesetz zur Regelung der Allgemeinen Geschäftsbedingungen (AGBG)	§§ 305–310
Gesetz über Widerruf von Haustür- und ähnlichen Geschäften (HWiG)	§§ 312–312 a
Fernabsatzgesetz (FernAbsG)	§§ 312 b–312 d
Gesetz über Veräußerung von Teilzeitnutzungsrechten an Wohngebäuden (TzWrG)	§§ 481–487
Verbraucherkreditgesetz (VerbrKrG)	§§ 491–504

Neben der Zusammenführung der zivilrechtlichen Regelungen im BGB ist die Vereinheitlichung des Widerrufsrechts ein wesentliches Ergebnis der Schuldrechtsreform: Egal wo im BGB ein Widerrufsrecht nach § 355 BGB eingeräumt wird (z. B. §§ 312 I, 312 d I, 485 I, 495 I, 505 I BGB), sind die Ausübung und Rechtsfolgen des Widerrufsrechts einheitlich in den §§ 355–359 BGB geregelt.

4.3 Allgemeine Geschäftsbedingungen (§§ 305–310 BGB)

Aufgrund des Grundsatzes der Vertragsfreiheit können gesetzliche Regelungen zu Pflichtverletzungen vertraglich anderslautend vereinbart werden. Prinzipiell bestehen für derartige vertragliche Vereinbarungen zwei Möglichkeiten:
- **Individualabrede**, d. h. die Vertragspartner handeln die Vertragsbedingungen im Einzelnen aus (§§ 305 I Satz 3, 305 b BGB).
- **Allgemeine Geschäftsbedingungen** (AGB), d. h. eine Vertragspartei stellt der anderen Vertragspartei bei Vertragsabschluss Vertragsbedingungen, die für eine Vielzahl von Verträgen vorformuliert sind (§ 305 I Satz 1 BGB).

AGB werden in der Umgangssprache auch das „Kleingedruckte" genannt, die äußere Form dieser Vertragsbedingungen spielt allerdings keine Rolle (§ 305 I Satz 2 BGB). In der Regel verfolgen AGB primär den **Zweck**, die rechtliche Position des Verwenders zu verbessern, indem dieser beispielsweise seine Haftung begrenzt oder Rechte der anderen Vertragspartei einschränkt. Darüber hinaus dienen AGB der Rationalisierung des Geschäftsbetriebs durch vorgedruckte einheitliche Vertragsbedingungen, der Regelung branchenspezifischer Besonderheiten und der Erhöhung der Rechtssicherheit durch Schriftform

In den 1970er-Jahren sah der Gesetzgeber zunehmend die Notwendigkeit, die AGB gesetzlich zu regulieren, da die Verwender der AGB ihre Position missbrauchten, die Haftung gemäß BGB oft zu stark einschränkten, durch unklare Formulierungen und leserunfreundliches Druckbild eine genaue Kenntnisnahme der AGB zum Teil gezielt erschwerten und so Verbraucher unangemessen benachteiligt wurden. Als Konsequenz wurde 1976 das Gesetz zur Regelung der Allgemeinen Geschäftsbedingungen (AGBG) erlassen, das mit der Schuldrechtsreform fast unverändert als §§ 305–310 in das BGB integriert wurde.

Neben der **Definition** der AGB wird dort in erster Linie geregelt, unter welchen Bedingungen AGB wirksam in einen Vertrag aufgenommen werden und ob ihr Inhalt zulässig ist. Im Umkehrschluss bedeutet das, dass eine AGB aufgrund ihres Inhalts unwirksam sein kann, obwohl sie formal korrekt Vertragsbestandteil geworden ist. AGB werden wirksam **Vertragsbestandteil**, wenn
- ausdrücklich oder durch deutlich sichtbaren Aushang auf sie hingewiesen wird (§ 305 II Nr. 1 BGB)
- die Möglichkeit besteht, in zumutbarer Weise von ihnen Kenntnis zu nehmen (§ 305 II Nr. 2 BGB)
- beide Vertragsparteien einverstanden sind (§ 305 II BGB)
- die Klausel nicht so ungewöhnlich ist, dass nach den Umständen des Vertrags nicht mit ihr gerechnet werden muss (§ 305 c I BGB).

Die Unwirksamkeit von AGB wird in den §§ 307–309 BGB mit abnehmender Auslegbarkeit geregelt: Während § 307 BGB unabhängig von einzelnen AGB sehr allgemein formuliert ist, sodass er im Prinzip auf jede Art von AGB angewandt werden kann und deshalb auch „**Generalklausel**" genannt wird, geht es in § 308 BGB (**Klauselverbote mit Wertungsmöglichkeit**) bereits um konkrete AGB, bei denen jedoch die betreffende Bedingung noch auslegbar ist (z. B. Angemessenheit einer Frist oder eines Betrages). § 309 BGB (**Klauselverbote ohne Wertungsmöglichkeit**) listet schließlich mehr als 20 AGB auf, die so genau beschrieben sind, dass eindeutig geregelt ist, ob eine derartige AGB unwirksam ist (z. B. Ausschluss der Kosten der Nacherfüllung bei neuen Sachen § 309 Nr. 8 b) cc) BGB).

Werden einzelne AGB nicht Vertragsbestandteil bzw. sind sie unwirksam, bleibt der übrige Vertrag in der Regel trotzdem wirksam (§ 306 BGB).

5 Gesetzliche Schuldverhältnisse

Außer durch Vertrag kann auch per Gesetz ein Schuldverhältnis entstehen, aufgrund dessen der Gläubiger etwas von einem Schuldner verlangen kann. Die wesentlichen Tatbestände im Schuldrecht sind die **ungerechtfertigte Bereicherung**, die **unerlaubte Handlung** und die **Gefährdungshaftung**.

5.1 Ungerechtfertigte Bereicherung (§§ 812–822 BGB)

Die Regelungen in §§ 812 ff. BGB haben die Funktion, rechtlich ungerechtfertigte Vermögensverschiebungen rückgängig zu machen. Bei der ungerechtfertigten Bereicherung unterscheidet man den Grundtatbestand (§ 812 BGB) und den Sondertatbestand der Verfügung eines Nichtberechtigten (§ 816 BGB).

Der **Grundbestand** bietet eine gute Gelegenheit zum Üben der Normenanalyse. § 812 BGB erfasst alle Fälle, in denen

- jemand (= eine Person)
- durch die Leistung eines anderen oder in sonstiger Weise
- auf dessen Kosten
- ohne rechtlichen Grund
- etwas erlangt.

§ 812 BGB greift auch dann, wenn der Rechtsgrund erst im Nachhinein wegfällt (§ 812 I Satz 2 BGB; z. B. nach Anfechtung).

Der Grundtatbestand ist insbesondere bei unwirksamen Rechtsgeschäften von beschränkt Geschäftsfähigen (§§ 106–113 BGB), bei Unwirksamkeit nach Anfechtung (§§ 119–124, 142, 143 BGB), bei allen anderen Fällen nichtiger Rechtsgeschäfte (z. B. §§ 117, 118, 125, 134, 138 BGB) und bei Entschädigungen für Eigentumsverlust kraft Gesetzes (§ 951 I BGB) relevant.

Die Herausgabepflicht erstreckt sich gemäß § 818 I BGB auch auf gezogene Nutzungen (z. B. Dividenden bei Aktien) und Ersatzansprüche (z. B. Versicherungsleistungen bei Zerstörung der ungerechtfertigt erlangten Sache). Ist eine Herausgabe ausgeschlossen, weil sie nicht möglich ist, so hat der Bereicherte den Wert des Erlangten zu ersetzen (§ 818 II BGB). **Bsp.:** Die ungerechtfertigt erlangte Tapete ist bereits verarbeitet; das ungerechtfertigt Erlangte war eine Dienstleistung.

Ist die Bereicherung nicht mehr gegeben (**Bsp.:** Eine ungerechtfertigt erlangte Torte wurde bereits gegessen oder erlangtes Geld wurde bereits für einen Urlaub ausgegeben), kann weder Herausgabe noch Wertersatz gefordert werden, da der Gesetzgeber nur eine tatsächlich vorhandene Vermögensvermehrung abschöpfen will. Das heißt nicht, dass der Geschädigte automatisch leer ausgeht, da außerhalb des Bereicherungsrechts ggf. das Schadensersatzrecht Ansprüche rechtfertigen könnte.

Der **Sondertatbestand** des § 816 I BGB ist die zentrale Regelung bei **gutgläubigem Eigentumserwerb vom Nichtberechtigten** (vgl. S. 69). Je nachdem, ob der Nichtberechtigte durch die Verfügung etwas erlangt hat oder nicht, ergeben sich unterschiedliche Rechtsfolgen.

Bei **entgeltlicher Verfügung** (z. B. Kauf, Tausch) muss der Nichtberechtigte das erlangte Entgelt herausgeben (§ 816 I Satz 1 BGB). **Bsp.:** A leiht dem B eine DVD. Dieser verkauft und übereignet sie wirksam an den nichts ahnenden C. C ist Eigentümer der DVD, aber A kann von B den erlangten Kaufpreis herausfordern. (Ist dieser wertmäßig zu gering, könnten ggf. zusätzlich vertragliche oder gesetzliche Schadensersatzansprüche greifen.)

Bei **unentgeltlicher Verfügung** ist nicht der Nichtberechtigte, sondern der Empfänger der Leistung bereichert. Konsequenterweise muss daher dieser die erlangte Sache trotz wirksamen gutgläubigen Eigentumserwerbs an den ursprünglichen Eigentümer herausgeben (§ 816 I Satz 2 BGB). **Bsp.:** A leiht dem B eine DVD. Dieser schenkt die DVD dem C. Obwohl C gutgläubig Eigentümer der DVD geworden ist, muss er sie an A herausgeben, da A sonst keinerlei Ansprüche aus seinem Eigentumsverlust hätte und C unbilligerweise besser dastünde als vorher, obwohl er selbst keinerlei Leistung erbracht hat.

Die Regelungen aus § 818 BGB gelten analog.

Der Zusammenhang zwischen Grund- und Sondertatbestand und den entsprechenden Rechtsfolgen wird in der folgenden Grafik illustriert:

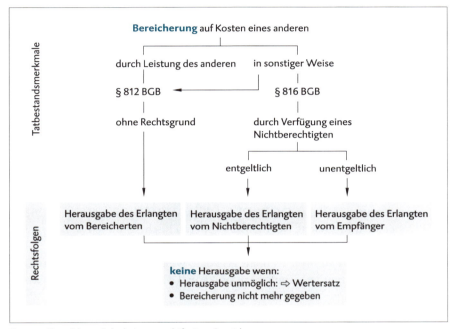

Systematik und Ansprüche bei ungerechtfertiger Bereicherung.

5.2 Unerlaubte Handlung (§§ 823–830 BGB)

Unter den Voraussetzungen des § 823 BGB können Ansprüche auf Schadensersatz wegen unerlaubter Handlung entstehen. Sie werden auch deliktische Ansprüche genannt. Neben den Tatbestandsmerkmalen des § 823 BGB muss zusätzlich aber auch die Verantwortlichkeit des Schädigers für die begangene Tat, also insbesondere die **Deliktsfähigkeit** gegeben sein (§§ 827, 828 BGB, vgl. Ausführungen zu rechtlich relevanten Lebensaltersstufen S. 35).

Das **Deliktsrecht** im Zivilrecht darf nicht mit dem **Strafrecht** verwechselt werden. Im Strafrecht geht es nicht um Wiedergutmachung eines eingetretenen Schadens sondern darum, einen Täter für ein begangenes Unrecht zu belangen und in der Zukunft von weiteren Straftaten abzuhalten. Eine verhängte Geldstrafe kommt nicht dem Geschädigten zugute, sondern fließt in die Staatskasse. Seine Schadensersatzansprüche muss der Geschädigte selbst mit den Mitteln des Zivilrechts versuchen durchzusetzen.

Schadensersatzansprüche aus §823 BGB entstehen, wenn
- jemand (eine Person, nicht z. B. ein Tier)
- vorsätzlich oder fahrlässig (§276 BGB)
- widerrechtlich
- ein absolutes Recht (§823 I BGB) oder ein Schutzrecht (§823 II BGB) eines anderen verletzt.

Die Verletzung kann sowohl durch eine **Tun** als auch durch ein **Unterlassen** hervorgerufen werden und muss den entstandenen Schaden direkt verursacht haben (**Kausalzusammenhang** zwischen Handlung und Schaden).

Die **absoluten Rechte** (Leben, Körper, Gesundheit, Freiheit, Eigentum) sind in §823 I BGB aufgelistet. Dabei lässt die Formulierung „oder ein sonstiges Recht" der Rechtsprechung Interpretationsspielraum für andere Fälle von Verstößen gegen absolute Rechte.

Schutzrechte sind z. B. die meisten Normen des Strafgesetzbuches (z. B. Körperverletzung §§223 ff. StGB, Diebstahl §§242 ff. StGB, Betrug §§263 ff. StGB), aber auch zahlreiche Normen aus anderen Rechtsgebieten (z. B. Arbeitsrecht, Gewerberecht, Umweltrecht).

Die **Widerrechtlichkeit** ist nicht gegeben, wenn der Schädiger sich auf sogenannte Rechtfertigungsgründe berufen kann. Dazu zählen im BGB Notwehr, Notstand und erlaubte Selbsthilfe.

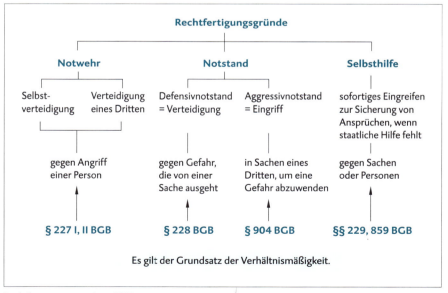

Rechtfertigungsgründe im BGB.

Fallbeispiel:
Der 20-jährige A fährt den B mit seinem Auto an und verletzt ihn schwer. Es stellt sich heraus, dass A zum Zeitpunkt des Unfalls zu schnell gefahren ist und stark alkoholisiert war. Welche Ansprüche hat B gegen A?
Lösung: A hat fahrlässig (§ 276 BGB: Überhöhte Geschwindigkeit, Alkohol am Steuer) und widerrechtlich (kein Rechtfertigungsgrund) den Körper des B verletzt. Die Deliktsfähigkeit des volljährigen A ist gegeben, da § 827 BGB Trunkenheit mit Fahrlässigkeit gleichsetzt.
Rechtsfolgen: B kann von A Schadensersatz gemäß § 823 I BGB verlangen. Auch gemäß § 823 II BGB könnte B Ansprüche geltend machen, da § 24 a StVG i. V. m. § 315 c StGB Trunkenheit im Straßenverkehr erfasst. Die Höhe des Schadensersatzes ergibt sich aus §§ 249 ff. BGB und würde beispielsweise Behandlungskosten (§ 251 BGB) und Schmerzensgeld (§ 253 II BGB) beinhalten. Bei unerlaubten Handlungen ergeben sich weitere Ansprüche wie z. B. Verdienstausfall oder Rentenzahlung bei dauerhafter Invalidität aus §§ 842 ff. BGB.

5.3 Gefährdungshaftung[17]

Neben der Haftung aus unerlaubter Handlung können Schadensersatzansprüche auch aus Gefährdungshaftung entstehen. Im Gegensatz zu den vertraglichen und den deliktischen Schadensersatzansprüchen entstehen Ansprüche aus Gefährdungshaftung auch **ohne Verschulden**, wenn bestimmte gesetzlich festgelegte **Gefährdungstatbestände** erfüllt sind. Demnach haftet jeder, der eine potenzielle Gefahrenquelle in den Verkehr bringt, die er beherrschen sollte. Es handelt sich also durchwegs um Tatbestände, die eine potenzielle Gefahr für Dritte beinhalten. Typische Fälle, von denen allerdings nur wenige im BGB geregelt sind, sind Tierhaltung (§ 833 I Satz 1 BGB), Halten eines Kraftfahrzeugs (§ 7 StVG) oder Luftfahrzeugs (LuftVG) oder Betreiben von Gas- und Elektrizitätsanlagen. In all diesen Fällen können Schadensersatzansprüche entstehen, auch wenn den Halter oder Betreiber selbst kein Verschulden trifft. **Bsp.:** Ein sonst friedlicher, angeleinter Hund beißt einen Passanten. Ein Autofahrer gerät trotz umsichtiger Fahrweise durch eine Ölspur ins Schleudern und kollidiert mit einem geparkten LKW. Ein Ballonfahrer reißt trotz Beachtung der Sorgfalt bei der Landung eine schlecht sichtbare Telefonleitung durch. In all diesen Fällen haftet der Halter und muss Schadensersatz leisten, obwohl kein Verschulden vorliegt.

---

17 Dieser Punkt ist nur im Leistungskurs verpflichtend.

6 Produkthaftungsgesetz[18]

Sowohl Schadensersatzansprüche aus vertraglichen Schuldverhältnissen als auch aus unerlaubter Handlung haben als gemeinsame und unabdingbare Voraussetzung, dass jemand den entstandenen Schaden zu vertreten hat. Da das nicht immer der Fall ist, kann dies in vielen Fällen zu unbilligen Härten für den Geschädigten führen.

Fallbeispiel:
A kauft bei B neue Inlineskates des Herstellers C. Bei einer flotten, aber nicht fahrlässig schnellen Fahrt auf einem abschüssigen Weg bricht eine der Rollen. A stürzt, reißt dabei die neben ihm fahrende D mit zu Boden und landet schließlich unsanft auf der Motorhaube eines von E ordnungsgemäß am Straßenrand geparkten Lieferwagens. Ein Sachverständiger stellt in einem Gutachten fest, dass der Bruch der Rolle auf einem Fabrikationsfehler beruhte, der von außen nicht erkennbar war. Folgende Schäden sind entstanden:
- Der eine Inlineskate von A ist stark beschädigt und seine Kleidung zerrissen. Außerdem hat er sich das rechte Handgelenk gebrochen.
- D hat eine Gehirnerschütterung, ihr Helm ist nicht mehr zu gebrauchen.
- Der Lieferwagen von E ist verbeult und verkratzt.

Lösung nach BGB: A hat zwar Ansprüche bezüglich seiner Skates aus Sachmangel (Nacherfüllung oder ggf. Rücktritt oder Minderung), aber mangels Verschulden des B (Mangel war nicht zu erkennen) weder vertragliche noch gesetzliche Ansprüche auf Schadensersatz. Die D und der E gehen völlig leer aus, da auch den A kein Verschulden trifft, da er nicht fahrlässig schnell gefahren ist.

Diese Situation wurde vom Gesetzgeber als unbillig gewertet. Aus zahlreichen Urteilen und aufgrund einer EG-Richtlinie von 1985 wurde daher das Produkthaftungsgesetz entwickelt, das seit 1.1.1990 in Kraft ist. Es gibt dem Verbraucher eine weitere außervertragliche Anspruchsgrundlage nach dem **Prinzip der Gefährdungshaftung**. Damit liegt das Produkthaftungsgesetz an der Schnittstelle zwischen vertraglichen und gesetzlichen Schuldverhältnissen: Es regelt Schadensersatzansprüche, die durch ein fehlerhaftes Produkt entstehen; die Verbindung zu den vertraglichen Schuldverhältnissen besteht einerseits darin, dass das Produkt irgendwann einmal aufgrund eines Vertrages in den Verkehr gebracht wurde (z. B. Kauf oder Miete); andererseits richten sich die Ansprüche des ProdHaftG nicht ausschließlich gegen den Vertragspartner, sondern per Gesetz gegen den Hersteller des Produkts.

---

18 Dieser Punkt ist nur im Leistungskurs verpflichtend.

§ 1 ProdHaftG legt fest, wann die Haftung nach ProdHaftG eintritt. Dabei werden viele juristische Begriffe verwendet, die anschließend in den §§ 2 bis 4 ProdHaftG definiert werden. Das ProdHaftG greift
- gegenüber dem **Hersteller**
- wenn ein **Fehler** an einem **Produkt** vorliegt
- der **ursächlich**
- zur **Tötung**, **Verletzung** oder **Gesundheitsschädigung** eines Menschen führt oder zur **Beschädigung einer Sache**, die nicht das Produkt selbst ist und dem privaten Ge- oder Verbrauch dient.

Fallbeispiel – Fortsetzung:
Lösung nach ProdHaftG: Hersteller der Skates ist C. Könnte der Hersteller nicht ermittelt werden, würde allerdings auch der Lieferant B unter die Legaldefinition des § 4 ProdHaftG fallen. Sollte C wiederum die Rollen von einem Zulieferer bezogen haben, könnte er auf diesen verweisen. Das **Produkt** sind die Inlineskates, da sie eine bewegliche Sache sind (§ 2 ProdHaftG). Es liegt ein **Fehler** gemäß § 3 ProdHaftG vor, da die Skates nicht die Sicherheit boten, die berechtigterweise erwartet werden konnte. Der Hersteller haftet gemäß § 1 I ProdHaftG verschuldensunabhängig, da der Produktfehler die oben genannten Schäden verursacht hat und wenn er sich auf keinen der Ausschlussgründe des § 1 II ProdHaftG berufen kann.

Rechtsfolgen: Im vorliegenden Fall müsste C mit folgenden Ausnahmen die Körper- und Sachschäden ersetzen: Die Inlineskates sind das Produkt selbst und nicht eine „andere Sache", für sie greift die Sachmangelhaftung gemäß BGB. Der Lieferwagen des E dient weder gewöhnlich noch tatsächlich dem privaten Gebrauch und fällt gemäß § 1 I Satz 2 ProdHaftG nicht unter das auf Verbraucher gerichtete Produkthaftungsgesetz. Außerdem haben bei den beschädigten Sachen (Kleidung des A, Helm der D) die Geschädigten eine Selbstbeteiligung von 500,– € zu tragen, die hier die Höhe des Schadensersatzes übersteigen dürfte (§ 11 ProdHaftG). Letztendlich müsste C also für die Körperverletzung von A und D Schadensersatz leisten. Für die Höhe des Schadensersatzes gelten die §§ 249 ff. BGB und zusätzlich §§ 8–10 ProdHaftG.

Ausschließlicher **Zweck** des Produkthaftungsgesetzes ist also die **Verbesserung des Verbraucherschutzes** durch
- verschuldensunabhängige Gefährdungshaftung des Herstellers
- Haftung anderer Beteiligter in der Lieferkette bis hin zum Lieferanten, wenn der Hersteller nicht ermittelbar ist

- längere Verjährung als beim Sachmangel: Drei Jahre ab Kenntniserlangung über Schaden, Fehler und Ersatzpflichtigen (§ 12 I ProdHaftG) gegenüber zwei Jahren ab Ablieferung der Sache nach § 438 I Nr. 3 und II BGB
- Beweislastumkehr, d. h. der Verbraucher muss zwar beweisen, dass es einen Fehler und einen Schaden mit Kausalzusammenhang gibt, nicht aber, dass der Hersteller verantwortlich ist (§ 1 IV ProdHaftG). Man geht generell von der Verantwortlichkeit des Herstellers aus, es sei denn er beweist, dass einer der in § 1 II ProdHaftG genannten Ausschlussgründe zutrifft.
- Unabdingbarkeit der Ersatzpflicht aus ProdHaftG, d. h. die Haftung ist zwingendes Recht und kann nicht vertraglich oder über AGB ausgeschlossen oder beschränkt werden (§ 14 ProdHaftG).

7 Verjährung

Jeder Anspruch aus vertraglichen oder gesetzlichen Schuldverhältnissen unterliegt der Verjährung (§ 194 BGB). Mit Ablauf der Verjährungsfrist erlischt zwar nicht der Anspruch, aber der Schuldner erhält ein dauerhaftes Leistungsverweigerungsrecht (§ 214 I BGB), das er allerdings in Form einer Einrede geltend machen muss (vgl. S. 141).

Die Reform des Verjährungsrechts war eines der zentralen Anliegen der Schuldrechtsreform. Das alte Verjährungsrecht war zu unübersichtlich (es gab Verjährungsfristen von sechs Wochen, sechs Monaten, eins, zwei, drei, vier, fünf und 30 Jahren), hatte bei Kauf- und Werkvertrag zu kurze Gewährleistungsfristen, die nicht EU-konform waren, und führte aufgrund der 30-jährigen Regelverjährung dazu, dass in vielen Fällen effektiv erst nach 30 Jahren Rechtssicherheit eintrat.

Das neue Verjährungsrecht ist zwar deutlich klarer aufgebaut, ist aber nach wie vor gerade im Hinblick auf Zuordnung, Beginn, Hemmung und Neubeginn der Verjährung ein komplexes Rechtsgebiet. Neben den zentralen Regelungen in §§ 194–218 BGB finden sich viele Sonderregelungen bei den entsprechenden Ansprüchen im BGB. Dazu zählen vor allem die Gewährleistungsfristen beim Kauf (§ 438 BGB), die für bewegliche Sachen regulär zwei Jahre, bei Arglist drei Jahre betragen und für Bauwerke und deren Bestandteile fünf Jahre. Die Frist beginnt bei Grundstücken mit der Übergabe, sonst mit der Ablieferung der Sache. Vertragliche Einschränkungen der Fristen sind prinzipiell möglich, beim Verbrauchsgüterkauf jedoch nur bedingt (vgl. S. 124).

Die folgende Tabelle gibt einen Überblick über weitere Regelungen.

Frist	Gegenstand der Verjährung	Beginn	Rechtsnorm
6 Monate	Ersatzansprüche des • Vermieters, Mieters • Verpächters, Pächters • Verleihers, Entleihers	Rückgabe der Sache bzw. Ende des Vertrags	• § 548 BGB • § 591b BGB • § 606 BGB
1 Jahr	Mindest-Gewährleistung für Sachmängel bei Verbrauchsgüterkauf über gebrauchte Sachen	Ablieferung der Sache	• § 475 II BGB
2 Jahre	• Gewährleistung bei Sach- und Rechtsmängeln • Ansprüche im Unternehmerrückgriff (§ 478 II BGB)	Ablieferung der Sache bzw. Abnahme	• § 438 BGB § 634a BGB • § 479 I BGB
3 Jahre	• Regelverjährung • Ansprüche aus ProdHaftG • arglistig verschwiegene Sach- oder Rechtsmängel	• Ultimo[19] und Kenntnis • Kenntnis • Ablieferung bzw. Abnahme	• § 195 BGB • § 12 ProdHaftG • §§ 438 III, 634 III BGB
5 Jahre	Gewährleistung bei Mängeln an • Bauwerken • in Bauwerken eingebauten Sachen • bei Planung, Überwachung bzgl. Bauwerken	Übergabe bzw. Abnahme des Bauwerks	• § 438 BGB • § 634a BGB
10 Jahre	• Recht auf Eigentumsübertragung an einem Grundstück • Schadensersatzansprüche bezüglich Eigentum oder Vermögen • Höchstgrenze bei Nichtschadensersatzansprüchen unabhängig von Kenntnis	Entstehung	• § 196 BGB • § 199 III BGB • § 199 IV BGB
30 Jahre	• Schadensersatzansprüche bei Körper-, Gesundheits-, Freiheitsverletzung • Höchstgrenze bei Schadensersatzansprüchen bzgl. Eigentum oder Vermögen • Herausgabeansprüche aus Eigentum/ dinglichen Rechten • Familien-/erbrechtliche Ansprüche • rechtskräftig festgestellte/vollstreckbare Ansprüche	• Schaden auslösendes Ereignis • Entstehung des Anspruchs	• § 199 II BGB • § 199 III BGB • § 197 BGB

Verjährung.

---

19 Ultimo = Jahresschluss; man spricht von „Ultimoverjährung".

Der Zivilprozess –
die Durchsetzung von Ansprüchen

Nachbarschaftsstreitigkeiten entzünden sich oft an Kleinigkeiten. So gibt es Konflikte über den Grenzabstand eines Baumes zum anderen Grundstück oder das Haustier im Garten des Nachbarn. In diesen Fällen sollte wenn möglich immer nach dem Motto „schlichten ist besser als richten" gehandelt werden.

1 Das zivile Gerichtswesen in Deutschland – Instanzenzug

Kommt es zu Streitereien im menschlichen Zusammenleben, in der Erfüllung von Pflichten und in der Durchsetzung von Ansprüchen, bedarf es der vorgerichtlichen Schlichtung bzw., ist diese erfolglos, einer Klärung vor einem Gericht. Viele Bestimmungen zur Gerichtsbarkeit sind im Gerichtsverfassungsgesetz (GVG) enthalten.

Die Zivilgerichtsbarkeit ist Teil der ordentlichen Gerichtsbarkeit. Nach § 13 GVG umfasst die Zuständigkeit der **ordentlichen Gerichte** alle bürgerlichen Rechtsstreitigkeiten und Strafsachen, für die nicht entweder die Zuständigkeit von Verwaltungsbehörden oder Verwaltungsgerichten begründet ist oder aufgrund von Vorschriften des Bundesrechts besondere Gerichte bestellt oder zugelassen werden. Das Gerichtswesen ist sowohl im Grundgesetz als auch im Zivil- und Strafrecht festgelegt. Sonderrechte, wie z. B. Handelsrecht, Sozialrecht und Arbeitsrecht sind extra geregelt. Die **Zivilprozessordnung** (ZPO) regelt verbindlich für Richter, Anwälte und Parteien den Ablauf eines gerichtlichen Verfahrens.

Am 1. Januar 2002 trat das Gesetz der Reform des Zivilprozesses in Kraft, da im Rahmen der Umsetzung der EU-Richtlinien zum Bürgerlichen Recht eine Anpassung notwendig wurde. Ein weiterer Grund für die veranlassten Neuerungen waren die langen Verfahrenswege der Gerichtsverfahren und die damit verbundene Überlastung der Gerichte. Die Funktionen der Instanzen (Amtsgericht, Landgericht etc.) wurden mit der Reform differenziert, wobei die erste Instanz beim Beginn eines Verfahrens gestärkt wurde. Außerdem hat man Berufungs- Beschwerde- und Revisionsverfahren vereinheitlicht und in der Abwicklung beschleunigt.

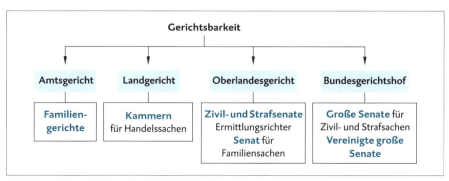

Aufteilung der bundesdeutschen Zivilgerichtsbarkeit.

Das deutsche Gerichtswesen ist hierarchisch aufgebaut. Die Zivilgerichtsbarkeit teilt sich in vier große Bereiche, wobei jede Instanz für bestimmte Gebiete zuständig ist. An oberster Stelle (oberste Instanz) steht jeweils ein Bundesgericht.

Bis 5 000,– € beginnen die Verfahren beim **Amtsgericht**. Außerdem beinhaltet die Zuständigkeit der Amtsgerichte verschiedene Tatbestände in den Bereichen Zivilsachen (§ 23 GVG), Kindschafts-, Unterhalts- und Ehesachen (§ 23 a GVG) sowie in Vormundschafts-, Betreuungs- und Unterbringungssachen (§ 23 b GVG Familiengerichte). Bei Zivilsachen (Streitigkeiten, Ansprüche, Verfahren) wird unterschieden zwischen Gegenständen an Geld oder Geldwert von 600,– € bis 5 000,– € oder aber ohne Rücksicht auf den Wert des Streitgegenstandes in die folgenden Bereiche:
- Mietverhältnis (Wohnraum, Bestand des Mietverhältnisses)
- zwischen Reisenden und Wirten (Wirtszechen), Fuhrleuten (Fuhrlohn), Schiffern (Überfahrtsgelder, Beförderung von Reisenden und ihrer Habe und Verlust oder Beschädigung des Reisegepäcks), zwischen Reisenden und Handwerkern (entstanden aus Anlass der Reise)
- Wildschaden (verwüstete Felder durch Wildschweine)
- Ansprüche aus Grundstücken (Nießbrauch)
- Aufgebotsverfahren (Standesamt).

Die Zuständigkeit der Amtsgerichte in Kindschafts-, Unterhalts- und Ehesachen betreffen Kindschaftssachen (Vaterschaft), Ehe oder Verwandtschaft (gesetzliche Unterhaltspflicht), Unterhaltsanspruch (Geburt, Tod der Mutter, §§ 1615 l und 1615 m BGB), Ehesachen (Scheidung), eheliches Güterrecht (Gütertrennung) und Lebenspartnerschaftssachen (gleichgeschlechtliche Eheverträge). Familiengerichte beschäftigen sich bei Vormundschafts-, Betreuungs- und Unterbringungssachen u. a. mit Ehe- und Scheidungssachen (Versorgungsausgleich, Behandlung der Wohnung und Hausrat), mit Fällen die Kinder betreffen (elterliche Sorge für ein Kind, Umgang mit dem Kind, Herausgabe) und mit Themen der Unterhaltspflicht (Verwandtschaft, Ehe).

Landgerichte sind gemäß § 71 GVG zuständig in Zivilsachen der ersten Instanz, die nicht den Amtsgerichten zugewiesen sind. Hierunter fallen Streitigkeiten über Ansprüche, deren Gegenstand an Geld oder Geldwert die Summe von 5 000,– € übersteigt. Außerdem sind sie ohne Rücksicht auf den Wert des Streitgegenstandes ausschließlich zuständig für Ansprüche, die aufgrund der Beamtengesetze gegen den Fiskus erhoben werden und für Ansprüche gegen Richter und Beamte wegen Überschreitung ihrer amtlichen Befugnisse oder wegen pflichtwidriger Unterlassung von Amtshandlungen. Landgerichte sind außerdem zuständig für Ansprüche gegen den Staat oder eine Körperschaft des Öffentlichen Rechts wegen Verfügungen der Verwaltungsbehörden sowie Ansprüche wegen öffentlicher Abgaben ohne Rücksicht auf den Wert des Streitgegenstandes.

Gemäß § 72 GVG fallen unter die Zuständigkeit der Landgerichte auch Zivilsachen der zweiten Instanz. Die **Zivilkammern**, einschließlich der **Kammer für Handelssachen**, sind die **Berufungs-** und **Beschwerdegerichte** in den vor den Amtsgerichten verhandelten bürgerlichen Rechtsstreitigkeiten, soweit nicht die Zuständigkeit des Oberlandesgerichtes begründet ist. Handelssachen im Sinne von § 95 GVG sind diejenigen bürgerlichen Rechtsstreitigkeiten, in denen durch die Klage ein Anspruch geltend gemacht wird
- gegen einen Kaufmann des HGB
- aus einem Wechsel im Sinne des Wechselgesetzes
- aufgrund des Scheckgesetzes
- aufgrund des Gesetzes gegen den unlauteren Wettbewerb
- aus den Börsengesetzen

oder aus einem der folgenden Rechtsverhältnisse:
- Mitglieder einer Handelsgesellschaft, stille Gesellschafter, Inhaber des Handelsgeschäfts
- Recht zum Gebrauch der Handelsgesellschaft
- Schutz der Marken, Muster und Modelle
- Erwerb eines bestehenden Handelsgeschäftes
- Prokura oder Handlungsvollmacht.

Oberlandesgerichte sind gemäß § 119 GVG in Zivilsachen (bürgerlichen Rechtsstreitigkeiten) zuständig für die Verhandlung und Entscheidung über die Rechtsmittel der Berufung und Beschwerde gegen Entscheidungen des Amtsgerichts und der Familiengerichte und der Berufung und Beschwerde gegen Entscheidungen der Landgerichte.

Die Mitglieder des **Bundesgerichtshofes** (Zivil- und Strafsenate, Ermittlungsrichter) werden durch den Bundesminister der Justiz gemeinsam mit dem Richterwahlausschuss gemäß dem Richterwahlgesetz berufen und vom Bundespräsidenten ernannt (§ 125 GVG). Zum Mitglied des Bundesgerichtshofs kann nur berufen werden, wer das 35. Lebensjahr vollendet hat. In bürgerlichen Rechtsstreitigkeiten ist der Bundesgerichtshof zuständig für die Verhandlung und Entscheidung über die Rechtsmittel der Revision, der Sprungrevision und der Rechtsbeschwerde (§ 133 GVG). Sprungrevision bedeutet, dass ein Verfahren vom Amtsgericht direkt an den Oberlandes- bzw. Bundesgerichtshof verwiesen werden kann.

2 Anspruchsgrundlagen, Einwendungen und Einreden

Ein **Anspruch** stellt das Recht einer Person dar, von einer bestimmten anderen Person ein Tun, Dulden oder Unterlassen zu verlangen. Derartige Ansprüche sind beispielsweise Schadensersatz, Nacherfüllung (Beseitigung eines Mangels, Lieferung einer mangelfreien Sache), Rücktritt vom Vertrag, Minderung, Ersatz vergeblicher Aufwendungen, Zahlung des Kaufpreises, Abnahme einer Sache, Beseitigung einer Störung (Lärm, Geruch) oder die Unterlassung bestimmter Handlungen.

Ansprüche werden unterteilt in rechtsgeschäftliche und gesetzliche Ansprüche. **Rechtsgeschäftliche Ansprüche** umfassen Erfüllung (einseitig und zweiseitig verpflichtende Rechtsgeschäfte), Leistungsstörungen (Sach- und Rechtsmangel, Schuldner- und Gläubigerverzug, Unmöglichkeit, Nebenpflichtverletzung) und Vertragsverhandlungen (Pflichtverletzung bei Vertragsanbahnung). **Gesetzliche Ansprüche** umfassen dingliche Ansprüche (aus Eigentum §§ 985, 986 BGB), schuldrechtliche Ansprüche (Geschäftsführung ohne Auftrag §§ 677, 687 BGB, unerlaubte Handlung §§ 823–853 BGB, ungerechtfertigte Bereicherung §§ 812–822 BGB) und sonstige Ansprüche (Familienrecht, Erbrecht).

Gegen einen Anspruch, den ein Gläubiger gegen einen Schuldner erhebt, kann dieser eine Einwendung oder Einrede als Verteidigungsmittel erheben. Bei **Einwendungen** kommt der Anspruch z. B. des Schadensersatzes in seinem ganzen Bestand nicht zum Tragen. Dies ist beispielsweise der Fall, wenn der Käufer wegen Pflichtverletzung auf Schadensersatz klagt, der Verkäufer jedoch erfüllt hat, da er den gekauften Gegenstand bei einem Nachbarn abgegeben hat, der diesen nicht weitergab. Die **Einrede** stellt eine Leistungsverweigerung dar, die die Durchsetzung des Anspruchs auf Zeit oder Dauer hindert, z. B. vorliegende Geschäftsunfähigkeit, Anfechtung wegen Irrtums, Täuschung oder Drohung, Nichteinhaltung der Form, Ausnutzung einer Notlage durch Wucher, Stundung des Zahlungsbetrags oder Verjährung des Anspruchs.

3 Die Durchsetzung von Ansprüchen

Die Recht sprechende Gewalt ist in den Artikeln 92 ff. GG verankert. Die **Gerichtsbarkeit** beruht einzig auf der Staatsgewalt, die eine umfassende Gesetzeshoheit entwickelte. Träger der Gerichtsbarkeit sind die Bundesländer und als übergeordnete Institutionen die Bundesgerichte. Der Staat hat den Anspruch, die Berechtigung privater Ansprüche in einem besonderen Verfahren (**Erkenntnisverfahren**) zu überprüfen und sich auch ihre gewaltsame Durchsetzung vorzubehalten (**Vollstreckungsverfahren**). Dies bezeichnet man auch als das staatliche Monopol legitimer Gewaltsamkeit (staatliches Gewaltmonopol).

Will der Gläubiger seine Ansprüche selbst gewaltsam durchsetzen, macht er sich gemäß § 240 StGB strafbar. Es gibt Ausnahmen von diesem Grundsatz, die aber nur in gesetzlich eng begrenzten Fällen zulässig sind. Dazu gehören die **Notwehr** (§ 227 BGB), der **Notstand** (§ 228 BGB) und die **Selbsthilfe** (§§ 229 ff., 859 BGB) (vgl. S. 130, 162 f.). Um seine privatrechtlichen Ansprüche durchzusetzen, hat jeder Bürger deshalb das Recht, sich im Rahmen eines Zivilprozesses der staatlichen Gerichtsbarkeit zu bedienen.

3.1 Das vorgerichtliche Verfahren – Mediation

Mediation bedeutet die Vermittlung zwischen Streitenden. Bei diesem Verfahren versucht ein Mediator (in der Regel ein entsprechend geprüfter Rechtsanwalt, ein Psychologe oder eine andere legitimierte Person) im Auftrag der Streitparteien die Hintergründe eines Streitfalles herauszufinden. Dieses vorgerichtliche Verfahren ist häufig erfolgreich, da die Vermittlung durch einen Unparteiischen die möglicherweise bestehende unterschiedliche Beurteilung eines Sachverhalts klären und zu einer außergerichtlichen Lösung des Streitfalls führen kann. Die Arbeit des Mediators erstreckt sich auch auf die Formulierung von Verträgen, um mögliche Konfliktpotenziale im Vorfeld auszugrenzen.

3.2 Die außergerichtliche Schlichtung – Güteverhandlung

Eine Maßnahme zur Stärkung der streitbeendenden Funktion der ersten Instanz (Amts- und Landgerichte) ist die obligatorische **Güteverhandlung**. Diese dient der gütlichen Beilegung eines Rechtsstreits vor der mündlichen Verhandlung. Hierbei wird deutlich, dass der Gesetzgeber eine stärkere Betonung auf die gütliche Streitbeilegung legt nach dem Motto „schlichten ist besser als richten" und damit gleichzeitig die Gerichte und die Geldbeutel der streitenden Parteien entlastet.

Gütestellen werden von der Landesjustizverwaltung eingerichtet. Es können aber auch andere Institutionen anerkannte Gütestellen sein. Diese befinden sich bei bestimmten Branchen, der Industrie-, Handels- oder Handwerkskammer oder Innungen. Die außergerichtliche Gütestelle muss auch einen entsprechenden Bescheid über einen ergebnislosen Einigungsversuch ausstellen.

Bei Streitfällen, z. B. einer falschen Montage, wird möglichst versucht, den Konflikt mithilfe von Gütestellen einvernehmlich beizulegen und z. B. in einem Vergleich die kostenlose Ummontage zu vereinbaren.

Gütestellen sind also für die einvernehmliche Beilegung von Streitfällen zuständig. Sie vermitteln in vermögensrechtlichen Streitigkeiten vor dem **Amtsgericht** über Ansprüche, deren Gegenstand an Geld oder Geldeswert die Summe von 750,– € nicht übersteigt, in Streitigkeiten über Ansprüche aus dem Nachbarrecht (§ 910 Überhang, § 911 Überfall, § 923 Grenzbaum, § 906 Zuführung unwägbarer Stoffe; alle BGB) und in Streitigkeiten über Ansprüche wegen Verletzung der persönlichen Ehre, die nicht in Presse oder Rundfunk begangen worden sind. Der Kläger hat eine von der Gütestelle ausgestellte Bescheinigung über einen erfolglosen Einigungsversuch mit der Klage einzureichen. Es findet kein Einsatz der Gütestelle statt bei
- Klagen, die eine Abänderung, Nachforderung zur Sicherheitsleistung, Anerkennung ausländischer Urteile beinhalten
- Widerklagen und Frist bezogenen Klagen
- Streitigkeiten in Familiensachen
- Wiederaufnahmeverfahren
- Ansprüchen, die im Urkunden-/Wechselprozess geltend gemacht werden
- der Durchführung des streitigen Verfahrens, wenn ein Anspruch im Mahnverfahren geltend gemacht worden ist
- Klagen wegen vollstreckungsrechtlicher Maßnahmen.

Die Kosten der Gütestelle gehören zu den Kosten des Rechtsstreits und sind von den Parteien zu tragen. Die Gütestelle kann einen Kostenvorschuss von den Streitenden verlangen. Erscheint eine Partei nicht zum Gütetermin, kann gegen diese ein Ordnungsgeld festgesetzt werden.

3.3 Das gerichtliche Mahnverfahren

Das Mahnverfahren und der Vollstreckungsbescheid sind gerichtliche Verfahren, die keine mündliche Verhandlung beinhalten. Das gerichtliche Mahnverfahren stellt die Möglichkeit dar, einen in Verzug geratenen Geldschuldner in kurzer Zeit zur Erfüllung seiner Pflicht zu zwingen. Eine erfolglose gerichtliche Mahnung bewirkt einen Vollstreckungsbescheid, der eine mögliche Zwangsvollstreckung in das bewegliche Vermögen nach sich zieht.

Ein Mahnverfahren ist zulässig (§ 688 ZPO) wegen eines Anspruchs, der die Zahlung einer bestimmten Geldsumme in Euro zum Gegenstand hat und sich auf ein Rechtsgeschäft bezieht. Bei Forderungen auf Lohnzahlung ist das Arbeitsgericht zuständig. Auf **Antrag** des Antragstellers ist ein **Mahnbescheid** zu erlassen.

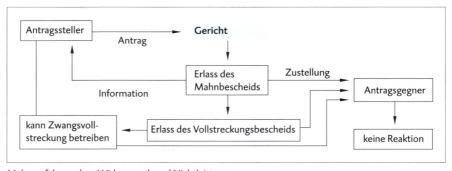

Mahnverfahren ohne Widerspruch und Nichtleistung.

Zuständig für die Durchführung des Mahnverfahrens ist das **Amtsgericht** (§ 689 ZPO), wobei eine maschinelle Bearbeitung zulässig ist. Der **Mahnantrag** muss auf Erlass eines Mahnbescheids gerichtet sein und bestimmte Bestandteile enthalten (§ 690 ZPO): Bezeichnung der Parteien, der Prozessbevollmächtigten und des Anspruchs sowie des Gerichts, bei dem Antrag gestellt wird, und des Gerichts, das für streitiges Verfahren zuständig ist, und Erklärung, dass Anspruch nicht von Gegenleistung abhängt. Der Mahnbescheid enthält gemäß § 692 ZPO:
- Formerfordernisse nach § 690 ZPO
- Hinweis des Gerichts, dass die Richtigkeit des Anspruchs nicht geprüft ist
- Aufforderung innerhalb von zwei Wochen zu leisten bzw. zu widersprechen
- Hinweis, dass bei Nichtbeachtung der Frist der Vollstreckungsbescheid ergehen kann, aus dem der Antragsteller die Zwangsvollstreckung betreiben kann
- Hinweis, dass Widerspruch mit dem gleichen Formular erfolgen kann
- Zuständigkeit des Gerichts im Falle eines Widerspruchs.

Wird gegen den Vollstreckungsbescheid Einspruch seitens des Antragsgegners erhoben, kommt es ebenfalls auf Antrag des Antragstellers zur mündlichen Verhandlung.

3.4 Das Verfahren einer Klage – die mündliche Verhandlung

Das Zivilprozessrecht wurde mit Wirkung vom 1. Januar 2002 reformiert. Hierbei wurde der Zivilprozess bürgernäher, effizienter und transparenter gestaltet und das Prozessprozedere beschleunigt. Die erste Instanz wurde gestärkt, indem man die Durchführung und den Abschluss der Verfahren so änderte, dass die Durchsetzung von Berufung, Beschwerde sowie Revision deutlich erschwert wurde.

Gravierende Neuerungen sind die Einführung der Güteverhandlung, die bereits erörtert wurde. Außerdem wurden die richterlichen Aufklärungs- und Hinweispflichten, das Instrument der Fehlerkontrolle und -beseitigung sowie die materielle Prozessleitungsbefugnis durch die Richter verbessert, die Verhandlungen im Wege der Bild- und Tonübertragung erleichtert, die klare Kompetenzzuordnung der Zuständigkeit der Einzelrichter beim Landgericht vorgenommen und die Gehörs-Rüge bei Verletzung des Anspruchs auf rechtliches Gehör (Fortsetzung des Prozesses) eingeführt.

3.4.1 Allgemeine Vorschriften

Das Verfahren wird durch verschiedene allgemeine Vorschriften geregelt. Die Einleitung, Durchführung und die Beendigung des Verfahrens werden vom Gericht oder einer Behörde und nicht durch die Handlung eines Verfahrensbeteiligten veranlasst (**von Amts wegen**).

Der **Grundsatz der Mündlichkeit bzw. Schriftlichkeit** bestimmt, dass die Parteien über den Rechtsstreit vor dem erkennenden Gericht mündlich verhandeln, Entscheidungen werden mündlich getroffen. Alle vorbereitenden Beweis- und Verfahrenshilfen werden von den Parteien bzw. deren Prozessvertretern dem Gericht jedoch schriftlich vorgelegt.

Das Gericht kann im Einverständnis mit den Parteien, den Bevollmächtigten, den Beiständen, Zeugen und Sachverständigen die **Videoschaltung** live zulassen und das Verfahren in das Sitzungszimmer übertragen. Die Übertragung wird nicht aufgezeichnet. Entscheidungen im Zusammenhang mit den mündlichen Aussagen aus der **Bild- und Tonübertragung** sind nicht anfechtbar.

Mündliche Verhandlungen werden durch **Schriftsätze** vorbereitet. Diese und deren Anlagen, Anträge, Erklärungen, Auskünfte, Aussagen und Gutachten können **elektronisch** bei Gericht vorgelegt bzw. übermittelt werden. Das

Gericht muss aber die technischen Geräte im Einsatz haben. Urkunden müssen im Original oder beglaubigter Kopie vorgelegt werden. Die Parteien erhalten Abschriften der eingereichten Dokumente. Alle Schriftformen müssen eine Woche vor der Verhandlung dem Gericht vorliegen.

Das Verfahren wird mit der Antragstellung durch die Parteien eingeleitet. Die Vorträge müssen in freier Rede gehalten werden. Nicht nur der Anwalt, sondern auch die Partei darf zu Wort kommen. Die **Erklärungspflicht** regelt, dass die Parteien ihre Erklärungen über tatsächliche Umstände vollständig und wahrheitsgemäß abzugeben haben.

Das Gericht hat die tatsächlichen und rechtlichen Streitpunkte zu erörtern, Fragen zu stellen und die Gesichtspunkte aus eigenem Ermessen zu beurteilen. Bedenken zum Streitfall muss es frühzeitig den Parteien mitteilen (**materielle Prozessleitung**). Das Gericht kann durch eine schriftliche Ladung das persönliche Erscheinen der Parteien anordnen. Unentschuldigtes Nichterscheinen kann die Verhängung eines Ordnungsgeldes nach sich ziehen. Des Weiteren kann die Vorlage von Urkunden, Akten und sonstiger Unterlagen angeordnet werden, wobei fremdsprachige Schriftstücke von ermächtigten Übersetzern aufzubereiten sind. Das Gericht kann auch die Einnahme des **Augenscheins**, z. B. Vorlegung des mangelhaften Gegenstands bei Gericht, sowie die Begutachtung durch **Sachverständige** anordnen. Bei Dritten gilt die Zumutbarkeitsregelung, d. h. ein wichtiger Zeuge muss auch längere Wegstrecken zur Gerichtsverhandlung in Kauf nehmen, aber auch das Zeugnisverweigerungsrecht. Ein Urkundenbeamter muss über die Verhandlung **Protokoll** führen. Diese Mitschriften müssen genehmigt, können berichtigt und müssen unterschrieben werden. Sie haben Beweiskraft und werden für die Urteilsfindung verwendet.

Zustellungen aller Arten von Schriftstücken haben eine zentrale Bedeutung in jedem Gerichtsverfahren. Der Ablauf eines Verfahrens wird von Terminen bestimmt. Alle beteiligten Personen müssen rechtzeitig und umfassend informiert werden, damit diese im Sinne des Gerichts reagieren können. Zustellungen erfolgen durch den Gerichtsvollzieher an die Parteien bzw. Prozessbevollmächtigten zur Nachtzeit aber auch an Sonn- und Feiertagen. Jede Zustellung muss durch eine Urkunde, deren Inhalt genau festgelegt ist, bestätigt werden.

Die **Ladung** zu einem Termin und der Termin als solcher werden von Amts wegen bestimmt. Die Ladungsfrist beträgt mindestens eine Woche. Ein Termin beginnt mit dem Aufruf zur Sache. Wird ein Termin von einer Partei versäumt, wird das Verfahren trotzdem fortgeführt. Eine **Frist** wird durch den Zustellungszeitpunkt bestimmt. Für die Berechnung der Fristen gelten die Vorschriften des BGB. Fristverkürzung, Fristverlängerung, Zwischenfristen und Terminänderungen sind möglich und werden nach genauer Prüfung veranlasst.

Die **Versäumung** einer Prozesshandlung hat zur Folge, dass die betroffene Partei ausgeschlossen wird. Eine Nachholung ist aber nicht ausgeschlossen. Das Gericht verhängt bei Nichterscheinen ein **Versäumnisurteil** zur mündlichen Verhandlung (§§ 330 ff. ZPO). War eine Partei ohne Verschulden verhindert, erfolgt die **Wiedereinsetzung** in den vorigen Stand, jedoch nur auf Antrag der betroffenen Partei. Erscheinen oder verhandeln bei einem Termin beide Parteien nicht, kann das Gericht nach Lage der Akten entscheiden.

Die **Unterbrechung bzw. Aussetzung** eines Verfahrens kann mit dem Tod einer Partei, durch Insolvenzverfahren, Prozessunfähigkeit, Nacherbefolge oder Anwaltverlust geschehen, ein Rechtsnachfolger setzt das Verfahren fort. Das Verfahren kann unter bestimmten Umständen (z. B. höhere Gewalt) auch ausgesetzt und zu einem späteren Zeitpunkt fortgeführt werden.

3.4.2 Klage

Die Erhebung der **Klage** erfolgt durch Zustellung eines Schriftsatzes (**Klageschrift**) an das Gericht (Weiterleitung an den Beklagten). Die Klageschrift muss die Bezeichnung der Parteien und des Gerichts, eine Angabe des Gegenstandes (Grund des erhobenen Anspruchs, bestimmter Antrag z. B. Zahlung, Herausgabe, Schadensersatz), den Wert des Streitgegenstandes und vorbereitete Schriftsätze (Beweise, Urkunden, Anträge, Abschriften) enthalten.

Durch die Erhebung der Klage wird die **Rechtshängigkeit** der Streitsache begründet. Dies hat folgende Wirkung: Während der Dauer der Rechtshängigkeit (Verfahrensdauer) kann die Streitsache von keiner Partei anderweitig anhängig (bei einem anderen Gericht) gemacht werden. Des Weiteren wird das Verfahren vom bezogenen Gericht bis zum rechtswirksamen Urteil verhandelt. Der zugeteilte Richter bearbeitet das Verfahren von Anfang bis zum Endurteil.

Es gibt verschiedene Arten von Klagen, die im Folgenden kurz beschrieben werden. Die **Stufenklage** hat ein Rechtsgeschäft zur Grundlage und der Beklagte schuldet eine Leistung (Klage auf Rechnungslegung, auf Vorlegung eines Vermögensverhältnisses, auf Abgabe einer eidesstattlichen Erklärung, auf Herausgabe). Erfüllt der Schuldner nach Erhalt der Klageschrift, wird das Verfahren nicht fortgeführt. Bei der **Fristbestimmung** ergeht eine Klage auf Schadensersatz wegen Nichterfüllung bzw. auf Aufhebung eines Vertrages. Die Frist soll im Urteil bestimmt werden. Die **Feststellungsklage** betrifft die Feststellung eines Bestehens oder Nichtbestehens eines Rechtsverhältnisses, die Klage auf Anerkennung einer Urkunde bzw. die Klage auf Feststellung der Unechtheit einer Urkunde. Weitere Klagen sind z. B. die Klage auf künftige Zahlung (nach einem Termin), die Klage auf Räumung eines Grundstücks oder Raumes, der nicht für Wohnzwecke dient (nach einem Termin), die Klage auf wiederkehrende Leistungen (Unterhalt) oder die Klage wegen nicht rechtzeitiger Besorgnis der Leistungen (Schuldner entzieht sich rechtzeitiger Leistung).

In der **Klageerwiderung** (Replik) hat der Beklagte seine Verteidigungsmittel vorzubringen, die dem Prozessverlauf förderlich sind. Die Erwiderung kann nur durch den bestellten Rechtsanwalt erfolgen. Die Frist zur schriftlichen Klageerwiderung beträgt mindestens zwei Wochen.

Wie oben erwähnt, ist es Aufgabe des Gerichts, in jeder Lage des Verfahrens auf eine **gütliche Beilegung des Rechtsstreits** oder einzelner Streitpunkte hinzuwirken. So kann es den streitenden Parteien einen „Wunschrichter" vorschlagen oder eine außergerichtliche Streitschlichtung veranlassen. Es kann den Parteien außerdem einen schriftlichen Vergleichsvorschlag unterbreiten.

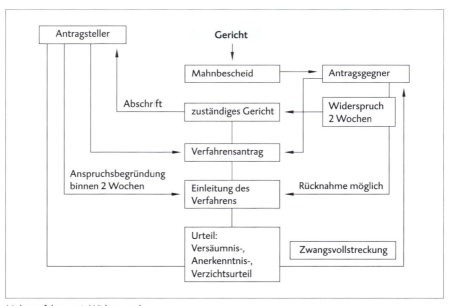

Mahnverfahren mit Widerspruch.

3.4.3 Beweisaufnahme zur Rechtsfindung

Will ein Kläger seinen Anspruch oder der Beklagte seine Klageerwiderung erfolgreich durchsetzen, müssen hieb- und stichfeste Beweise vorgelegt werden. Die Beweispflicht kann auf Beschluss des Gerichts angeordnet werden. Den Parteien ist es gestattet, der Beweisaufnahme beizuwohnen. Hierbei werden die Beweisstücke in verschiedene Kategorien unterteilt.
- **Beweis durch Augenschein:** Der Gegenstand muss auf Antrag herbeigeschafft und dem Gericht vorgelegt werden.

- **Beweis durch Zeugen:** Bei der Zeugenladung sind die Zeugen zum Erscheinen und zur Aussage verpflichtet, bei Ausbleiben drohen Ordnungsgeld, Ordnungshaft oder sogar zwangsweise Vorführung. Ausgenommen ist hierbei eine Zeugnisverweigerung aus persönlichen (Verlobte, Ehegatte, Lebenspartner, Verwandtschaft, Geistliche, Amtspersonen) oder sachlichen Gründen (Schadensabwendung, Unehre für den Beklagten, Geheimhaltung).
- **Beweis durch Sachverständige:** Sachverständige werden wie Zeugen behandelt. Ein Sachverständiger, der öffentlich bestellt wird, hat die Pflicht zur Erstellung eines Gutachtens. Gutachter sind öffentlich anerkannte Fachleute in Sachen der Wissenschaft, der Kunst oder des Gewerbes.
- **Beweis durch Urkunden:** Hier wird zwischen öffentlichen (z. B. Zeugnisse über Prüfungen, Heiratsdokumente oder Eintragungen ins Grundbuch) und privaten Urkunden (z. B. Arbeitszeugnisse, Tätigkeitsnachweise und Erklärungen) unterschieden. Urkunden benötigen zur Echtheit ein amtliches Siegel (Stempel) und die Unterschrift einer berechtigten Person.
- **Beweis durch Parteivernehmung:** Auf Antrag kann der Gegner zu für den Beweis relevanten Tatsachen vernommen werden.

3.4.4 Urteil – Im Namen des Volkes

Ist der Rechtsstreit zur Entscheidung reif, hat das Gericht sie durch **Endurteil** zu erlassen, wobei es verschiedene Arten von Urteilen gibt. Bei einem **Versäumnisurteil** erscheint der Beklagte nicht zur mündlichen Verhandlung und der Urteilsspruch wird für den Kläger gefällt (vgl. S. 147). Das **Anerkenntnisurteil** gibt dem Kläger in vollem Umfang Recht und der Beklagte trägt die Kosten des Verfahrens. Bei einem **Verzichtsurteil** verzichtet der Kläger auf seinen Anspruch und die Klage wird auf Antrag des Beklagten zurückgewiesen. Hier trägt der Kläger die Kosten des Verfahrens.

Neben dem Endurteil sind auch Teil-, Vorbehalts- und Zwischenurteile möglich. Bei einem **Teilurteil** sind in einer Klageerhebung mehrere Ansprüche formuliert und der Richter kann über einzelne Ansprüche isoliert entscheiden. Bei **Vorbehaltsurteilen** hat der Beklagte gegenüber dem Kläger eine Gegenforderung, die er mit der Forderung aufrechnen möchte. Der Richter kann dann unter „Vorbehalt" der Gegenforderung eine Entscheidung treffen, in die die Gegenforderung eingebunden ist. **Zwischenurteile** sind Teilentscheidungen des Gerichts z. B. über die Herausgabe eines wichtigen Beweisstückes oder die Zulassung einer Klage im Ganzen oder in Teilen.

Das Urteil wird von dem Richter gefällt, der die Verhandlung geführt hat. Es kann entweder sofort nach Abschluss der mündlichen Verhandlung ergehen oder es wird ein späterer Termin zur Urteilsverkündung angesetzt.

Ein Urteil enthält folgende Punkte:
- Bezeichnung der Parteien, gesetzlichen Vertreter, Prozessbevollmächtigten
- Bezeichnung des Gerichts, Namen der mitwirkenden Richter sowie Tag, an dem die mündliche Verhandlung geschlossen wurde
- Urteilsformel, Tatbestand (erhobene Ansprüche, vorgebrachte Angriffs- und Verteidigungsmittel, gestellte Anträge) und Entscheidungsgründe (Zusammenfassung der Erwägungen, auf denen die Entscheidung in tatsächlicher und rechtlicher Hinsicht beruht)

Im Urteil können dahingehend **Berichtigungen** vorgenommen werden, dass Schreib- oder Rechnungsfehler und ähnliche Unrichtigkeiten vom Gericht oder von Amts wegen korrigiert werden. Enthält der Tatbestand des Urteils Unrichtigkeiten wie Auslassungen oder Widersprüche, können diese – notfalls in einer mündlichen Verhandlung – korrigiert werden.

Ist eine Partei mit einem Urteil wegen Nichtberücksichtigung vorgebrachter Tatsachen nicht einverstanden, kann eine Rüge binnen zweier Wochen schriftlich eingereicht werden. Wird der Rüge stattgegeben, muss der Prozess vor dem Gericht des **ersten Rechtszuges** wieder aufgenommen werden.

Andere Gründe für das Ende eines Prozesses können der gerichtliche Vergleich oder die Rücknahme der Klage sein. Der Vergleich wird vom Richter vor einem Urteil vorgeschlagen. Die Beteiligten teilen sich die Kosten des Verfahrens. Nimmt der Kläger vor einer Verhandlung seine Klage zurück, werden ihm Teile der Gerichtskosten nicht in Rechnung gestellt.

3.5 Rechtsmittel gegen Urteile: Berufung, Beschwerde, Revision

Im Rahmen der Zivilprozessrechtsreform wurden die Rechtsmittel gegen Urteile reformiert, um deren Durchsetzung zu beschleunigen. Es gibt verschiedene Mittel, die gegen ein Urteil angewendet werden können. Das Berufungsverfahren dient als Instrument der Fehlerkontrolle und Fehlerbeseitigung der ersten Instanz. Das Instrument der Beschwerde wird besonders gegen Nebenentscheidungen der ersten Instanz eingesetzt. Das Revisionsrecht dient in erster Linie zur Wahrung der Rechtseinheit und zur Rechtsfortbildung. Berufung und Beschwerde werden in der Regel vor der nächst höheren Instanz verhandelt, so z. B. Beschwerden gegen Verfahren des Amtsgerichts vor dem Landgericht. In bestimmten Fällen kann auch eine Instanz ausgelassen werden und die Beschwerde gegen ein Verfahren am Amtsgericht direkt an das Oberlandesgericht gerichtet werden.

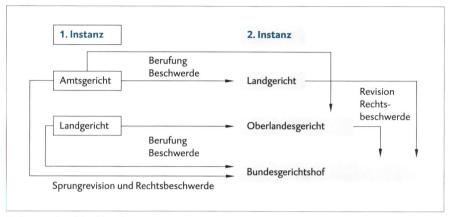

Rechtsmittel und ihre Zuordnung.

Die **Berufung** gegen ein Urteil kann grundsätzlich erfolgen, wenn die Entscheidung auf einer Rechtsverletzung beruht (Rechtsnorm wurde nicht oder nicht richtig angewandt) oder die zugrunde liegenden Tatsachen eine andere Entscheidung rechtfertigen, z. B. wenn Zweifel an der Richtigkeit des Urteils bestehen, die Vollständigkeit der entscheidungserheblichen Feststellungen nicht gegeben ist oder neue Tatsachen im Urteil zu berücksichtigen sind. Um die Abwicklung der Verfahren zu beschleunigen, wurde bei der Reform das Instrument der Zurückweisung der Berufung installiert. So wird diesem Rechtsmittel nur stattgegeben, wenn der Wert des Gegenstandes 600,– € übersteigt oder das Gericht des ersten Rechtszuges auf Antrag die Berufung zugelassen hat.

Beschwerden werden im ersten Rechtszug gegen Entscheidungen des Amts- oder Landgerichts vorgetragen. Die Beschwerdemöglichkeit muss im Gesetz ausdrücklich bestimmt sein. Es geht in der Regel um das Zurückweisen von Gesuchen (Anträgen) im laufenden Verfahren und die Höhe der Prozesskosten. Beide Parteien können gemeinsam die Beschwerde einbringen. Die Beschwerde kann zurückgenommen oder als unzulässig verworfen werden. Auch hier ist es das Ziel, möglichst schnell klare Rechtsverhältnisse zu schaffen.

Die **Revision** richtet sich gegen Entscheidungen der Landes- und Oberlandesgerichte, die im zweiten Rechtszug verhandelt werden. Die sogenannte Sprungrevision, bei der eine oder zwei Instanzen ausgelassen werden, bezieht sich auf Entscheidungen der ersten Instanz, die direkt vor dem Bundesgerichtshof geprüft werden. Revisionen werden nur durchgeführt, wenn Bundesrecht in einer Entscheidung verletzt wird. Sie werden zugelassen, wenn die Rechtssache grundsätzliche Bedeutung hat bzw. der Rechtseinheit und -fortbildung oder der Sicherung einer einheitlichen Rechtsprechung dient. Es handelt sich

hierbei um die streitwertunabhängige Zulassungsrevision. Absolute Revisionsgründe, bei denen die höchste Instanz eingeschaltet werden muss, sind:
- Unvorschriftsmäßige Besetzung des erkennenden Gerichts oder einer Partei
- Mitwirkung eines Richter, der nicht hätte teilnehmen dürfen oder wegen Befangenheit abgelehnt war
- Verletzung der Vorschriften über die Öffentlichkeit
- Fehlende Begründung der Entscheidung entgegen den Bestimmungen des Gesetzes.

3.6 Die Vollstreckung des Urteils – Zwangsvollstreckung

Sind das Endurteil gesprochen und die Rechtsmittel ausgeschöpft, hat der Kläger einen vollstreckbaren Titel (Urteil) in der Hand und kann die Zwangsvollstreckung betreiben. Diese findet statt aus Endurteilen, die rechtskräftig oder für vorläufig vollstreckbar erklärt sind. Wird auf die Räumung von Wohnungen erkannt, kann das Gericht auf Antrag oder von Amts wegen dem Schuldner den Umständen nach eine angemessene Räumungsfrist gewähren.

Die Zwangsvollstreckung wird, soweit nicht den Gerichten zugewiesen, von Gerichtsvollziehern durchgeführt, die sie im Auftrag des Gläubigers zu bewirken haben. Der Gerichtsvollzieher nimmt Zahlungen und sonstige Leistungen in Empfang und quittiert dies für den Schuldner. Er ist befugt, die Öffnung verschlossener Türen und Behältnisse des Schuldners zu veranlassen und dessen Wohnung zu durchsuchen, soweit der Zweck der Vollstreckung dies erfordert.

„Der Alptraum der Käthe Ohnegeld":
Bei einer Zwangsvollstreckung nimmt der Gerichtsvollzieher Gegenstände wie Bilder, Wertpapiere und Schmuck in Besitz oder versieht die Gegenstände mit einem Siegel, im Volksmund Kuckuck.

Bei Widerstand ist der Gerichtsvollzieher zur Anwendung von Gewalt befugt und kann dafür die Unterstützung polizeilicher Vollzugsorgane anfordern. Dies kann nur in Verbindung mit einer richterlichen Durchsuchungsanordnung geschehen. Das Vollstreckungsgericht arbeitet mit dem Gerichtsvollzieher eng zusammen. So können bestimmte Vollstreckungsmaßnahmen auf Antrag des Schuldners vom Gericht aufgehoben oder verändert werden. Die Kosten der Zwangsvollstreckung fallen, soweit sie notwendig waren, dem Schuldner zur Last. Zu den Kosten gehören auch die Ausfertigung und Zustellung des Urteils. Anspruchsleistungen (Rechnung, Mahngebühren, Zinsen) und Kosten (Rechtsanwalt, Gebühren, Gerichtskosten) werden in ihrer Gesamtheit vollstreckt.

3.7 Kosten und Gebühren für Rechtsanwalt und Gerichte

Gebühren und Kosten für Auseinandersetzungen im zivilen Bereich richten sich nach der Gebührenordnung der Anwälte und der Gerichte. Die Kosten eines Verfahrens sind zum einen auf den Streitwert hin ausgelegt, zum anderen richten sie sich an den zu erbringenden Aufwand des Prozesses. Je nach Instanz erhöhen sich die Kosten erheblich. Wird der Prozess verloren, muss in der Regel die unterlegene Partei alle Kosten tragen. Bei einem Vergleich kommt es zur Kostenaufteilung zwischen den Parteien.

Bei einer Rechtsschutzversicherung ist darauf zu achten, dass diese in der Regel nur die gesetzlichen Gebühren bezahlt. Alles was darüber hinaus vereinbart wurde oder vom Rechtsanwalt verlangt wird, ist vom Auftraggeber persönlich zu entrichten, die Rechtsschutzversicherungen treten hier nicht ein.

Fallbeispiel:
S wird von R verprügelt. Dabei geht die Brille von S zu Bruch und er trägt Verletzungen davon. Eine neue Brille kostet 300,– €, an Schmerzensgeld verlangt S 500,– €. Wie wird in diesem Fall nun zivilrechtlich vorgegangen?
Lösung:
- **1. Alternative:** Der Rechtsanwalt leitet das Mahnverfahren ein, er beantragt einen Mahnbescheid, R legt keinen Widerspruch ein und es ergeht der Vollstreckungsbescheid. Die Gebühren für den Rechtsanwalt errechnen sich aus dem Streitwert von 800,– €; für die Beantragung des Mahnbescheids fällt die volle Gebühr von 45,– € an, für den Antrag auf Erlass des Vollstreckungsbescheids ein halbe Gebühr von 22,50 €. Die Gerichtskosten betragen 17,50 €. Unter Berücksichtigung der Mehrwertsteuer und der Auslagenpauschale kostet das Verfahren bis zum Erlass des Vollstreckungsbescheids somit die im Folgenden aufgeschlüsselte Summe.

Mahngebühr	45,00 €
Vollstreckungsbescheidgebühr	22,50 €
Post- und Telefonpauschale (jeweils 15 % der Gebühr)	10,13 €
Zwischensumme netto	77,63 €
19 % Mehrwertsteuer	14,75 €
Zwischensumme brutto	92,38 €
Gerichtskosten	17,50 €
Insgesamt	109,88 €

Kosten der Schlägerei ohne Einspruch von R.

- **2. Alternative:** Der Rechtsanwalt beantragt einen Mahnbescheid, gegen den R Widerspruch einlegt. Das Verfahren wird vor dem zuständigen Amtsgericht verhandelt und R zur Zahlung von 800,- € verurteilt, nachdem zwei Tatzeugen vernommen worden sind. Angefallen sind in diesem Fall eine Prozessgebühr für die Durchführung des gerichtlichen Verfahrens, eine Verhandlungsgebühr für die Stellung des Antrags durch den Rechtsanwalt und eine Beweisgebühr für die Vernehmung der beiden Zeugen. Die Gebühr für den Antrag des Mahnbescheids wird mit der anfallenden Prozessgebühr verrechnet. Der Rechtsanwalt stellt an R folgende Gebührenrechnung.

Prozessgebühr	45,00 €
Verhandlungsgebühr	45,00 €
Beweisgebühr	45,00 €
Post- und Telefonpauschale	20,00 €
Zwischensumme netto	155,00 €
19 % Mehrwertsteuer	29,45 €
Insgesamt	184,45 €

Kosten der Schlägerei bei Einspruch von R.

Für die Durchführung eines vollständigen Gerichtsverfahrens entsteht eine Gerichtsgebühr über 105,- €, die R an die Gerichtskasse zu leisten hat.

Brille	300,00 €
Schmerzensgeld	500,00 €
Rechtsanwalt des S	184,45 €
Gerichtsgebühr	105,00 €
Summe des Verfahrens	1 089,45 €

Gesamtkosten der Schlägerei.

Wenn R ebenfalls einen Rechtsanwalt zu seiner Verteidigung genommen hätte, kämen dessen Kosten noch hinzu.

Das Strafrecht und der Strafprozess

Ladendiebstahl ist die in Deutschland am häufigsten angezeigte Straftat. Der Gesamtschaden für den deutschen Einzelhandel wird auf über 2,5 Milliarden Euro geschätzt.

1 Das Strafrecht

Die wesentliche Aufgabe des Rechts besteht darin, das friedvolle Zusammenleben der Menschen zu gewährleisten. Die wichtigsten Gemeinschaftsinteressen innerhalb der Rechtsordnung sind Frieden, Freiheit, Sicherheit und Ordnung, die durch die Regelungen des Grundgesetzes geschützt sind. Verstöße dagegen (z. B. Mord, Raub, Diebstahl, Körperverletzung, fahrlässige Tötung, Nötigung, Freiheitsberaubung, Beleidigung, Erpressung, Geldfälschung, Meineid, Landesverrat usw.) werden als sozialschädliches Verhalten betrachtet und mit den Mitteln des Strafrechts geahndet.

Das Strafrecht dient also dem Sicherheitsbedürfnis des Menschen durch Schutz, vorbeugende Maßnahmen und Bestrafung. Es umfasst hierbei alle Gesetze, die die Voraussetzungen, den Umfang und die Anwendung der staatlichen Strafgewalt regeln. Hierbei handelt es sich um den eigentlichen Kern des Strafrechts, das **Schuldstrafrecht**.

Das Strafrecht wird innerhalb der Rechtsordnung in zwei Bereiche aufgeteilt. Das **materielle Recht** beinhaltet die Rechtsvorschriften, die die Entstehung, Veränderung oder den Untergang von Rechten regeln. Hierzu gehören allgemeine Vorschriften über Straftaten, deren Folgen und die Beschreibung der einzelnen Straftatbestände mit entsprechenden Strafandrohungen. Sie sind im Strafgesetzbuch (StGB) und in strafrechtlichen Nebengesetzen festgelegt. Das **formelle Recht** hingegen hat das Verfahren zur Durchsetzung des materiellen Rechts zum Gegenstand. Dazu gehören Normen über den Ablauf des Strafverfahrens und die Vollstreckung der Strafen. Diese Bestimmungen sind in der Strafprozessordnung (StPO), im Gerichtsverfassungsgesetz (GVG), im Jugendgerichtsgesetz (JGG) sowie im Strafvollzugsgesetz (StVollzG) enthalten.

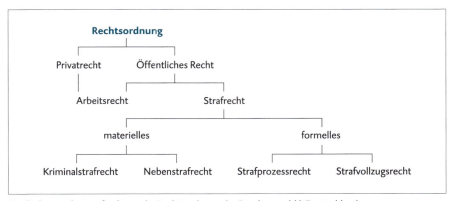

Eingliederung des Strafrechts in die Rechtsordnung der Bundesrepublik Deutschland.

1.1 Funktionen des Strafrechts und Straftheorien

Der Schwerpunkt des Strafrechts bezieht sich auf den Rechtsgüterschutz des Einzelnen und der Gemeinschaft. Sozialwidriges Verhalten, das Dritte in ihren Rechten und Gemeinschaftsinteressen verletzt, wird bestraft. **Rechtsgüter des Einzelnen** und Straftaten gegen diese Güter sind Leben (Mord, Totschlag), körperliche Unversehrtheit (Körperverletzung, Vergewaltigung), Gesundheit (Vergiftung, Umweltverschmutzung), Freiheit (Geiselnahme, Freiheitsberaubung), Eigentum (Diebstahl, Raub, Zerstörung) und Persönlichkeitsrechte (Nötigung, üble Nachrede, Hausfriedensbruch).

Rechtsgüter der Gemeinschaft und Straftaten gegen diese Güter sind Frieden und der Bestand der Bundesrepublik Deutschland sowie ihrer verfassungsmäßigen Ordnung (Anschläge, Terrorismus), die Funktionsfähigkeit des demokratischen Rechtsstaates und seiner Institutionen (nicht genehmigte gewalttätige Demonstration, wilder, d. h. ein nicht von einer Gewerkschaft geführter Streik) und sonstige wichtige Gemeinschaftswerte (ungenehmigter Abriss eines denkmalgeschützten Gebäudes).

Die Rechtsgüter sind im Grundgesetz verankert. Die oben genannten Straftaten gegen die Rechtsgüter sind im Strafgesetzbuch als Gesetze entsprechend formuliert.

Eine Strafe ist ein schwerwiegender Eingriff in die Rechtssphäre eines Betroffenen und bedarf deshalb einer besonderen Rechtfertigung seitens des Rechtsstaates. Die ethische Rechtfertigung über Zweck und Sinn der Strafe ist in verschiedenen **Straftheorien** verankert.

- **Vergeltungstheorie:** Der biblische Grundsatz „Auge um Auge, Zahn um Zahn" zeigt, dass die Vergeltung ein urmenschliches Bedürfnis ist. Die verbrecherische Handlungsweise eines Menschen wird gerächt, wobei Motiv, Hintergrund und Umwelt des Verbrechers außer Acht gelassen werden. Bei der Bewertung eines Verbrechens im Rahmen der Vergeltungstheorie zählen also nur die äußeren Umstände eines Verbrechens.
- **Sühnetheorie:** Wer ein Verbrechen durchführt, begeht Unrecht. Dieses Unrecht muss gesühnt und der Schuldige bestraft werden. Die Zuordnung zum Guten und Bösen in der eigenen Verantwortlichkeit jedes Menschen bringt die Schuld zum Bewusstsein. Dieses Schuldprinzip ist Grundlage, einen Täter mit einer Strafe zu belegen und das Opfer zu sühnen.
- **Abschreckungstheorie (Generalprävention):** Die Strafandrohung und die folgende Strafvollstreckung soll auf potenzielle Täter abschreckend wirken und sie von einer strafbaren Handlung abhalten. Diese Funktion der Strafe hat zwar eine gewisse Bedeutung bei der Reduzierung von Verbre-

chen, hält aber viele Straftäter trotzdem nicht von ihrem Tun ab. Die Strafe ist unter diesem Aspekt als reines Zweckinstrument zu verstehen, das die Rechtsgüter des Einzelnen und der Gemeinschaft schützen soll. Neben der Strafe ist der Täter dem Anderen zum Schadensersatz verpflichtet.
- **Strafe als Sicherung und Resozialisierung (Spezialprävention):** Wiederholungstäter, Triebtäter oder gefährliche Täter, die trotz hoher Strafen keine Besserung zeigen, werden durch Sicherungsmaßnahmen (Sicherungsverwahrung, psychiatrische Klinik) auf Dauer von der Allgemeinheit ferngehalten. Bei Maßnahmen der Resozialisierung soll auf die Einzeltäter positiv eingewirkt werden. Der Täter soll hierbei Einsicht in seine Handlungsweise gewinnen, damit eine Besserung seines Verhaltens herbeigeführt werden kann. Des Weiteren wird versucht, mithilfe gezielter Schulungsmaßnahmen dem Täter eine berufliche Qualifikation zu vermitteln und so den Schritt in die gesellschaftliche Eingliederung zu bewirken. Außerdem werden Hilfestellungen bei der Überwindung von Schwächen und Fehlern gegeben, um ihn vor einer künftigen Straffälligkeit zu bewahren. Diese Maßnahmen sind ergänzende Mittel im Strafrecht.

Die Vergeltungs- und Sühnetheorie sind **absolute Theorien**, d. h. in diesen Theorien findet die Strafe allein rückwärts betrachtet ihre Legitimation. Sinn der Strafe ist einzig die Vergeltung des begangenen Unrechts, sie hat zweckfrei (absolut) zu sein. Strafe wird also nur um des reinen Strafens willen verhängt. Es ist kein staatlicher oder individueller Nützlichkeitszweck damit verbunden. Auch Motiv, Hintergrund, Umwelt und Erziehung des Verbrechers werden außer Acht gelassen, nur die äußeren Umstände eines Verbrechens zählen.

Bei **relativen Straftheorien** (Theorien der Prävention) hingegen wird bestraft, damit zukünftig keine neuen Verbrechen begangen werden. Grund des staatlichen Bestrafens ist also die allgemeine Abschreckung zur Verhinderung von Straftaten (Generalprävention) und die individuelle Besserung des Täters (Spezialprävention). Hierbei werden auch der persönliche Hintergrund, die Lebensumstände und die momentane Situation des Täters in die Urteilsfindung mit einbezogen.

Leitkonzeption im Strafrecht der Bundesrepublik Deutschland ist die sogenannte **Vereinigungstheorie**, in der positive Methoden der verschiedenen Denkansätze, sowohl der Vergeltungstheorie als auch der Prävention, vereint sind. Hierbei liegt der Schwerpunkt der rechtlichen Maßnahmen im Bereich der (Re-)Sozialisierung. Regelungen des deutschen Strafrechts sind im Strafgesetzbuch (StGB) niedergelegt.

1.2 Strukturprinzipien des deutschen Strafrechts

Das Grundgesetz gibt die verfassungsrechtlichen Vorgaben, die das Strafrecht unmittelbar beeinflussen. Hieraus lassen sich drei materielle Strafrechtsgrundsätze ableiten: Der Grundsatz der Rechtssicherheit, des Rechtsstaatsprinzips und der Verhältnismäßigkeit. Die **Rechtssicherheit** (keine Strafe ohne Gesetz) umfasst folgende Bestimmungen:

- **Rückwirkungsverbot:** Eine Strafbegründung und -verschärfung durch die Richter, die rückwirkend wirksam wird, ist nicht statthaft.
- **Analogieverbot:** Kein Richter darf ein Strafgesetz anwenden (subsumieren), das nur sinngemäß angewendet werden kann.
- **Bestimmtheitsgebot:** Eine strafbare Handlung muss durch das Strafgesetz klar bezeichnet sein – kein Verbrechen ohne Gesetz.
- Gebot der **Strafrechtsfolgenbestimmtheit:** Die angedrohte Strafe muss durch das Strafgesetz eindeutig bestimmt sein.

Der Grundsatz des **Rechtsstaatsprinzips** (keine Strafe ohne Schuld) garantiert Rechtssicherheit und materielle Gerechtigkeit und damit ein gerechtes Verhältnis zwischen Schuld und Strafe.

Der Grundsatz der **Verhältnismäßigkeit** (Art und Maß der Strafrechtsfolge) garantiert die Anwendung der Verhältnismäßigkeit beim Einsatz rechtsstaatlicher Mittel. Kriminalsanktionen sind nach diesem Grundsatz anzuwenden. Grundsätzlich muss das Strafrecht die Artikel 1–19 GG respektieren.

Das Grundgesetz wirkt auch mit anderen Artikeln in das Strafrecht hinein. Artikel 92 und 97 GG bestimmen, dass die Richter unabhängig von jeder Regierungsgewalt sein müssen. Gemäß Artikel 101 I GG hat jeder Bürger, wenn Klage gegen ihn erhoben wird, Anspruch auf ein gesetzlich vorgeschriebenes Gerichtsverfahren. Manipulationen irgendwelcher Art sind von vornherein ausgeschlossen. Jeder Angeklagte hat außerdem das Recht, zu seiner Person Stellung zu nehmen und das Verfahren zu beeinflussen (Artikel 103 I GG). Hierbei gilt auch der Grundsatz der Unschuldsvermutung, der besagt, dass ein Angeklagter bis zu einem rechtskräftigen Urteil als unschuldig behandelt werden muss. Kann das Gericht die Schuld nicht eindeutig beweisen, muss der Angeklagte nach dem Grundsatz „Im Zweifelsfalle für den Angeklagten" freigesprochen werden. Aus Artikel 103 III GG wird der Grundsatz der Rechtsbeständigkeit abgeleitet. Wurde ein Täter rechtskräftig verurteilt oder freigesprochen, darf keine weitere Verfolgung der Straftat erfolgen. Dieser Grundsatz kann aber aufgehoben werden, wenn das Urteil, z. B. aufgrund von Verfahrensfehlern oder besserer Tatbestände für den Angeklagten, angefochten wird.

Das Strafrecht geht immer von dem Grundsatz aus, dass nur eine begangene Tat eine bestimmte Bestrafung nach sich zieht (**Tatstrafrecht**). Die Tat muss eine strafbare Handlung sein, d. h. sie muss im Gesetz beschrieben und mit einer Strafe belegt sein. Tat und Täterpersönlichkeit stehen in unmittelbarem Zusammenhang und werden bei der Strafzumessung entsprechend berücksichtigt. Nach dem Strafrecht kann ein Täter nur bestraft werden, wenn die Tat schuldhaft begangen wurde und sie dem Täter auch nachweisbar vorgeworfen werden kann (**Schuldstrafrecht**). Schuldunfähigkeit kann zu keiner Strafe führen. Die §§ 19 bis 21 StGB belegen den Grundsatz der Schuldfähigkeit.

1.3 Die Einteilung des Strafgesetzbuches

Das Strafgesetzbuch (StGB), das Kriminalstrafen zum Gegenstand hat, setzt sich aus zwei Teilen zusammen. Der erste (§§ 1–79 StGB) enthält allgemein verbindliche Bestimmungen, z. B. Verbrechen und Vergehen (Unterschied vgl. S. 164), Tatbestandsmäßigkeit, Handlung, Unterlassung, Täterschaft usw., die für das gesamte Strafgesetzbuch und seine Nebengesetze Gültigkeit haben. Im zweiten (besonderen) Teil wird jeder einzelne Straftatbestand genau definiert und beschrieben.

Hierbei sind die geschützten Rechtsgüter in drei Gruppen eingeteilt. Die **Straftaten gegen die Person** umfassen Taten gegen das Leben (Mord § 211 StGB, Totschlag § 212 StGB, fahrlässige Tötung § 222 StGB), die körperliche Unversehrtheit (Körperverletzung § 223 StGB, fahrlässige Körperverletzung § 230 StGB), die persönliche Freiheit (Nötigung § 240 StGB, Freiheitsberaubung § 239 StGB), die sexuelle Selbstbestimmung (Vergewaltigung § 177 StGB, sexuelle Nötigung § 178 StGB) und die Ehre (Beleidigung § 185 StGB, üble Nachrede § 186 StGB).

Die zweite Gruppe sind **Straftaten gegen das Eigentum** (Raub § 249 StGB, Diebstahl § 242 StGB, Unterschlagung § 246 StGB, Sachbeschädigung § 303 StGB) und das **Vermögen** (Erpressung § 253 StGB, Betrug § 263 StGB, Untreue § 266 StGB).

Straftaten gegen das Volk bzw. den Staat umfassen Taten gegen den Staat (Hochverrat § 81 StGB, Landesverrat § 94 StGB), die Allgemeinheit (gemeingefährliche Straftaten wie Brandstiftung § 308 StGB, Trunkenheit im Straßenverkehr § 316 StGB), das Geldwesen (Geldfälschung § 146 StGB), die Rechtspflege (Meineid § 154 StGB) und gegen Amtspersonen (Rechtsbeugung § 336 StGB, Bestechung § 334 StGB).

Strafrechtliche **Nebengesetze** sind z. B. die Straßenverkehrsordnung, das Lebensmittelgesetz, das Gesetz zur Bekämpfung der Geschlechtskrankheiten, das Pressegesetz und das Gesetz gegen den unlauteren Wettbewerb.

Eine weitere Rechtsquelle des Strafrechts ist das Strafprozessrecht (StPR). Mit diesem Verfahrensrecht wird im Einzelfall aufgezeigt, wie Straftaten ermittelt werden, der formelle Verlauf eines Prozesses sein muss und Strafansprüche vom Staat durchgesetzt werden können. Als weiteres sind das Strafvollstreckungsrecht, das Recht der Entschädigung für unbegründete Strafverfolgungsmaßnahmen und das Gnadenrecht zu nennen. Das Jugendgerichtsgesetz (JGG) ist das für Jugendliche und Heranwachsende geltende Straf- und Strafprozessrecht, bei dem der Erziehungsgedanke im Vordergrund steht. Das Gerichtsverfassungsgesetz (GVG) regelt die Aufteilung der Gerichtsbarkeit zwischen Bund und Ländern. Im Strafvollzugsgesetz (StVollzG) sind Rechte und Pflichten der Gefangenen während des Vollzugs festgehalten. Disziplinarstrafen und Ordnungswidrigkeiten sind nicht Bestandteil des Strafgesetzbuchs. Erstere betreffen nur Staatsbeamte und kommen zur Wirkung, wenn ein Beamter seine Pflichten verletzt. Ordnungswidrigkeiten (Ordnungswidrigkeitengesetz OWIG) betreffen die Straßenverkehrsordnung, das Wasserschutz- und Abfallrecht sowie das Satzungsrecht der Gemeinden. Werden Gebote oder Verbote nicht eingehalten, kann der Täter mit einem Bußgeld bestraft werden.

2 Aufbau einer Straftat und Tatbestandsfunktion

Eine Straftat liegt vor, wenn der Straftäter durch seine Handlungsweise rechtswidrig und schuldhaft ein durch Gesetz geschütztes Rechtsgut verletzt. Eine Handlung ist strafbar, wenn sie einen im Strafrecht beschriebenen Tatbestand erfüllt (Tatbestandsmäßigkeit), keine Rechtfertigungsgründe für sie bestehen (Rechtswidrigkeit) und die Tat schuldhaft begangen wurde (Schuld).

2.1 Tatbestandsmäßigkeit

Die **Tatbestandsmäßigkeit** ist erfüllt, wenn alle subjektiven und objektiven Merkmale eines Tatbestands, die strafrechtlich erfasst sind, zugeordnet werden können. Sie kann in einer Handlung oder durch ein Unterlassen gegeben sein. Handlung ist eine vom Willen getragene körperliche Aktivität. Sie kann vorsätzlich, fahrlässig, im Affekt oder im Reflex vollzogen werden. Dabei ist es ohne Belang, ob der Täter sich der Reichweite seiner Handlung bewusst ist.

Für die Beurteilung ist allein die Art der Handlung von Bedeutung, wobei es verschiedene Arten von Straftaten gibt. Die **Unterlassung** einer Handlung, die vom Gesetzgeber aber verlangt wird, z. B. Unterlassung einer Hilfeleistung am Unfallort, kann bestraft werden. Der **Versuch,** ein Verbrechen zu begehen, ist strafbar, wenn eine Handlung bereits begonnen, aber noch nicht zum gewollten Erfolg geführt hat, z. B. will jemand eine Bank überfallen, wird aber bereits beim Betreten der Bank überwältigt. Der Täter verwirklicht in diesem Fall den im Gesetz beschriebenen Tatbestand. Die unmittelbare **Täterschaft** wirkt direkt auf die ausübende Person. Bei der mittelbaren Täterschaft verwendet der Täter einen anderen Menschen zur Ausführung einer Tat und bewirkt dessen **Teilnahme**. Er wird jedoch so behandelt, als ob er die Tat selbst begangen hätte. Handeln mehrere Täter gemeinsam bei der Durchführung einer Straftat, sind sie der **Mittäterschaft** schuldig, und jeder wird einzeln als Täter bestraft. Wer eine andere Person vorsätzlich zu einer Straftat anstiftet, wird wegen des Tatbestands der **Anstiftung** so bestraft, als hätte er die Tat selbst begangen. Unterstützt jemand als Gehilfe eine Straftat, so macht er sich der **Beihilfe** strafbar.

Beim Tatumstand der mittelbaren Täterschaft wird eine Person vom Täter zur Ausführung der Tat benutzt.

2.2 Rechtswidrigkeit

Eine Handlung oder Unterlassung ist rechtswidrig, wenn sie den Tatbestand einer Vorschrift des Strafgesetzbuches erfüllt. Folgende Handlungen oder Unterlassungen sind von der Strafverfolgung ausgenommen:

- **Notwehr** (§ 32 StGB, § 227 II BGB) ist die Verteidigung, die erforderlich ist, um einen Angriff von sich oder einem anderen abzuwehren. **Bsp.:** Eine Per-

son wird mit dem Messer bedroht und stößt den Angreifenden aus Angst so zu Boden, dass dieser sich erheblich verletzt. In diesem Fall handelt die Person nicht rechtswidrig, sondern in Notwehr.
- Der rechtfertigende **Notstand** (§ 34 StGB, §§ 228, 904 BGB) ist eine Situation, in der eine fremde Sache beschädigt oder zerstört wird, um eine durch sie drohende Gefahr von sich oder einem anderen abzuwenden. Hierbei handelt die entsprechende Person nicht widerrechtlich, wenn die Beschädigung oder die Zerstörung zur Abwendung der Gefahr erforderlich ist und der Schaden nicht außer Verhältnis zur Gefahr steht. So kann ein geringwertiges Rechtsgut verletzt werden, um ein höherwertiges Rechtsgut zu schützen, **Bsp.:** Ein Taxifahrer bringt eine hochschwangere Frau mit großer Geschwindigkeit zum Krankenhaus.
- Zur **Selbsthilfe** (§ 229 BGB) kann man greifen, wenn eine andere Person eine Sache wegnimmt, zerstört oder beschädigt und wenn Hilfe z. B. durch die Polizei nicht rechtzeitig zu erlangen ist, um den Schaden zu verhindern. Wenn z. B. ein Dieb mit einem Fahrrad losfahren will, der Eigentümer oder auch ein anderer ihn dabei erwischt und der Dieb sich infolgedessen beim Sturz erheblich verletzt, wurde durch Selbsthilfe nur ein rechtswidriger Angriff auf das Eigentum abgewehrt.
- **Amtliche Eingriffsrechte** besagen, dass Gerichtsvollzieher und Polizeibeamte nicht im Sinne des Strafrechts handeln, wenn ihre Handlungen amtlich angeordnet sind (**Bsp.:** Hausdurchsuchung mit Durchsuchungsbefehl oder Zwangswegnahme eines Gegenstandes durch den Gerichtsvollzieher).

2.3 Schuld

Das Wesen der Schuld im Sinne des **Schuldstrafrechts** ist die Vorwerfbarkeit. Ein Täter kann bestraft werden, wenn er die rechtswidrige Handlung in persönlicher Verantwortung vorgenommen hat, obwohl er die Möglichkeit hatte, sich für das Recht zu entscheiden. Entscheidend für die Schuldfrage sind Vorsatz und Fahrlässigkeit. Diese Grundsätze, die im Folgenden genauer erklärt werden, teilt man ein in den unbedingten direkten bzw. bedingten Vorsatz sowie in die bewusste bzw. unbewusste Fahrlässigkeit.

Mit **Vorsatz** handelt ein Täter, wenn er mit Wissen und Wollen eine Straftat verwirklicht. Beim **unbedingten, direkten Vorsatz** kennt der Täter die Tatbestandsmerkmale und will die Tat ausführen (**Bsp.:** Räuber stellt sich mit Pistole vor Kassenschalter einer Bank und erpresst 50 000,– €). Beim **bedingten Vorsatz** hat ein Täter den schädlichen Erfolg nicht unbedingt gewollt, nimmt ihn jedoch billigend in Kauf (Beispiel: Der Räuber hat Schwierigkeiten, an Geld zu kommen und nimmt deshalb zwei Geiseln, um sich den Fluchtweg zu erzwingen).

Fahrlässigkeit ist gegeben, wenn jemand seine Sorgfaltspflicht verletzt, zu der er jedoch nach seinen Kenntnissen entsprechend verpflichtet wäre. Bei der **bewussten Fahrlässigkeit** kalkuliert jemand den schädlichen Erfolg in der Hoffnung, dass nichts passiert, in seine Handlungen mit ein (z. B. überholt ein PKW-Fahrer vor einer Bergkuppe und stößt mit dem entgegenkommenden Fahrzeug zusammen). Es gibt aber Gründe, bei denen sich ein Täter absolut nicht im Klaren ist, was er tut (er handelt z. B. im Zustand krankhafter Störung, einer tief gehenden Bewusstseinsstörung, im Affekt, bei schwerer Trunkenheit), er handelt also im Zustand der Schuldausschließung bzw. der Unzurechnungsfähigkeit (**unbewusste Fahrlässigkeit**).

Straftaten, die unter bestimmten Umständen begangen werden, unterliegen der Nicht- oder einer verminderten Bestrafung. Es gibt wie oben erwähnt den entschuldigenden **Notstand**, bei dem man eine rechtswidrige Tat begeht, um eine Gefahr für Leben oder Freiheit abzuwenden. Ein weiterer Schuldausschließungsgrund ist der Irrtum. Man unterscheidet dabei den **Tatbestands-** und den **Verbotsirrtum**. Beim Tatbestandsirrtum kennt der Täter die Tatbestandsmerkmale nicht, beim Verbotsirrtum irrt der Täter in der Rechtswidrigkeit. Im ersten Fall bleibt der Täter straffrei, im zweiten wirkt sich der Irrtum strafmildernd aus.

3 Rechtsfolgen nach rechtskräftigen Urteilen

Die Rechtsfolgen einer schuldhaften, rechtswidrigen Handlung sind die Strafen. Strafrechtliche Sanktionen sind Freiheitsstrafen und Geldstrafen. Hierbei gilt der Grundsatz, dass Freiheitsstrafen nur bei schwerwiegenden Rechtsgüterverletzungen ausgesprochen werden sollten, da diese in die Existenz eines Bürgers eingreifen und einschneidende Folgen für Beruf und Familie haben können.

Aus diesen Gründen steht die **Geldstrafe** im Vordergrund. Sie wird heute in Tagessätzen ausgesprochen, die sich nach dem Einkommen des Bestraften bemessen. Eine Alternative zur Geldstrafe ist die „Verwarnung mit Strafvorbehalt". Die Höhe der Geldstrafe wird zwar ausgesprochen, dem Verurteilten wird sie jedoch zur Bewährung im Zeitraum von ein bis drei Jahren erlassen, d. h. er muss sie nicht zahlen, wenn er keine Straftaten mehr begeht.

Freiheitsstrafen werden eingeteilt in lebenslange und zeitige Freiheitsstrafen. Verbrechen werden mit mindestens einem Jahr Freiheitsstrafe geahndet,

Vergehen liegen unter einem Jahr Freiheitsstrafe oder werden mit einer Geldstrafe abgeurteilt (§ 12 StGb). Für das schwerste Verbrechen Mord wird die lebenslange Freiheitsstrafe ausgesprochen. Im Regelfall kann bei guter Führung mit einer Begnadigung nach 15 Jahren gerechnet werden. Die Zeitstrafen liegen zwischen einem Monat und 15 Jahren. Zeitstrafen unter sechs Monaten werden jedoch häufig nicht verhängt, da die Nachteile für die Bestraften im Sinne der Resozialisierung erheblich sind (Störungen im sozialen Umfeld, z. B. Familie, Arbeitsplatz, Nachbarschaft). Schwerstverbrecher werden jedoch aus Sicherheitsgründen immer mit einer Strafe belegt.

Eine Strafe greift immer in das Leben des Verurteilten ein. Aus diesem Grund sind die Richter in einer sehr verantwortungsvollen Aufgabe, wenn sie die Strafzumessung beurteilen. Als Leitfaden hierfür können die in §46 StGB genannten Grundsätze dienen. Diese besagen, dass die Schuld des Täters als Grundlage für die Zumessung der Strafe herangezogen werden sollte. Hierbei werden Beweggründe und Ziele des Täters bei der Planung und Ausübung der Tat berücksichtigt. Hinzu kommen die Gesinnung, die aus der Tat spricht, und der bei der Tat aufgewendete Wille, z. B. wie präzise eine Entführung vorbereitet wurde. Ein weiterer Aspekt ist das Maß der Pflichtwidrigkeit, die an den Tag gelegt wurde.

In die Würdigung fallen außerdem die Art der Ausführung, z. B. besondere Brutalität, und die verschuldeten Auswirkungen der Tat, z. B. wenn bei einem Mord der Hauptenährer einer Familie getötet wurde. Des Weiteren muss der Richter bei der Strafzumessung auch die Auswirkungen der Strafe auf das künftige Leben des Täters in Betracht ziehen und die Umstände, die für und gegen den Täter sprechen, gegeneinander abwiegen. Wichtige Punkte sind hierbei z. B. das Vorleben des Täters, seine persönlichen und wirtschaftlichen Verhältnisse sowie sein Verhalten nach der Tat, besonders sein Bemühen, den Schaden wiedergutzumachen.

Unter Würdigung dieser Grundsätze kann ein Richter eine Strafaussetzung zur Bewährung von grundsätzlich nicht mehr als einjähriger Dauer als Urteil fällen. Dieses Urteil wird von der richterlichen Prognose getragen, dass der Täter in absehbarer Zukunft keine Straftat mehr begeht. Mit dem Urteil werden aber in der Regel bestimmte Auflagen erteilt, wie z. B. die Wiedergutmachung des angerichteten Schadens oder die Zuordnung eines Bewährungshelfers, der den Täter leitet und beaufsichtigt. Eine andere Auflage kann darin bestehen eine bestimmte Ausbildung vorzunehmen. Die Anweisung, den Aufenthaltsort nicht zu verlassen, soll erleichtern, den Täter unter Kontrolle zu halten. Bei Alkoholabhängigen und Drogensüchtigen kann auch eine Entziehungskur zur Bedingung gemacht werden.

Die **Maßnahmen zur Sicherung und Besserung** sind keine Strafen im Sinne des Strafrechts. Sie sind als Resozialisierungs- bzw. Sicherungsmaßnahmen im Sinne des Vorbeugens gegen künftige Straffälligkeit zu verstehen. Folgende Maßnahmen sind durch das Gesetz festgelegt:

- Unterbringung in einem psychiatrischen Krankenhaus wird angeordnet, wenn der Straftäter unter Bewusstseinstörungen oder Schwachsinn leidet und dadurch vermindert schuldfähig oder schuldunfähig bei der Tatausübung war.
- Entziehungskur in einer entsprechenden Anstalt wird mit dem Urteil verbunden, wenn Alkohol oder Drogen bei der Tat im Spiel waren. Die Maßregel ist auf maximal zwei Jahre begrenzt.
- Einweisung in eine sozialtherapeutische Behandlung wird vorgenommen, wenn der Täter erhebliche Kontaktprobleme mit Menschen hat und er wieder in die Gesellschaft eingegliedert werden soll, beispielsweise durch eine entsprechende Berufsausbildung.
- Häufig bekommen die Täter eine Führungsaufsicht, d. h. einen Bewährungshelfer, zur Seite gestellt. Diese Auflage kann für zwei bis fünf Jahre ausgesprochen werden. Mithilfe dieses Helfers soll eine Resozialisierung des Täters ermöglicht werden.
- Entziehung der Fahrerlaubnis (Berufskraftfahrer) und das Berufsverbot (Arzt, Rechtsanwalt) können gravierende Einschnitte in das Leben des Täters bewirken und so als Abschreckung wirken.

4 Jugendstrafrecht

Das Jugendgerichtsgesetz (JGG) befasst sich mit Tätern, die im Alter zwischen 14 und 18 bzw. 18 und 21 Jahren sind. Das Jugendgerichtsgesetz geht insbesondere vom reinen Erziehungsgedanken bei der Beurteilung und Bestrafung einer Tat aus. Jugendliche unter 14 Jahren sind **schuldunfähig** und damit strafrechtlich nicht zur Verantwortung zu ziehen.

Kinder, die Straftaten begehen, werden der Fürsorgeerziehung über- und unterstellt oder die gesetzlichen Vertreter erhalten eine Erziehungsbeistandschaft. Bei 18- bis 21-Jährigen, die als Heranwachsende behandelt werden, entscheidet der Reife- und Entwicklungszustand bei der Beurteilung einer Straftat. Sie werden möglicherweise wie die 14- bis 18-Jährigen behandelt und fallen unter das Jugendstrafrecht.

Das Jugendstrafrecht hat die Ahndungsmöglichkeiten **Erziehungsmaßregeln**, **Zuchtmittel** und **Jugendstrafe**, die unter Würdigung der persönlichen Entwicklung sowie der Schwere der Tat ausgesprochen werden. Die

Jugendstrafe gilt als echte Strafe im Sinne des Gesetzes und wird in das Strafrechtsregister eingetragen. Der Freiheitsentzug durch die Jugendstrafe wird nach erzieherischen Grundsätzen ausgerichtet. Sie wird erst dann ausgesprochen, wenn Erziehungsmaßregeln und Zuchtmittel keine Wirkung haben und dem Jugendlichen besondere schädliche Neigungen zugesprochen werden.

Die Jugendstrafe ist von bestimmter Dauer. Sie reicht von sechs Monaten bis höchstens fünf Jahre. Der Richter kann die Vollstreckung einer Jugendstrafe, wenn sie zwei Jahre nicht übersteigt, zur Bewährung aussetzen, wenn zu erwarten ist, dass der Jugendliche auch ohne den Strafvollzug in Zukunft straffrei bleiben wird. In diesem Fall werden zusätzlich bestimmte Auflagen ausgesprochen. Werden diese vom Jugendlichen während der Bewährungsfrist durchbrochen, wirkt die Strafe. Bei bestimmten schweren Verbrechen kann das Höchstmaß der Strafe zehn Jahre betragen.

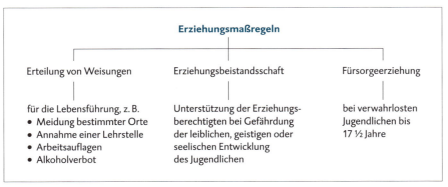

Erziehungsmaßregeln im Jugendstrafrecht.

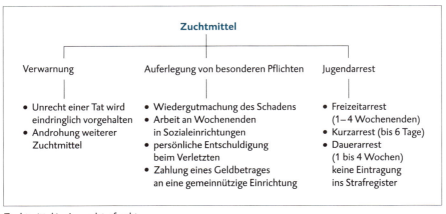

Zuchtmittel im Jugendstrafrecht.

> **Urteil**
>
> Täterin: A
> geboren am 13. 7. 1986 in [...]
> ledige Schülerin
> deutsche und rumänische Staatsangehörige
> gesetzliche Vertreter: B
>
> Täterin: R
> geboren am 15. 7. 1985 in [...]
> ledige Schülerin
> deutsche und kirgisische Staatsangehörige
> gesetzliche Vertreter: S, F und E (Jugendamt)
>
> Täterin: G
> geboren am 29. 7. 1934 in [...]
> ledige Schülerin
> deutsche Staatsangehörige
> gesetzliche Vertreter: M und E (Jugendamt)
>
> **aufgrund der Hauptverhandlung zurecht**
> 1. Die drei Angeklagten sind jede für sich schuldig der gefährlichen Körperverletzung in Tateinheit mit versuchter Nötigung
> 2. Es werden daher
>   a) der Angeklagten A die Weisung erteilt, für die Dauer von 3 Monaten an einem sozialen Trainingskurs der AGS Würzburg teilzunehmen (bereits mehrfach strafrechtlich in Erscheinung getreten u. a. wegen Diebstahl).
>   b) der Angeklagten R die Weisung erteilt, 60 Stunden soziale Hilfsdienste nach Weisung des Stadtjugendamtes abzuleisten (bislang keine Vorstrafen).
>   c) der Angeklagten G die Weisung erteilt, einen sozialen Trainingskurs bei der AGS Würzburg für 3 Monate durchzuführen. Außerdem wird gegen sie ein Freizeitarrest verhängt (strafrechtlich wegen gefährlicher Körperverletzung zu 24 Std. sozialer Hilfsdienste verurteilt).
> 3. Von der Auferlegung der Kosten wird bei allen drei Angeklagten abgesehen.
>
> **Tatbeschreibung**
> Die drei Angeklagten hatten die Geschädigte an einer Bushaltestelle umzingelt und ihr mit Schlägen gedroht. Als der Bus anhielt, wurde die Geschädigte am Einsteigen gehindert, G verpasste ihr eine Ohrfeige. Die Geschädigte hatte mehrere Tage Schmerzen, aber keine dauernde Verletzung erlitten.

Beispiel für Urteil eines Jugendrichters.

5 Der Strafprozess

Das Strafverfahrensrecht ist in der Strafprozessordnung (StPO) festgelegt und regelt die Anwendung des Strafrechts im Einzelfall. Seine Aufgabe ist die Feststellung und Ahndung von Straftaten. Der Strafanspruch des Staates wird gegenüber Straftätern verwirklicht. Das zuständige Gericht entscheidet in einem Strafprozess über die Schuldfrage des Angeklagten und über das Strafmaß, d. h. über Art und Höhe der Strafe.

5.1 Ablauf eines Strafverfahrens

Das Gerichtsverfahren ist in seinem Verlauf in der Strafprozessordnung festgelegt. Meist übernimmt die Polizei Ermittlungen wie Unfallaufnahme, Spurensicherung, Sicherstellung von Beweisen, Vernehmung von Zeugen, vorläufige Festnahme eines Täters und Fahndungsmaßnahmen gegen flüchtige Täter.

Die Akten des Ermittlungsverfahrens werden von der Polizei an den zuständigen Staatsanwalt weitergeleitet, der das Verfahren weiterführt, z. B. die Vernehmung des Beschuldigten, Prüfung von Zeugenaussagen, Haftbefehl und Festnahme des Täters veranlasst. Das Gericht entscheidet über die Schuldfrage des Angeklagten und über das Strafmaß. Vor welchem Gericht ein Verfahren durchgeführt wird, entscheidet die Schwere der Tat.

Amtsgericht	Landgericht	Oberlandesgericht
vor dem Strafrichter bei Vergehen a) die im Wege der Privatklage verfolgt werden b) wenn höchstens 2 Jahre Freiheitsstrafe zu erwarten sind (§ 25 GVG)	kleine Strafkammer (1 Richter, 2 Schöffen) große Strafkammer (3 Richter, 2 Schöffen) a) alle Verbrechen, die nicht zur Zuständigkeit des Amtsgerichts oder Oberlandesgerichts gehören b) Straftaten, bei denen die Staatsanwaltschaft wegen der besonderen Bedeutung des Falles Anklage beim Landgericht erhebt (§ 24 GVG, § 74 GVG)	vor dem Strafsenat (5 Richter) bei Straftaten, die gegen die Sicherheit des Staates gerichtet sind (Hoch- und Landesverrat, Friedensverrat, Gefährdung des demokratischen Rechtsstaates §§ 88 ff. StGB, § 120 GVG)
Schöffengericht (1 Richter, 2 Schöffen) Verbrechen und Vergehen, wenn eine Freiheitsstrafe von höchstens 4 Jahren zu erwarten ist und Land- und Oberlandesgericht nicht zuständig sind (§§ 24, 28 GVG) Erweitertes Schöffengericht (2 Richter, 2 Schöffen) bei besonders umfangreichen Strafsachen, die zur Zuständigkeit des Schöffengerichts gehören (§ 29 II GVG)	Strafkammer als Schwurgericht (3 Richter, 2 Schöffen) bei Kapitalverbrechen (Mord, Totschlag, besonders schwerer Brandstiftung, Geiselnahme mit Todesfolge §§ 74, 76 GVG) Große Strafkammer als Staatsschutzkammer (§ 74 a GVG) Große Strafkammer als Wirtschaftsstrafkammer (§ 74 c GVG).	

Zuständigkeit der Strafgerichte in der ersten Instanz.

Erste Instanz	Amtsgericht	Landgericht
	Strafrichter als Jugendrichter, wenn Erziehungsmaßregeln oder Zuchtmittel zu erwarten sind (§ 39 JGG)	Jugendkammer für schwerste Straftaten
	Jugendschöffengericht für Verfehlungen, die nicht zur Zuständigkeit des Jugendrichters oder der Jugendkammer gehören (§ 40 JGG)	
Berufungsinstanz	Landgericht	Oberlandesgericht
Revisionsinstanz	Oberlandesgericht	Bundesgerichtshof

Zuständigkeit der Jugendgerichte und Instanzenzüge.

Hierbei gibt es neben Amts-, Landes- und Oberlandesgericht auch sogenannte Schwur- oder Schöffengerichte. Schöffen sind ehrenamtliche „Richter", die ihr Amt kraft Ernennung erhalten und als unbescholten und ehrenwürdig gelten. In der Urteilsfindung hat ihre Stimme die gleiche Wirkung wie die des Richters. Entscheidungen des Schöffengerichts werden erst nach eingehender Beratung als Urteil verkündet.

Der Ablauf eines Strafverfahrens.

Bei hinreichendem Tatverdacht erhebt der Staatsanwalt Klage (**öffentliche Klage**) vor dem zuständigen Gericht und beantragt das Strafmaß oder stellt das Ermittlungsverfahren ein. Die öffentliche Klage betrifft das öffentliche Interesse das Staates, das bei einer Privatklage nicht berührt wird. Hierunter fallen Straftaten wie Hausfriedensbruch, Beleidigung, Nötigung, Verletzung des Briefgeheimnisses, Körperverletzung, Bedrohung und Sachbeschädigung.

Der zuständige Richter eröffnet das Hauptverfahren, zu dessen Termin Staatsanwalt, Polizei, Zeugen und natürlich der Beschuldigte mit seinem Anwalt (Pflichtanwalt) anwesend sind. Nach der Beweisaufnahme, den Plädoyers von Staatsanwalt und Anwalt und dem Schlusswort des Angeklagten zieht sich das Gericht zur Beratung zurück.

Nach dieser Beratung wird das Urteil verkündet, gegen das der Verurteilte (vertreten durch seinen Anwalt) oder der Staatsanwalt Rechtsmittel (Beschwerde, Berufung, Revision) einlegen kann. Nach Ausschöpfung aller Rechtsmittel wird das Urteil rechtskräftig. Die formale Ausfertigung eines Gerichtsurteils ist immer gleich und nach bestimmten Regeln gegliedert. Auf dem Deckblatt werden Aktenzeichen, Personalien des oder der Täter, Tatbestand, Sitzung, Richter, Staatsanwalt und Urkundenbeamter genannt. Die zweite Seite beschreibt Umfang und Art der Strafe sowie angewandte Vorschriften und folgende Gründe:

- I. familiäre Verhältnisse, schulische Laufbahn, berufliche Ausbildung, Einkommensverhältnisse, Freizeitverhalten, Vorstrafen
- II. Hintergründe zum Tatbestand
- III. Geständnis, Nachweis der Schuld
- IV. Alter und Reifezustand, Milderungsgründe zum Urteil, Urteil mit Begründung, Unterschrift des Richters.

5.2 Kosten des Verfahrens

Die **Kosten des Verfahrens** sind die Gebühren und Auslagen der Staatskasse, ferner die Kosten zur Vorbereitung der öffentlichen Klage und die Kosten für die Vollstreckung. Ihre Höhe wird durch das Gericht festgesetzt. Die Kosten des Verfahrens hat der Angeklagte insoweit zu tragen, als sie durch das Verfahren wegen seiner Tat entstanden sind, wegen der er verurteilt oder für die eine Maßregel der Besserung und Sicherung gegen ihn angeordnet wurde. Stirbt ein Verurteilter vor eingetretener Rechtskraft des Urteils, haften seine Erben nicht für die Kosten. Wird der Angeschuldigte freigesprochen, die Eröffnung des Hauptverfahrens gegen ihn abgelehnt oder das Verfahren gegen ihn eingestellt, fallen alle Auslagen der Staatskasse zur Last.

In einem Strafverfahren richten sich die Gebühren nicht wie im Zivilprozess nach dem Streitwert, sondern sind für die einzelnen Tätigkeiten des Anwalts jeweils festgesetzt. Die Gebühren werden aus dem sogenannten „Gebührenrahmen" ermittelt. Dieser liegt beispielsweise bei der Tätigkeit als Wahlverteidiger und Durchführung eines Hauptverhandlungstags vor dem Amtsgericht zwischen 50,- € und 660,- €. Bei durchschnittlichem Arbeitsaufwand verrechnet der Anwalt die aus diesen beiden Werten entstehende Mittelgebühr, sofern keine andere Vereinbarung getroffen wurde. Bei stärkerem Arbeitsaufwand kann der Anwalt auch den Höchstrahmen der Gebühr fordern. Im Folgenden soll anhand verschiedener Beispiele die Rechnung eines Rechtsanwalts aufgestellt werden.

Fallbeispiele:
- Der 19-jährige S verursacht einen Autounfall, bei dem der Fahrer des anderen Wagens leicht verletzt wird. S verliert vor Panik den Kopf und verlässt fluchtartig die Unfallstelle. Nach Ermittlung der Polizei kommt es zu einem Gerichtsverfahren gegen S wegen fahrlässiger Körperverletzung und Unfallflucht vor dem zuständigen Amtsgericht/Jugendgericht. S nimmt sich einen Verteidiger seiner Wahl.
Lösung: Bei einem durchschnittlichem Arbeitsaufwand des Verteidigers, der bereits zu Beginn der polizeilichen Ermittlungen eingeschaltet war, würde die Rechnung folgendermaßen aussehen.

Tätigkeit im Ermittlungsverfahren	177,50 €
Verteidigertätigkeit in der Hauptverhandlung	355,00 €
Post- und Telefonpauschale	15,00 €
Zwischensumme netto	547,50 €
19 % Mehrwertsteuer	104,03 €
Insgesamt	651,53 €

Weiterhin können Gerichtskosten für Akteneinsicht, Fotokopiekosten, Fahrkosten oder Abwesenheitsgelder in Rechnung gestellt werden. Als Richtwert kann man davon ausgehen, dass ein durchschnittliches Strafverfahren mit einem Verhandlungstag zwischen 800,- € und 1 000,- € kostet.
Da diese Gebühren für den Aufwand, den auch ein durchschnittliches Strafverfahren mit sich bringt, jedoch nur selten ausreichen und den bei einem Rechtsanwalt anfallenden Kostenaufwand nicht decken können, einigen sich die meisten Strafverteidiger mit ihren Klienten auf eine Honorarvereinbarung. Diese kann entweder ein Stundenhonorar vorsehen, dass im Schnitt zwischen 125,- € und 250,- € liegt oder eine Zusatzpauschale, die zu den

gesetzlichen Höchstgebühren zusätzlich gezahlt wird. Diese ist aufwandsunabhängig und liegt im Schnitt bei mindestens 500,- €. In der Regel sind anfallende Spesen und Fahrtkosten sowie sonstige Aufwendungen, die dem Anwalt im Lauf des Verfahrens entstehen, immer extra zu vergüten.

- Am 4. März 2002 verurteilt das Amtsgericht Hof den 40-jährigen Kfz-Mechaniker M wie folgt:
  - Wegen vorsätzlicher Trunkenheit im Verkehr zu einer Freiheitsstrafe von 1 Jahr, deren Vollstreckung zur Bewährung ausgesetzt wird.
  - Entziehung der Fahrerlaubnis auf die Dauer von sechs Monaten, Einziehung des Führerscheins.
  - M trägt die Kosten des Verfahrens. An Auslagen sind in diesem Verfahren angefallen: Drei förmliche Zustellungen, 107,94 € für die von der Polizei veranlasste Blutalkoholuntersuchung, 75,- € Entschädigung für den Zeugen F, 120,30 € Entschädigung für den Sachverständigen Dr. B.

Lösung:

Gebühr für die Freiheitsstrafe von 1 Jahr, KVNr. 6110 GKG	163,00 €
Gebühr für Entziehung der Fahrerlaubnis (Maßregel), KVNr. 6110 GKG	41,00 €
Zeugenauslagen in voller Höhe, KVNr. 9005	195,30 €
Polizeiauslagen (Auslagen der Klagevorbereitung)	107,94 €
Zustellauslagen für 3 ZU à 5,62 €, KVNr. 9002	16,86 €
Insgesamt	524,10 €

- A bekommt einen Strafbefehl mit einer Geldstrafe von 50 TS à 30,- € und Entziehung der Fahrerlaubnis. Mit diesem Strafbefehl ist er nicht einverstanden und legt Einspruch ein. In der Hauptverhandlung wird er dann zu einer Geldstrafe von 60 TS à 40,- € plus Entziehung der Fahrerlaubnis verurteilt. An Auslagen sind in diesem Verfahren zwei förmliche Postzustellungen und 25,- € für Zeugen angefallen.

Lösung:

Geldstrafe 60 TS à 40,- €	2 400,00 €
Gebühr für den Strafbefehl aus 60 TS, KVNr. 6111 GKG	20,50 €
Gebühr für Hauptverhandlung mit Urteil aus 60 TS, KVNr. 6112 GKG	20,50 €
Gebühr für Strafbefehl bzgl. Maßregel, KVNr. 6111 GKG	20,50 €
Gebühr für Hauptverhandlung bzgl. Maßregel, KVNr. 6112 GKG	20,50 €
Zustellauslagen für 2 ZU à 5,62 €, KVNr. 9002 GKG	11,24 €
Zeugenauslagen, KVNr. 9005 GKG	25,00 €
Insgesamt	2 518,24 €

Die im Strafbefehl ausgesprochene Strafe und Maßregel sind gegenstandslos, allein maßgebend für die Gebührenberechnung ist das rechtskräftig gewordene Urteil. A nimmt seinen Einspruch im Hauptverhandlungstermin zurück. Der Strafbefehl wird rechtskräftig, es bleibt bei den Gebühren für den Strafbefehl mit einer Geldstrafe von 50 Tagessätzen à 30,- €. Die Gebühren nach KVNr. 6112 fallen nicht an.

- A wird durch ein Urteil zu einer Geldstrafe von 15 TS à 20,- € verurteilt.
  Lösung:

Geldstrafe 15 TS à 20,- €	300,00 €
Gebühr für Hauptverhandlung mit Urteil, KVNr. 6110 GKG aus 15 TS	41,00 €
Insgesamt	341,00 €

- A wird durch Strafbefehl zu einer Geldstrafe von 15 TS à 20,- € verurteilt.
  Lösung:

Geldstrafe 15 TS à 20,- €	300,00 €
Gebühr für Strafbefehl, KVNr. 6111 GKG	20,50 €
Insgesamt	320,50 €

Der Unterschied zum normalen Strafverfahren besteht darin, dass für das Strafbefehlsverfahren die Gebühren auf die Hälfte ermäßigt sind, KV 6111; die Ermäßigung erfasst alle Gebühren, die nach KV 6110 b und c zu erheben sind.

- A wird beim Amtsgericht Bamberg in der Hauptverhandlung freigesprochen. Dagegen legt der Staatsanwalt Berufung ein. Beim Landgericht Bamberg wird A dann durch Urteil zu einer Freiheitsstrafe von drei Monaten plus Entziehung der Fahrerlaubnis verurteilt.
  Lösung:

Gebühr für erste Instanz, KVNr. 6110 aus 3 Mo	41,00 €
Gebühr für erste Instanz, KVNr. 6110 für Maßregel	41,00 €
Gebühr für zweite Instanz, KVNr. 6120 aus 3 Mo	41,00 €
Gebühr für zweite Instanz, KVNr. 6120 für Maßregel	41,00 €
Insgesamt	164,00 €

Die erkannte Maßregel und Strafe sind für alle Instanzen maßgebend (§ 40 I GKG), der Freispruch der ersten Instanz also gegenstandslos, da nicht rechtskräftig geworden.

Literatur und Internetadressen

Alpmann-Pieper, A.; Becker, P.: Express. Reform des Schuldrechts. Das neue BGB. 2. Aufl., Alpmann und Schmidt, Münster 2002.

Amann, H. et al.: Vertragspraxis nach neuem Schuldrecht: Handbuch für Notare und Vertragsjuristen mit Gestaltungshinweisen und Formulierungsbeispielen. C. H. Beck, München 2002.

Bruhin, Tanja et. al. Rechtskunde für Verwaltungsberufe. Europa-Lehrmittel, Haan-Gruiten 2005.

Dauner-Lieb, B. et al.: Fälle zum neuen Schuldrecht. Jurathek Studium, C. F. Müller, Heidelberg 2002.

Klunziger, E.: Einführung in das Bürgerliche Recht. 12. Aufl., Franz Vahlen, München 2004.

Lamadé, T.: Das deutsche Schuldrecht – Gesamtdarstellung. Lamade, Neckargemünd 2002.

Lorenz, S.; Riehm, T.: Lehrbuch zum neuen Schuldrecht. C. H. Beck, München 2002.

Schmidt-Räntsch, J.: Das neue Schuldrecht, Anwendung und Auswirkungen in der Praxis. Heymanns, Köln 2002.

Waltermann, R.: Sozialrecht. C. F. Müller, Heidelberg 2006.

Internet
Internetadressen zu Landes-, Bundes- und Europarecht. Hier sind vor allem Gesetzesänderung und -antragsverfahren auf der politischen Ebene zu finden.
http://www.stmi.bayern.de (Bayerisches Staatsministerium des Inneren)
http://www.bmj.bund.de (Bundesministerium der Justiz)
http://www.bundesrat.de
http://www.bundestag.de
http://www.bundesregierung.de
http://europa.eu
http://www.europaminister.de
http://www.dejure.org

Internetadressen, die zur weiterführenden Rechtslehre und wissenschaftlichen Informationen verweisen.
http://www.politik.uni-koeln.de/wessels/
http://www.uni-tuebingen.de/ezff

Gesetze

Arbeitsgesetze (ArbG). 69. Aufl., Beck-Texte im dtv, München 2006.
Bürgerliches Gesetzbuch (BGB). 58. Aufl., Beck-Texte im dtv, München 2006.
Bürgerliches Gesetzbuch (BGB) 2002. Schuldrechtsreform. Neues Recht/Altes Recht. 3. Aufl., C. H. Beck, München 2002.
Grundgesetz (GG). 40. Aufl., Beck-Texte im dtv, München 2006.
Handelsgesetzbuch (HGB). 44. Aufl., Beck-Texte im dtv, München 2006.
Strafgesetzbuch (StGB). 42. Aufl., Beck-Texte im dtv, München 2006.
Strafprozessordnung (StPO). 41. Aufl., Beck-Texte im dtv, München 2006.
Zivilprozessordnung (ZPO). 41. Aufl., Beck-Texte im dtv, München 2006.

Bildnachweis

HGB: Beck-Texte im dtv, München 44. Aufl. 2006; ArbG: Beck-Texte im dtv, München 62. Aufl. 2003, BGB: Beck-Texte im dtv, München 53. Aufl. 2003: S. 21
BR/Buschor & Moschner: S. 33 u. l.
Cinetext/Schultes: S. 1
Ehret, Franz: S. 33 u. r.
HypoVereinsbank: S. 71 o. l.
Kern, Sigrid: S. 152
LKA Sachsen-Anhalt: S. 155
Liebermann, Erik: S. 55, 137, 143
Moe, Richter Verlag: S. 160
Peugeot Deutschland GmbH: S. 71 u. l., o. r.
SpVgg Feldmoching e.V.; www.spvgg-feldmoching.de: S. 33 o. r.
smart GmbH: S. 71 u. r.
SWR/Hollenbach: S. 33 o. l.

Umschlag
Deutscher Anwaltverein: u. r.
Peugeot Deutschland GmbH: o. r.
ullstein – CARO/Sorge: Hintergrundbild
© Jakub Cejpek/Dreamshime.com: u. l.

Stichwortverzeichnis

Abschlussfreiheit 54
Abstraktionsprinzip 29
Allgemeine Geschäfts-
  bedingungen 126
Amtliche Eingriffsrechte 163
Amtsgericht 139, 143, 151, 169
Aneignung 64
Anerkenntnisurteil 149
Anfechtung 44, 45, 141, 145
– Erklärung 44
– wegen arglistiger
  Täuschung 45
– wegen Drohung 45
Annahmeverzug 105, 111
Anspruch, Ansprüche 59, 141
– gesetzliche 141
– rechtgeschäftliche 141
– vertragliche 87 ff., 127 ff.
– wegen Besitzentziehung 59
– wegen Besitzsicherung 59
– wegen Besitzstörung 59
Anstiftung 162
Arbeitsrecht 12
Arglistige Täuschung 45, 91, 134
Auflassung 66, 70
Aufwendungsersatz, siehe
  Schadensersatz
Augenschein 146, 148
Ausländerrecht 19
Aussetzung 147, 165
Aliud 114
Auftrag 86 f.

Basiszins 105
Bauverträge 135
Beihilfe 162

Bereicherung, ungerechtfertigte
  127 f.
Berichtigungen 150
Berufung 151
Beschaffenheit 113 f.
Beschaffenheitsgarantie 92
Beschaffungsrisiko 92
Beschwerde 151
Besitz, Besitzer 56
– Beendigung 57
– deliktischer Besitzer 57
– Erwerb 57
– Rechte des Besitzers 59
– Sicherung 59
– Übergabe 57, 64
– unberechtigter Entzug des
  Besitzes 59, 130
Besserung 158, 166
Beweis 148
– durch Augenschein 148
– durch Parteivernehmung 149
– durch Sachverständige 149
– durch Urkunden 149
– durch Zeugen 149
Beweislast 93
– bei Produkthaftung 134
– bei Verbrauchsgüterkauf 125
Bild- und Tonübertragung 145
Billigkeit 6, 94, 126
Bundesgerichtshof 140
Bürgerliches Gesetzbuch (BGB)
  9, 22, 74, 125
Bürgschaft 52

Darlehen 78, 81, 82
Datenschutzrecht 17

Deliktsfähigkeit 37, 129
Dienstvertrag 83 f.
Digitale Signatur 41

E-Commerce 45 ff.
EG-Richtlinien 74, 124
Eigenbesitz 57
Eigenmacht, verbotene 60
Eigentum 56, 60
– als Verfügungsgewalt 60
Eigentumserwerb
– an Immobilien 66
– an Mobilien 64
– des Finders 64
– durch Erbschaft 68
– durch Realakt 62
– durch Rechtsgeschäft 64
– gutgläubiger 69 f., 127 ff.
Eigentumsübertragung 64, 66
Eigentumsvorbehalt 68
Einreden 134, 141
Einwendungen 141
Einwilligung des gesetzlichen
    Vertreters 44, 47 ff.
Elektronische Form 40, 82
Elektronischer Geschäftsverkehr,
    siehe E-Commerce
Endurteil 149
Erfüllungsgeschäft 29
Erheblichkeit des Mangels 114,
    116 ff.
Erkenntnisverfahren 142
Erklärungspflicht 146
Erklärungswille 38, 43
Erlöschen des Schuldverhältnisses
    74, 88, 92, 115
Ersatz von Aufwendungen 86, 95,
    106
Ersitzung beweglicher Sachen 62

Erziehungsmaßregeln 166
Exekutive 8

Fahrlässigkeit 92, 164
Fälligkeit 89 ff., 102
Fehler 112 ff., 132 f.
Fernabsatzverträge 125
Feststellungsklage 147
Formfreiheit 39, 41, 54, 75
Formmangel 39, 78
Freiheitsstrafe 164
Frist 89 ff., 146
Fristsetzung 89 ff.
Fund 64

Garantie 92
Gattungsschuld 92, 106, 115
Gebühren 153, 171
Gefährdungshaftung 131 f.
Gefahrübergang 113 ff., 124, 134
Gegenseitiger Vertrag 52, 74,
    75 ff., 96
Geldschuld 92, 104, 105
Geisteskranke, Geschäfts-
    unfähigkeit 36
Gelddarlehensvertrag 78, 82
Geldstrafe 129, 164
Genehmigung des gesetzlichen
    Vertreters 36, 37, 44
Generalprävention 157
Gerechtigkeit 4, 6
Gerichtsbarkeit 15, 138
Geschäftsfähigkeit 36, 128
– beschränkte 36, 37, 65
Geschäftswille 38
Geschäftsunfähigkeit 36
Gesellschaftsrecht 9
Gesetzgebung 12
Gesetzgebungsverfahren 13
Gestaltungsfreiheit 54

Gewährleistung beim Kauf 112 ff.
Gewalt
- -monopol 15, 142
- Selbsthilfe mit Gewalt 130
- tatsächliche Gewalt des Besitzers 58

Gewohnheitsrecht 4
Gläubiger 72 f., 105 f., 112
- und Schuldner 72 ff., 87 ff.
- Interesse 91, 106, 118

Grundbuch 66
- Eintragung 66
- öffentlicher Glaube 66, 70

Grundschuld 67
Guter Glaube 69
Güteverhandlung 142

Haftung 78, 80, 84, 85, 92, 105, 112 ff., 124, 125, 129 ff.
Handelsbrauch 42
Handelsrecht 9
Handlungswille 38
Haustürgeschäft 125
Hemmung der Verjährung 133
Herausgabe
- des Ersatzes 111 f.
- der Sache 62, 97
- der Schenkung 78
- Unmöglichkeit 127
- bei ungerechtfertigter Bereicherung 127 ff.

Hypothek 67

Irrtum 44, 164
- Anfechtung wegen 44
- Eigenschaftsirrtum 45
- Erklärungsirrtum 45
- Inhaltsirrtum 45

Judikative 8
Jugendstrafrecht 166

Jugendstrafe 167
Juristische Person 34

Kauf 76, 112, 124 f.
- Anwendung auf Werkverträge 85 f.
- Folgen bei Mängeln 112 ff.
- Minderung von Kaufpreis 112 ff.
- Nacherfüllung 112 ff.
- Rücktritt 112 ff.
- Schadensersatz 112 ff.
- Verbrauchsgüterkauf 124 f., 134
- Verjährung 124, 134

Kenntnis
- Beginn der Verjährung 134
- vom Mangel beim Kauf 112 f.
- vom Leistungshindernis bei Unmöglichkeit 107, 109 f., 112, 120 ff.

Klage 147, 171
Klageerwiderung 148
Klageschrift 147

Landgericht 139, 151, 169
Ladung 146
Leihe 80
Leistung
- Befreiung von der Gegenleistung bei Unmöglichkeit 106 ff., 111
- Teilleistung, siehe Teilleistung
- Verpflichtung des Schuldners zur Leistung 72 ff., 87 ff.
- Verspätete Leistung 98 ff.
- Verzögerung der Leistung 98 ff.

Leistungshindernis bei Vertragsschluss 109 f.
Leistungspflicht, Ausschluss 107 ff.
Leistungsverweigerung 91, 102, 106 f.
Legislative 8

Mahnantrag 144
Mahnbescheid 144
Mahnung 102 ff.
Mahnverfahren 144
Mangel
– Kenntnis des Käufers 112 f.
– der Sache 112 f.
– im Recht 112 f.
Mängelansprüche
– beim Kauf 112 f.
– beim Werkvertrag 85 f.
– Verjährung 124, 134 f.
Mängelhaftung des Verkäufers 112 f.
Mangelfolgeschaden 96, 116 f., 122
Mankolieferung 114
Mediation 142
Miete 79
Minderjährige 37
– Geschäftsfähigkeit 37
– Haftung aus unerlaubter Handlung 37, 129
Minderung 112 f.
Mitbesitz 57
Mittäterschaft 162
Mittelbarer Besitz 56
Montage(fehler) 114, 117
Mündliche Erklärung 40
Mündlichkeit 145

Nacherfüllung 108, 112 f.
– Kosten 117 f.
Nachfrist, siehe Fristsetzung
Natürliche Person 34
Naturrecht 3
Nebengesetze 125, 161
Nebenleistungspflicht 74, 87 f.
Nebenpflicht, nichtleistungsbezogen 74, 87 f., 122 f.

Nebenpflichtverletzung, siehe Schutzpflichtverletzung
Nichtberechtigter, Verfügung 69, 127 f.
Normenanalyse 27
Normenverknüpfung 27
Notarielle Beurkundung 41, 66, 78
Notstand 130 f., 142, 163, 164
Notwehr 130 f., 142, 162

Oberlandesgericht 140, 169
Öffentliche Beglaubigung 41
Öffentliche Klage 171
Öffentliches Recht 10 ff.
Ordentliche Gerichte 16, 138

Parteivernehmung 149
Pflichtverletzung 87 ff.
– bei Vertragsanbahnung 74
– im Schuldverhältnis 87 ff.
Privatautonomie 54, 124
Privatrecht 9
Produkthaftungsgesetz 132 f.
Protokoll 146
Prozessleitung 146
– materielle 146

Ratengeschäft bei Minderjährigen 65
Realakt 50
Recht
– absolutes 130
– europäisches 20, 124 f.
– formelles 156
– Fortentwicklung 17, 124 f.
– Funktionen 2
– geschriebenes 5
– Gliederung 8
– materielles 156

- nationales 20
- objektives 4
- subjektives 4
- ungeschriebenes 4
- zur 2. Andienung 89, 99 f., 112 ff.

Rechtsfähigkeit 35
Rechtsgeschäfte 50 ff., 75 ff.
- Anfechtbarkeit 44
- einseitige 51
- empfangsbedürftige 51
- gesetzwidrige 43, 51
- nicht empfangsbedürftige 51
- Nichtigkeit 39, 43, 54, 77, 127
- sittenwidrige 54, 127
- zweiseitige 52

Rechtsgleichheit 6
Rechtsgüter 157
Rechtshängigkeit 147
Rechtsmangel
- beim Kauf 112 ff.
- bei Schenkung 78

Rechtsmittel 150
Rechtsobjekte 53
Rechtsordnung 6
Rechtspositivismus 4
Rechtsquellen 4
Rechtssicherheit 6, 159
Rechtsstaatsprinzip 8, 159
Rechtssubjekte 34
Rechtsverletzung, Schadensersatz 129
Rechtsverordnungen 5
Rechtswidrigkeit 129 f., 162
Reduktionsproblem 23 ff.
Relatives Fixgeschäft 91
Rentenschuld 67
Revision 151
Richterrecht 5, 75

Rücktritt 97
- bei Unmöglichkeit 107 ff.
- bei Sachmangel 116 ff., 120 ff.
- bei verspäteter Leistung 98 ff.
- bei Schutzpflichtverletzung 122 f.
- bei Teilleistung 97, 105, 110
- gegenseitiger Vertrag 97, 98 ff., 105, 116 ff., 120 f., 122 f.

Sach- und Rechtsmangel
- behebbarer 114 ff.
- bei der Schenkung 78
- beim Kauf 112 ff.
- bei der Leihe 80
- bei der Miete 80
- beim Werkvertrag 85
- Folgen 112 ff.
- nicht behebbarer 114, 120 ff.

Sachdarlehen 81 f.
Sachverständige 146, 149
Schadensersatz 93 ff.
- Aufwendungsersatz 94 ff., 98, 101, 107, 110, 112, 116, 119 ff., 123
- bei Leistungsausschluss 107 ff.
- bei mangelhafter Leistung 116 ff.
- bei Schutzpflichtverletzung 122 f.
- bei Teilleistung 105, 110
- bei Unmöglichkeit 107 ff.
- bei verspäteter Leistung 98, 100 ff.
- Höhe 94
- neben der Leistung 93 ff., 96, 102 f., 108, 116 f., 120, 122 f.
- statt der (ganzen) Leistung 93 ff., 96, 100 f. 107 ff., 112, 116 ff., 119 ff., 122 f.

Schatzfund 64

Scheingeschäft 43, 127
Schenkung 52, 77
Schlichtung 142
Schlüssige Handlung 40
Schmerzensgeld 118
Schriftliche Form 40
Schriftlichkeit 145
Schriftsätze 145
Schuld 129 ff., 131 f., 163
Schuldner, siehe Gläubiger
– Haftung, siehe Haftung
– Leistungsverweigerungsrecht, siehe Unmöglichkeit
– Verpflichtung zur Leistung 72 ff., 87 ff.
– Verzug 98, 102 f.
Schuldstrafrecht 156, 160, 163
Schuldverhältnisse
– gesetzliche 73 f., 126 ff.
– Inhalt 72 ff.
– vertragliche 73 f., 75 ff.
– vorvertragliche 73 f.
Schutzpflicht(verletzung) 73 f., 87 f., 122 f.
Selbsthilfe 60, 129 f., 142, 163
Sicherung 158, 166
Sozialrecht 10
Spezialprävention 158
Staatsrecht 10
Strafgesetzbuch 160
Strafmündigkeit 37
Strafprozess 168
Strafrecht 129, 156 ff.
– Strukturprinzipien 159
Straftat 160, 161
Straftheorien 157
Strafverfahren 169
– Kosten 171
Stückkauf 92, 115

Stufenklage 147
Subsumtion 26

Tatbestandsfunktion 161
Tatbestandsirrtum 164
Tatbestandsmäßigkeit 161
Täterschaft 162
Tatstrafrecht 160
Tausch 77
Teilbesitz 56
Teilleistung 93 ff., 97, 105, 108, 110
Teilurteil 149
Teilweise Unmöglichkeit der Leistung 110 f.
Textform 41
Treu und Glauben 42
– bei Vertragsauslegung 42
– bei Leistungen 46

Umweltrecht 18
Unerlaubte Handlung 129 f.
Ungerechtfertigte Bereicherung 127 ff.
Unmittelbarer Besitz 56
Unmöglichkeit 88, 107 ff., 119 f.
– anfängliche 108 f.
– der Nacherfüllung 119 ff.
– echte 106
– nachträgliche 108 f.
– persönliche 106
– praktische 106
– vom Gläubiger zu vertreten 112
– vom Schuldner zu vertreten 107 f.
Unterlassung 162
Unternehmer 123
Unzumutbarkeit 91, 122 ff.
Urheberrecht 9
Urteil 149, 168

Stichwortverzeichnis

Verarbeitung 63
Verbindung 63
– mit Grundstück/von Sachen 63
Verbotsirrtum 164
Verbraucher 124
Verbraucherdarlehensvertrag 82
Verbraucherschutz 124 ff., 132
Verbrauchsgüterkauf 124
Vereinigungstheorie 158
Verfahren einer Klage 145
– Unterbrechung 147
– Aussetzung 147
Verfassungsrecht 10
Verfügungsgeschäft 29
Verhandlung 145
Verhältnismäßigkeit 159
Verjährung 134 f.
– Beginn 134
– Kauf 134
– Verbrauchsgüterkauf 124
– Wirkung 134
Verkehrssitte 42, 46
Verkehrswesentliche Eigenschaft einer Sache/Person 44
Vermischung 63
Verpflichtungsgeschäft 29, 73
Versäumnisurteil 147, 149
Versendungskauf 112, 124
Verspätete Leistung 98 ff.
Verträge 29, 50, 71–125
– AGB 126
Vertragsfreiheit 54, 123, 125
Vertretenmüssen 92 f.
Verwaltungsrecht 10
Verwendbarkeit 114
Verzichtsurteil 149
Verzug 98, 102 f.
– der Annahme, siehe Annahmeverzug

– des Gläubigers, siehe Annahmeverzug
– des Schuldners 98, 102 f.
– Verzögerungsschaden 102 f.
– Verzugszinsen 105
Videoschaltung 145
Völkerrecht 10
Vollstreckungsverfahren 142, 152
– -bescheid 144
Vorbehaltsurteil 149
Vorsatz 92, 129, 163

Werbeaussagen 114
Werklieferungsvertrag 85 f.
Werkvertrag 85 f.
Wertersatz 127
Wesentliche Bestandteile einer Sache 63
Widerrechtlichkeit 129 f.
Widerrufsrecht bei Verbraucherverträgen 125
Wiedereinsetzung 147
Willenserklärung 38 ff.
– anfechtbare 44
– Auslegung 41
– elektronische 45 ff.
– falsche Übermittlung 45
– Formen 39
– Minderjähriger 43
– Nichtigkeit 39, 43, 54
– objektiver Tatbestand 38
– Rechtswirksamkeit 42 ff.
– scherzhafte 43
– schwebend unwirksame 43
– subjektiver Tatbestand 38
– rechtsunwirksame 43
– Wortlaut der Erklärung 41
– Zugang 42, 43, 46

Willensmängel 43
Wucher 54

Zahlungsverzug 104 f.
Zinsen 82
– Verzugszinsen 105
Zivilgerichtsbarkeit 138
Zivilkammern 140

Zivilprozess(ordnung) 138
– Kosten 153
Zuchtmittel 166
Zugesicherte Eigenschaft 114, 121 f.
Zustellung 146
Zwangsvollstreckung 144, 152
Zwischenurteil 149

Ihre Meinung ist uns wichtig!

Ihre Anregungen sind uns immer willkommen. Bitte informieren Sie uns mit diesem Schein über Ihre Verbesserungsvorschläge!

Titel-Nr.	Seite	Vorschlag

Bitte hier abtrennen

Die echten Hilfen zum Lernen... **STARK**

16-V1T

Bitte ausfüllen und im frankierten Umschlag an uns einsenden. Für Fensterkuverts geeignet.

Zutreffendes bitte ankreuzen!

Die Absenderin/der Absender ist:

- ☐ Lehrer/in in den Klassenstufen: _____
- ☐ Fachbetreuer/in
  Fächer: _____
- ☐ Seminarlehrer/in
  Fächer: _____
- ☐ Regierungsfachberater/in
  Fächer: _____
- ☐ Oberstufenbetreuer/in

Unterrichtsfächer: (Bei Lehrkräften!)
_____

- ☐ Schulleiter/in
- ☐ Referendar/in, Termin 2. Staatsexamen: _____
- ☐ Leiter/in Lehrerbibliothek
- ☐ Leiter/in Schülerbibliothek
- ☐ Sekretariat
- ☐ Eltern
- ☐ Schüler/in, Klasse: _____
- ☐ Sonstiges: _____

Absender (Bitte in Druckbuchstaben!)

Name/Vorname _____

Straße/Nr. _____

PLZ/Ort _____

Telefon privat _____ Geburtsjahr _____

E-Mail-Adresse _____

Schule/Schulstempel (Bitte immer angeben!)

Kennen Sie Ihre Kundennummer?
Bitte hier eintragen.

STARK Verlag
Postfach 1852
85318 Freising

Bitte hier abtrennen

Sicher durch das Abitur!

Effektive Abitur-Vorbereitung für Schülerinnen und Schüler:
Klare Fakten, systematische Methoden, prägnante Beispiele sowie Übungs-
aufgaben auf Abiturniveau mit erklärenden Lösungen zur Selbstkontrolle.

Mathematik

Analysis Pflichtteil – Baden-Württemberg	Best.-Nr. 84001
Analysis Wahlteil – Baden-Württemberg	Best.-Nr. 84002
Analytische Geometrie Pflicht-/Wahlteil Baden-Württemberg	Best.-Nr. 84003
Berufliches Gymnasium Mathematik Analysis · Lineare Algebra – Baden-Württemberg	Best.-Nr. 824001
Analysis – LK	Best.-Nr. 94002
Analysis – gk	Best.-Nr. 94001
Analytische Geometrie und lineare Algebra 1	Best.-Nr. 94005
Analytische Geometrie und lineare Algebra 2	Best.-Nr. 54008
Stochastik – LK	Best.-Nr. 94003
Stochastik – gk	Best.-Nr. 94007
Kompakt-Wissen Abitur Analysis	Best.-Nr. 900151
Kompakt-Wissen Abitur Analytische Geometrie	Best.-Nr. 900251
Kompakt-Wissen Abitur Wahrscheinlichkeitsrechnung und Statistik	Best.-Nr. 900351

Physik

Elektrisches und magnetisches Feld (LK)	Best.-Nr. 94308
Elektromagnetische Schwingungen und Wellen (LK)	Best.-Nr. 94309
Atom- und Quantenphysik (LK)	Best.-Nr. 943010
Kernphysik (LK)	Best.-Nr. 94305
Physik 1 (gk)	Best.-Nr. 94321
Physik 2 (gk)	Best.-Nr. 94322
Kompakt-Wissen Abitur Physik 1 Mechanik, Wärmelehre, Relativitätstheorie	Best.-Nr. 943012
Kompakt-Wissen Abitur Physik 2 Elektrizität, Magnetismus und Wellenoptik	Best.-Nr. 943013
Kompakt-Wissen Abitur Physik 3 Quanten, Kerne und Atome	Best.-Nr. 943011

Chemie

Training Methoden Chemie	Best.-Nr. 947308
Chemie 1 – Baden-Württemberg	Best.-Nr. 84731
Chemie 2 – Baden-Württemberg	Best.-Nr. 84732
Chemie 1 – Bayern LK K 12	Best.-Nr. 94731
Chemie 2 – Bayern LK K 13	Best.-Nr. 94732
Chemie 1 – Bayern gk K 12	Best.-Nr. 94741
Chemie 2 – Bayern gk K 13	Best.-Nr. 94742
Rechnen in der Chemie	Best.-Nr. 84735
Abitur-Wissen Protonen und Elektronen	Best.-Nr. 947301
Abitur-Wissen Struktur der Materie und Kernchemie	Best.-Nr. 947303
Abitur-Wissen Stoffklassen organischer Verbindungen	Best.-Nr. 947304
Abitur-Wissen Biomoleküle	Best.-Nr. 947305
Abitur-Wissen Biokatalyse u. Stoffwechselwege	Best.-Nr. 947306
Abitur-Wissen Chemie am Menschen – Chemie im Menschen	Best.-Nr. 947307
Kompakt-Wissen Abitur Chemie Organische Stoffklassen Natur-, Kunst- und Farbstoffe	Best.-Nr. 947309

Biologie

Training Methoden Biologie	Best.-Nr. 94710
Biologie 1 – Baden-Württemberg	Best.-Nr. 84701
Biologie 2 – Baden-Württemberg	Best.-Nr. 84702
Biologie 1 – Bayern LK K 12	Best.-Nr. 94701
Biologie 2 – Bayern LK K 13	Best.-Nr. 94702
Biologie 1 – Bayern gk K 12	Best.-Nr. 94715
Biologie 2 – Bayern gk K 13	Best.-Nr. 94716
Chemie für Biologen	Best.-Nr. 54705
Abitur-Wissen Genetik	Best.-Nr. 94703
Abitur-Wissen Neurobiologie	Best.-Nr. 94705
Abitur-Wissen Verhaltensbiologie	Best.-Nr. 94706
Abitur-Wissen Evolution	Best.-Nr. 94707
Abitur-Wissen Ökologie	Best.-Nr. 94708
Abitur-Wissen Zell- und Entwicklungsbiologie	Best.-Nr. 94709
Kompakt-Wissen Biologie Zellbiologie · Genetik · Neuro- und Immunbiologie Evolution – Baden-Württemberg	Best.-Nr. 84712
Kompakt-Wissen Abitur Biologie Zellen und Stoffwechsel Nerven, Sinne und Hormone · Ökologie	Best.-Nr. 94712
Kompakt-Wissen Abitur Biologie Genetik und Entwicklung Immunbiologie · Evolution · Verhalten	Best.-Nr. 94713
Lexikon Biologie	Best.-Nr. 94711

Geschichte

Training Methoden Geschichte	Best.-Nr. 94789
Geschichte 1 – Baden-Württemberg	Best.-Nr. 84761
Geschichte 2 – Baden-Württemberg	Best.-Nr. 84762
Geschichte – Bayern gk K 12	Best.-Nr. 94781
Geschichte – Bayern gk K 13	Best.-Nr. 94782
Abitur-Wissen Die Antike	Best.-Nr. 94783
Abitur-Wissen Das Mittelalter	Best.-Nr. 94788
Abitur-Wissen Die Französische Revolution	Best.-Nr. 947810
Abitur-Wissen Die Ära Bismarck: Entstehung und Entwicklung des deutschen Nationalstaats	Best.-Nr. 94784
Abitur-Wissen Imperialismus und Erster Weltkrieg	Best.-Nr. 94785
Abitur-Wissen Die Weimarer Republik	Best.-Nr. 47815
Abitur-Wissen Nationalsozialismus und Zweiter Weltkrieg	Best.-Nr. 94786
Abitur-Wissen Deutschland von 1945 bis zur Gegenwart	Best.-Nr. 947811
Kompakt-Wissen Abitur Geschichte Oberstufe	Best.-Nr. 947601
Lexikon Geschichte	Best.-Nr. 94787

Politik

Abitur-Wissen Internationale Beziehungen	Best.-Nr. 94802
Abitur-Wissen Demokratie	Best.-Nr. 94803
Abitur-Wissen Sozialpolitik	Best.-Nr. 94804
Abitur-Wissen Die Europäische Einigung	Best.-Nr. 94805
Abitur-Wissen Politische Theorie	Best.-Nr. 94806
Kompakt-Wissen Abitur Politik/Sozialkunde	Best.-Nr. 948001
Lexikon Politik/Sozialkunde	Best.-Nr. 94801

(Bitte blättern Sie um)

Wirtschaft/Recht

Betriebswirtschaft .... Best.-Nr. 94851
Abitur-Wissen Volkswirtschaft .... Best.-Nr. 94881
Abitur-Wissen Rechtslehre .... Best.-Nr. 94882
Kompakt-Wissen Abitur Volkswirtschaft .... Best.-Nr. 948501

Erdkunde

Training Methoden Erdkunde .... Best.-Nr. 94901
Erdkunde Relief- und Hydrosphäre · Wirtschaftsprozesse
und -strukturen · Verstädterung – Baden-W. .... Best.-Nr. 84901
Erdkunde Relief- und Hydrosphäre · Wirtschaftsprozesse
und -strukturen · Verstädterung .... Best.-Nr. 84901A
Abitur-Wissen GUS-Staaten/Russland .... Best.-Nr. 94908
Abitur-Wissen Entwicklungsländer .... Best.-Nr. 94902
Abitur-Wissen USA .... Best.-Nr. 94903
Abitur-Wissen Europa .... Best.-Nr. 94905
Abitur-Wissen Asiatisch-pazifischer Raum .... Best.-Nr. 94906
Kompakt-Wissen Abitur Erdkunde
Allgemeine Geographie · Regionale Geographie ...... Best.-Nr. 949010
Lexikon Erdkunde .... Best.-Nr. 94904

Deutsch

Training Methoden Deutsch .... Best.-Nr. 944062
Dramen analysieren und interpretieren .... Best.-Nr. 944092
Erörtern und Sachtexte analysieren .... Best.-Nr. 944094
Gedichte analysieren und interpretieren .... Best.-Nr. 944091
Epische Texte analysieren und interpretieren ...... Best.-Nr. 944093
Übertritt in die Oberstufe .... Best.-Nr. 90409
Abitur-Wissen
Erörtern und Sachtexte analysieren .... Best.-Nr. 944064
Abitur-Wissen Textinterpretation .... Best.-Nr. 944061
Abitur-Wissen Deutsche Literaturgeschichte .... Best.-Nr. 94405
Abitur-Wissen Prüfungswissen Oberstufe .... Best.-Nr. 94400
Kompakt-Wissen Rechtschreibung .... Best.-Nr. 944065
Lexikon Autoren und Werke .... Best.-Nr. 944081

Englisch

Übersetzungsübung .... Best.-Nr. 82454
Grammatikübung .... Best.-Nr. 82452
Themenwortschatz .... Best.-Nr. 82451
Grundlagen der Textarbeit .... Best.-Nr. 94464
Sprachmittlung .... Best.-Nr. 94469
Textaufgaben Literarische Texte und Sachtexte
Baden-Württemberg .... Best.-Nr. 84468
Textaufgaben Literarische Texte und Sachtexte ..... Best.-Nr. 94468
Grundfertigkeiten des Schreibens .... Best.-Nr. 94466
Sprechfertigkeit mit CD .... Best.-Nr. 94467
Englisch – Übertritt in die Oberstufe .... Best.-Nr. 82453
Abitur-Wissen Landeskunde Großbritannien ...... Best.-Nr. 94461
Abitur-Wissen Landeskunde USA .... Best.-Nr. 94463
Abitur-Wissen Literaturgeschichte .... Best.-Nr. 94465
Kompakt-Wissen Abitur Themenwortschatz .... Best.-Nr. 90462
Kompakt-Wissen Kurzgrammatik .... Best.-Nr. 90461

Pädagogik / Psychologie

Grundwissen Pädagogik .... Best.-Nr. 92480
Grundwissen Psychologie .... Best.-Nr. 92481

Latein

Abitur-Wissen Lateinische Literaturgeschichte ..... Best.-Nr. 94602
Wiederholung Grammatik .... Best.-Nr. 94601
Wortkunde .... Best.-Nr. 94603
Kompakt-Wissen Kurzgrammatik .... Best.-Nr. 906011

Französisch

Landeskunde Frankreich .... Best.-Nr. 94501
Themenwortschatz .... Best.-Nr. 94503
Literatur .... Best.-Nr. 94502
Abitur-Wissen Literaturgeschichte .... Best.-Nr. 94506
Kompakt-Wissen Abitur Themenwortschatz .... Best.-Nr. 945010
Kompakt-Wissen Kurzgrammatik .... Best.-Nr. 945011

Religion

Katholische Religion 1 (gk) .... Best.-Nr. 84991
Katholische Religion 2 (gk) .... Best.-Nr. 84992
Abitur-Wissen gk ev. Religion
Der Mensch zwischen Gott und Welt .... Best.-Nr. 94973
Abitur-Wissen gk ev. Religion
Die Verantwortung des Christen in der Welt .... Best.-Nr. 94974
Abitur-Wissen Glaube und Naturwissenschaft ..... Best.-Nr. 94977
Abitur-Wissen Jesus Christus .... Best.-Nr. 94978
Abitur-Wissen Die Frage nach dem Menschen ..... Best.-Nr. 94990
Abitur-Wissen Die Bibel .... Best.-Nr. 94992
Abitur-Wissen Christliche Ethik .... Best.-Nr. 94993
Lexikon Ethik und Religion .... Best.-Nr. 94959

Ethik

Ethische Positionen
in historischer Entwicklung (gk) .... Best.-Nr. 94951
Abitur-Wissen Philosophische Ethik .... Best.-Nr. 94952
Abitur-Wissen Glück und Sinnerfüllung .... Best.-Nr. 94953
Abitur-Wissen Freiheit und Determination .... Best.-Nr. 94954
Abitur-Wissen Recht und Gerechtigkeit .... Best.-Nr. 94955
Abitur-Wissen Religion und Weltanschauungen .... Best.-Nr. 94956
Abitur-Wissen
Wissenschaft – Technik – Verantwortung .... Best.-Nr. 94957
Abitur-Wissen Politische Ethik .... Best.-Nr. 94958
Lexikon Ethik und Religion .... Best.-Nr. 94959

Sport

Bewegungslehre (LK) .... Best.-Nr. 94981
Trainingslehre (LK) .... Best.-Nr. 94982

Kunst

Abitur-Wissen Kunst 1 Grundwissen Malerei .... Best.-Nr. 94961
Abitur-Wissen Kunst 2 Analyse und Interpretation ... Best.-Nr. 94962

Fachübergreifend

Richtig Lernen
Tipps und Lernstrategien – Oberstufe .... Best.-Nr. 10483
Referate und Facharbeiten – Oberstufe .... Best.-Nr. 10484
Training Methoden
Meinungen äußern, Ergebnisse präsentieren ...... Best.-Nr. 10486

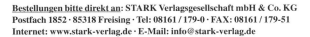
Bestellungen bitte direkt an: STARK Verlagsgesellschaft mbH & Co. KG
Postfach 1852 · 85318 Freising · Tel: 08161 / 179-0 · FAX: 08161 / 179-51
Internet: www.stark-verlag.de · E-Mail: info@stark-verlag.de